伊藤彌彦●著

未完成の維新革命

学校・社会・宗教

萌書房

未完成の維新革命――学校・社会・宗教――＊目次

未完成の維新革命

――学校・社会・宗教――

序　未完成の維新革命

維新革命というもの

イギリス革命、フランス革命、ロシア革命そして明治維新は、いずれも伝統的共同体国家（アンシャン・レジーム）が近代国家へ移行する変わり目に起こった変動であった。その明治維新の変動を、ここではいわゆる革命現象と看なして考察してみたい。革命ならば、いつ始まったか、担い手はだれか、どんな経過を辿ったか、そしていつ終結したか、が問題となる。明治維新について私が特に関心を寄せるのはその終結点の問題であるが、まずはそれ以外の諸点について簡単に触れておく。

明治維新の開始点はいつか。昔よく聞いたのは天保の改革が失敗した時点、つまり「人返し」「株仲間の解散」など商品経済の進行を止めようとした伝統化政策が行き詰まった時という議論であった。あるいはペリー来航を契機に挙げることもできよう。また文久二、四（一八六二、六四）年の頃を開始点と見るのは、馬場康雄、坂野潤治の説であった（「政治変動としての明治維新」『日本近代史における転換期の研究』七頁）。これらについてここではこれ以上は踏み込まないことにする。

明治維新の担い手に関していえば、上級武士層が占有していた政治権力を下級士族層が転覆させた出来事であるから、政体転覆の中核を担ったのは下級士族層であった。つまり最初は士族層内部の変動であって全人民的規模での変革ではなかった。ただし明治に入ると改革は拡大し、政権変動のみならず経済、習俗、文化、生活様式などの全面的な改革が呼び起こされた。担い手も啓蒙活動などを通して平民層にまで広がった（ひとこと付言する。さらに時代を下ると、かつて戊辰戦争を他人事のように傍観していたその庶民が、日清、日露戦争の体験を経て愛国意識を高めていき、やがて「滅私奉公」、御国のために命をささげる「死のための社会化」を実現するまでに至ったが、その起源は明治初年代に蒔かれていたのではないか）。

さて革命の経過としては、⑴既成権力に対する対抗権力の登場、⑵新旧権力による紛争と権力の空白期間の発生、⑶混乱の中からの新権力核の形成、⑷誕生した新権力核に対する反動、⑸秩序安定を欲求する人心の高まり、⑹新たな政治体制すなわち革命体制（レボリューション・セツルメント）の成立、というようなプロセスが考えられる。その詳細な展開についてもここでは触れないが、大風呂敷を拡げていえば、明治維新の変動には次のような独特の特徴が見られると私は考えている。

ロシア革命、フランス革命などと較べてみると、この明治維新は意外と流血の少ない革命であった。幕末維新を描いたドラマでは志士たちが絶叫して刀をかざして走っているが、実はその割に流血騒動が少なかった。「攘夷、攘夷」と叫んでいたけれども、実際に殺害した外国人はそう多くない。「生麦事件」の事後処理で発生した多大な賠償責任と当事者の処分は、その後の自重を促した。戊辰戦争と明治になって起こった士族の反乱においては相当数の死者が出た。しかしこれとても士族層内部の出来事に留まり、国民生活全体を悲惨にする無秩序状況が続いたわけではなかったし、大量の国内避難民が出たわけでもない。

次に明治維新の場合、他の革命に見られない二重の課題を背負った変動だったといわれる。徳川幕府を倒して政治体制の転換を図るという課題とともに西洋諸国に対して開国するという切迫した課題があったからである。今日流行っている言葉でいうと、日本を世界システムへ組込むという課題を抱えていた。国内を変革して新国家を建設するとともに、国家の独立を失うことなく開国するという二重の課題を同時にこなした変革であった。

第三に、維新革命の特徴が「青写真のない革命」、「手さぐり革命」であったことである。フランス革命の前には、ルソーや百科全書派といった啓蒙思想家たちが出現し未来の国家形態を論じ、人々の頭に人民主権などの観念をインプットしていた。「近代国家かくあるべし」という議論が先行した中で、ルイ王朝打倒の活動が進行した。ロシア革命ではプロレタリア国家の樹立という革命の青写真が先に出来上がっていた。

しかし明治維新は、その種のプログラムや設計図のない革命であった。現状打破に向かう政治状況が先に動き出し、徳川政権を打倒した後で、慌てて政治家や洋学者たちの西洋探索、新国家モデル模索の試行錯誤が始まった。維新は決して新思想が先導した変革ではない。政権が移行した後から「啓蒙思想」が導入されたのである。その時横にある西洋諸国モデルを学習し、建国の資源としたのである。何しろ政治の中枢にいる政治家の半数が「岩倉遣外使節」として海外見聞を積みながら建国に当たった国なのである。

明治維新を「成行革命」と評したのは徳富蘇峰であったが、むしろ走りながら考える「手さぐり革命」であった（伊藤『維新と人心』第二章）。変革しながら未来を構想し建設していった柔構造の革命であった。であるから革命のプロセスでよく発生する国家「かくあるべし」とする深刻な理論闘争が発生せず、それに伴う凄惨な暴力事件も少なかった。路線闘争で政敵を殺し合うこともない静かな革命、また可塑性をもって柔軟な国づくりができた革命であった。

誇るべきはその時、臨機応変に対応できる知的瞬発力に富んだ日本人がいたことである。危機状況にかかわらず、必要ならば外国のものを大胆に取り入れながら適応する柔軟な力があったために、植民地にもならずに済んだのであった。

いつ終結したかという問題

ところでこの維新革命はいつ終結したのであろうか。馬場・坂野の議論では、三つの基準を挙げた上で終結点を明治一〇年代の中頃としている（前掲論文）。基準の第一は、中央集権政府の誕生。明治維新の場合に当てはめると、廃藩置県による全国を統御する政府ができた時点になる。第二は軍事力の一元化。日本の場合、西南戦争、つまり旧勢力の武士勢力が新政府の軍隊に敗れた時点となる。第三の基準は、国家財政の確立。各藩がバラバラで握っていた財政を、国家的にまとめるという課題で、これは「松方財政のころに確立した」と見る。

これら三基準を満たした終結点が明治一〇年代中頃とすると、その前の士族の反乱が維新革命の反動期に相当し、「明治十四年の政変」で政府が国会開設を約束した前後に、レボリューション・セツルメント、維新革命体制が成立したといえるかもしれない。

しかしこの終結点に対する答えはそれほど容易ではない。それはその後も文化的、政治的危機に直面するたびに、人心の中に「第二の維新」を叫ぶ動きが起こったからである。いい換えればこれは、明治維新が終結も完成もしていなかったことを意味する。そこには明治維新革命の目標の違いが横たわっていた。

ところで維新革命では具体的に、何が築かれ、何が未完に終わったのだろうか。目覚ましい成果を挙げたものとして、軍隊制度の確立と学校制度の普及、それに天皇制といわれる統治制度が挙げられる。また資本主義生産活動を支える産業界・金融界の組織もそれなりに発達した。制度はできたものの機能が紆余曲折したものとして帝国議会があった。他方、制度そのものの発達が未熟だったものとして労働組合、宗教組織、ボランティア・グループなどが思い浮かぶ。ところで政党は？　新聞事業は？　どう位置付けるべきか評価がむずかしい。また、たとえ確立された新制度においてもその内容まで吟味すると、はたして目標とした維新革命に沿うものだったかが問われてくる。

例えば維新革命の目標を「文明社会の形成」にあると考えるならば、維新革命は未完のまま続き、成就するのは戦後であったということになる。その場合、維新革命の反動期は一九四五年八月一五日まで続いていたことになる。

福沢諭吉が唱えた「一身独立、一国独立」を維新革命の目標とするならば、「滅私奉公」を国民に求めた政治体制下にあっては人間の解放以前の状態、「一国独立、一身隷属」が継続していたからである。

さて明治維新の中から、大日本帝国憲法と教育勅語が生まれ、いわゆる天皇制国家体制が形成された。その方向性を定める転機となったのは「明治十四年の政変」であった。ペリー来航から数えて二八年目、王政復古から一五年目に当たる。ここでやっと混乱が収束し一つの秩序形成がなされた。確かに一つの秩序体制が生まれた。しかし私はここを明治維新における「革命体制の成立（レボリューション・セツルメント）」と見ない。むしろ展開中の維新革命への「反動」、明治維新のテルミドールの始まりだったと見立てて以下の考察を展開してみることにする。

維新革命が静かな革命であったと前述したが、この反動もまた静かな反動、しかし真綿で首を絞めるような手ごわい反動であった。井上毅の言葉を使えば人々に気付かれないうちに、「冥々の間」に訪れた反動であった。井上毅は都市に起こった文明開化ブームの軽薄さを見抜き、地方にはまだ伝統を尊重する人士たちが根付いているのに着目した。教育勅語を制定することによって、日常道徳の「国家化」を実現し、圧倒的なブームを暗消させる世論誘導に成功した。反動もまた、人心に気付かれないうちに静かに実現した。

民権家が国会開設の詔勅に歓喜し、情勢判断を誤り天皇制国家に埋没したことは以前に論じたが（伊藤『維新と人心』第四章）、福沢諭吉ですら甘い判断を下していた。福沢も民権家も国会開設の決定で、運動が勝利したと思っていた。だからこそ福沢は自分の創設した新聞『時事新報』紙上で国会開設をスムーズに軌道に乗せるための「官民調和」の世論誘導を試み、薩長閥主導前提の国家運営体制（レボリューション・セツルメント）を予定していたが、その誤りと挫折を認識したのは遅く国会開設後であった（本書第六章）。国会開設の約束は民権家のみならず、福沢諭吉までも油断させ、プロシア風憲法導入を許し、天皇制国家という政治体制を定着させたのであった。

学校制度――文明化か管理主義か

第I部では維新革命における学校制度の新設を取り上げる。新人間づくりと新社会づくりのためのこの装置を点検してみることは維新革命を分析する格好の事例であると考えられる。初等教育から高等教育に至るまで、新規の学校制度は目覚ましい展開を見せた。維新革命の成果であった。また反対にこの時設立された小学校こそが、文明開化の光を全国津々浦々にまで浸透させていった。それが国民からあつく支持されていたことは、就学率の急上昇ぶりにも示されている。第一章では、一八七二（明治五）年の斬新な「学制」の華々しい出発を紹介する。

なぜこれほど成功したのか。新しい学校制度は教育機会の平等と厳格な能力主義を制度化したからである。それは初等教育から大学教育まで例外はない。日本の中等教育制度については第三章で論じたが、ここでも能力主義原理が貫かれていた。西欧ではイギリスのパブリック・スクール、ドイツのギムナジウム、フランスのリセ、アメリカのプレップ・スクールといったように、特権型学校が温存されたのに較べると、その能力主義の尊重は徹底していた。この見事さは、江戸時代の門閥制度の弊害に苦汁をなめた下級士族層の正義感が生み出した誇るべき成果であった。人材登用をめぐる公正な能力主義は学校制度において実現していた。

この学校は文明化に貢献すること大であったが、他面、管理主義システムとして国民の一挙手一投足を監視し、国家目的に動員する装置としても機能した。またこれは、文部省が主導権をもって全国の青少年の中から優秀な人間を発見し、磁石が砂鉄を集めるように、中央に掬い上げるシステムでもあった。

ここに開明的専制政策の特性が強く刻印されてくる。開明的契機と、専制的契機のどちらがその後の展開で強まったのであろうか（もっとも教育事業は、どんな場合でも対象とする者に働きかけ干渉し変化を促す作用を内蔵する事業である。問題はそれが生徒本人を自立に向かわせるための世話《ケア》なのか、それとも他の外在的目的に動員するための管理なのかである。また「管理」という任務は、性善説を前提にするか、性悪説を前提にするかによって大きくその意味を異にする）。

一九七〇年にわが国の教育事情調査に訪れたＯＥＣＤ教育調査団は、視察後、文部省の強大な管理権と教育内容の画一性に強い懸念を示して、高等教育の多様化・自由化を提言した。ところが文部省側は「しかし自由をあたえればみんながマネし合い、いっそう画一化するから、多様化もまた政府が設計しなければならぬ」（ＯＥＣＤ、一九七二、まえがき、および一五二頁）と答えたので日本と西欧の教育観の相違を一層鮮明にしたという。結局調査団はこの教育観の違いを教育制度の起源に由来させた、「欧米諸国では、国家は教育をコントロールする時期を失したのである。そのため国家は、主として、国家権力と個人的福祉とをいつでも均衡させるための調整機能をはたすことになった。ところが日本では、国家は最初から自分の手で教育制度を創設し、その発展を指導してきた」（同、一八五頁）と結論付けていた。第一章「『学制』再考」では、明治政府はこの「国家が教育をコントロールする」チャンスを見事に捕えていたことを教えている。

明治政府がつくった教育システムは、国民の熱心な進学熱に支えられて巨大な役割を果たしてきたのも事実であった。国家は学校を通じて国体観念の注入と近代化の動力の導出に成功した。この意味では教育立国論は成功していたといえる。

これを個人の側から見ればどうか。学校制度を利用して二つの社会化――臣民化と出世――を実現することを意味した。明治以来、民衆の驚異的な教育熱を支え続けたものは立身出世という私的動機に他ならなかった。「学制」とともに始まった近代教育は、個人の独立と蓄財をおおらかに肯定して自立した市民の形成を促し、それが「国家の富強安康」（「学制大綱」）に連動することを予定していた。「富私強国」の教育観である。これは明治初年期、民権と国権の短くも明るいハネムーン時代に存在しえた教育観であった。

明治一〇年代中葉（一八八〇年前後）になると文明開化型教育に対する反動が訪れる。学制に対して、「智育偏重」「欧米心酔」という非難の声が上がり、教育界は開化・智力の時勢から保守・感情の時勢に一変した。この変化によって富私強国型教育観はどうなったか。「学問は身を立るの財本」と謳い上げたような私欲肯定のおおらかさは消えた。しかし「徳育」のうらでは立身出世という私的動機が否定されることはなく、奨励され続けた。例えば元田永孚によって「徳育」強化が図られていたその時期に井上毅は、自由民権運動に共鳴して東京・福沢諭吉門下に蝟集する青年対策として、各地方に「中学并職工学校」を設立してそこに中堅青年を吸収すること、政治青年を実業青年に変え、利益誘導を通じて非政治化を図ることを企画した（井上毅『第二』一三六―一三八頁）。学校はそのための制度となった。

タテマエ上、徳育によって鍛えられた臣民に私的領域やエゴはないはずであるが、実質的にはむしろ私的エゴによる活動を認めて帝国日本の動力を引き出したのである。こうして国民は臣民としての個人と出世主義者としての個人の間にタテマエとホンネの分離を有しつつ、そのうしろめたさの中に生涯を送ったのである。これを「肥私奉国」と呼ぼうと思う。皇国イデオロギーを奉じつつ出世や富私を夢想する俗人が国家を支えたのであって、天皇制教育下の個人は決して「滅私奉公」に甘んじてばかりいたわけではなかった。むしろ国家にたてつかないことを条件として利潤追求を許可する紳士協定が国家と臣民間に存在していた。それが帝国日本の経済社会を支えたのである。「肥私奉国」が続く限りこの国の教育立国政策もうまく機能した。

しかし昭和に入ると「肥私奉国」に代わって学生に「死のための社会化」（K. Tsurumi. pp. 114-126）が本気で要求され始めた。生命の犠牲を求める文字通りの「滅私奉公」の時代になったのである。しかしこの時、学制以来の天皇制教育は本当に破綻したのであった。

学校制度は文明化に貢献したのか、それとも管理主義社会に貢献したのだろうか。もちろん、これら両面をそなえていたのであり、明らかにその恩恵に浴した階層と犠牲にされた階層があったのである。その受益者層は誰であったろうか。ただし「個人の確立」、「一身の独立」という課題が満たされない限り文明化は未完成、したがって維新革命は未完なのである。

「文明社会」は生まれたか

第Ⅱ部は社会・宗教をテーマとする。第四章では田口卯吉を取り上げ、旧来の学問とは一線を画した科学的学問観によって日本史を描き自由主義経済論を展開したこの人物の発想法を紹介する。今日忘れられた思想家となっている田口であるが、明治期においては一時、福沢諭吉とならび立つ世論影響力を有していた人物であった。

大蔵省に籍を置く無名の下僚が著した『日本開化小史』が世に出ると、その分析の新鮮さに世間は圧倒された。明治の世を迎え、日本の歴史は西洋諸国と同様、今や「平民社会」の時代になったと田口は説明する。歴史を動かす要因に生存欲、労働、富などを挙げ、歴史の説明を道徳史観から法則史観に変えた。西洋文明の圧倒的高壁の前に委縮する当時の日本人に対して、「文明化」とは西洋対東洋の問題ではなく、「貴族開化」から「平民開化」への普遍的道程であることを説いて勇気を与えたのであった。

また田口はこれまでの学者たちが口にする言説の中から、事実離れした観念・イデオロギー（教則）という虚妄の存在を抉り出す。そして「物有れば則有り」、「サイアンス」客観的普遍的法則の支配する世界を描き、前近代的な迷妄を断った。近代的思惟様式を広める田口卯吉のイデオロギー暴露の手法はいかにも啓蒙主義的であった。

田口の社会認識は、福沢諭吉が『文明論之概略』巻之一で「物ありて然る後に倫理あるなり、倫ありて然る後に物を生ずるに非ず」と宣言した立場を想起させるものがある。「アンシャン・レジームの学問においては倫理学が学問の原型をなしていた」（丸山眞男、四八頁）といわれる。学問を倫理学の枠から独立させること、近代の学問はそこから始まる。福沢は「社会秩序の先天性を払拭し去ることによって『物理』の客観的独立性を確保したのであった」（同書、五三頁）といわれるように。

福沢諭吉の場合はどうか。実社会の中に新しい秩序観を「建置」しようと奮闘した。そこに福沢の偉大さと苦労があった。福沢は、明治維新革命をどのレベルで着地させ、いかなる革命体制の制度化を図り、どう新しい社会秩序の構想を描いていたのだろうか。福沢の中で、一貫してこだわり続けたもの、それは文明社会と国民国家の形成であった。「一身独立、一国独立」という時、福沢は「独立人」という人間類型を前提にして、「文明社会」を構成し、そしてその上に「国家」を置くという秩序構想を描いていた。

「一国独立」の課題、少なくとも植民地化を回避する課題は、軍隊制度の確立とともに実現した。また国会開設の約束を得たことで、将来の国家運営に明るい見通しが立てられた。日本を含む東洋諸国には、これまで政権交代の方法が不分明であるという大きな欠陥があった。福沢諭吉がイギリス式国会の導入にこだわったのは、それが、いわば「喧嘩の制度化」、流血を伴わず言論戦で政権交代も行うシステムであったからである。また福沢が官民調和論を必死で唱え続けたのは、その国会を有効な言論調整機関として定着させようと考えたからであった。

しかし「一身独立」の課題の方は茨の道を進むことになる。第五章、第六章では福沢諭吉の文明社会の構想が窒息状態にあったこと、それにもかかわらずそこを打破しようと『時事新報』で発言を続けた様子を分析する。

個人の自立性を説く福沢の人間観に対する反動は、教育界の伝統主義者たちから起こった。一八八〇（明治一三）年八月、文部省は不適切な教科書の使用禁止の方針を定め、その中に福沢諭吉の著書を加えた。これらに対して福沢は一貫して徳育批判の論陣を張る必要に迫られたのであった。『徳育如何』では、政治家が道徳教育に手を染めたことを厳しく批判し、政治と道徳の区別を強調しなければならなかった。

「文明社会」を語る時に福沢が「自力社会」という言葉を時々使っているように、「一身独立」を前提にして活発に活動する非政治的領域を大切にし、それを明治の世に実現しようと一生思い続けていたと考えられる。ところが、そういう福沢にとって明治国家は「天皇制国家」であり、その社会は「臣民社会」であった。彼にとって明治時代はある種の違和感をずっともち続ける環境であったのではないかと考えられる。

そこで福沢諭吉はどう考えていたかと想像してみたい。前述のように「一国独立」に関しては、日清戦争勝利でかなり楽天的になっていたと思われる。しかし、「文明社会の実現」という課題が当時の日本に実現していたという風に福沢は考えていなかった。彼において明治国家に対してもち続けた違和感を埋める作業が、一つはジャーナリズムを用いた啓発活動であり、もう一つは育英事業であった。学校をつくり、日本人をつくり直すことによって、社会をつくり直し、さらに日本国家をつくり直す意識をもっていたのではないか。そういう風な夢を最後までいだいて、慶応義塾を経営する事業に尽力をしていたのではないかと考えられる。

今回、『福翁自伝』を読み返してみて、二つのことに気が付いた。一つは、「お金の話」がたいへん詳しく載っているということである。例えば自分自身が一文なしになった場合を想定した時の議論とか、「家計の経営の仕方」等々のことを、丁寧に詳しく論じている。これは無意識に行われた発言ではないのではないか。金銭蔑視の遺風が色濃い明治の時代に金銭観を意図的に伝えようとした教育的発言ではなかったか。個人が生活していく上で、「お金」を理性的にとらえるのは非常に大事な問題である。金銭観はその人の人生観でもある。そういうことも含めて、徳育教育が復活した時代にあからさまに経済合理主義の思想を語った。特に家庭生活の中でそれが大事なことを伝えようとしていたように思われる。彼は家族のことを語らないといいながら、こんな形で間接的に相当自己を語っているという気がする。これが第一に発見したことであった。

第二に、繰り返し繰り返し、人間関係のある種の態度についてこだわって発言をしていることである。それは目上、目下といったタテの人間関係にまつわる「卑屈」と「横柄」のテーマである。まるで副旋律のようにそれが『自伝』の中で繰り返されていることに、改めて気付いた。その一例は次の資料である。

人々の智愚賢不肖に拘はらず、上士は下士を目下《めした》に見下すと云ふ風は専ら行はれて、私は少年の時からソレに就て如何《いか》にも不平で堪らない。所が其不平の極は、人から侮辱される其侮辱の事柄を悪《にく》み、遂には人を忘れて唯その事柄を見苦しきこと、思ひ、門閥の故を以て漫《みだり》に威張るは男子の愧《は》づ可き事である。見苦しきことであると云ふ観念を生じ、例へば上士下士相對して上士が横風である。私は之を見て其上士の傲慢無禮を憤ると同時に、心の中では思直して、此馬鹿者めが、何も知らずに夢中に威張って居る、見苦しい奴だと却って氣の毒に思ふて、心中却て此方《こっち》から軽蔑して居ました（「門閥の人を悪まずして其風習を悪む」『福翁自伝』）。

これに似たような文言が非常に多い。そして「自分としては身分以下の者にも丁寧に対応しました」といっている。福沢は「人間関係」の新しい秩序化に非常にこだわり続けていたと思わざるをえない。

「新しい人間をつくる」ということは人間関係のあり方を変えることである。克服すべき課題は、「威」と「偽」で構成される二重倫理社会を打破することにあった、といえよう。『学問のすゝめ』第四編の中に、「政府威を用れば人民偽を以てこれに応ぜん」という言葉がある。権威を振りかざす専制政府の下では、人民は嘘をついて生き延びるのだという。先ほどの引用に、「上士が横風を吹かせている時に、この馬鹿者めと内心では思っていました」と表向きの態度は恭順の態度を示しながら、心の中でこの「馬鹿者め」と思っていたとあるように、二重倫理を使い分けないと生き延びられない世界がかつてあった。このような社会関係の打破を克服すべき一つの課題としていた。それが「文明社会」づくりであったと思われる。

この課題は、政治制度・社会制度としては「専制」、人間の社会的性格としては「卑屈」がキーワードをなす。「専制抑圧の気風」と「卑屈不信の気風」は一対をなす存在である。「自由」と「奴隷」という場合には、奴隷から解放されたところには自由の領域があるけれど「専制」と「卑屈」とは一対、両方がワンセットになっている。その両方から解放されるのでなければ「自由」は得られないことになる。この日本人の「卑屈」の克服こそが育英事業家福沢の課題であった。

「卑屈」の対称をなす反対語は、二種類考えられる。一つは「自由・独立自尊」で、権威に盲従しない関係を意味している。それからもう一つは「敢為活発・進取」で、つまり萎縮しないで外に向かって活発に活動することである。この二方向が考えられる。

啓蒙活動に従事していた福沢は、「卑屈」を構造化する新たな兆候に対しては敏感であった。遡れば明治政府が言論弾圧を始めた契機に一八七五（明治八）年六月の讒謗律、新聞紙条例改正がある。その時福沢の主導で『明六雑誌』の廃刊が決まったが、注目すべきはその際の福沢の主張である。「官吏の意に任じ」て言論取締りの「寛厳」が左右されること嫌っていう。「これをたとえば寒暖計なくして空気の寒暖を論ずるが如し。……罪を蒙ると否とは全く他人に意に任ずることなれば、正に人をして我思想を支配せしむるものと云わざるを得ず」と。すなわち取締の基準が政府人の恣意的な判断に置かれることの危険性を指摘する。これは心事の専制、内面性に対する政治権力の支配を可能にするからである。もし政府の胸先三寸で言論取締まりがなされるのであれば、人心は委縮し、卑屈にならざるをえない。

さらに「明治十四年の政変」以降は、皇室の権威を振りかざすタブーが生まれ、言論の自由を妨げる要素となった点を危惧していた。「明治十四年の政変」を機に、言論界の空気が一変したという。「明治十四、五年を界にして、前後の新聞紙を把りて其紙面に注意するときは、前年の紙面にも随分危激の文字あれども、尚ほ未だ極端に至らずして耳に逆ふもの少なき其反対に、後年の諸新聞紙上には乱臣賊子夷狄禽獣等の文字甚だ多くして、所謂病なきに呻吟するの句調盛なるを発見す可し」（明治二五・一一・三〇〈福澤全集〉一三）と。言論封じの社会、緘黙社会が生まれたのである。

福沢の『時事大勢論』は、「十四年の政変」後に出現した「官民猜疑」の拡がりと言論に対する不寛容の広がりを批判している。人民は「言はんと欲して或は法に触れんことを恐るるが故に、其言常に婉曲にして然《し》かも十分の怨を含むが如く」で、猜疑社会を生み出していると。

維新革命への反動はもの静かに進行した。その静けさは言論封じという不寛容、緘黙社会によって支えられたものであった。明治政府による、真綿で首を絞めるような日本的不寛容が空気を支配し始めていた。殺さない代わりに、ものをいえない空気が支配することになったからである。官民調和を唱えた福沢であるが、言論の自由問題は彼と明治政府とを区別する一毛千里の差を生んだ。「一身独立」と「一身隷属」の分岐点であった。

このように時勢の中に、非政治的領域、市民社会の自由、平等、権理、人権、自尊を踏みにじり、卑屈、権力の偏重を教え込む臣民社会の兆候が現れた点を福沢は敏感に感じ取り、目前の具体的な「言論の自由」の危機として、『時事新報』紙上で警鐘を鳴らし続けたのであった。

ものをいわせない会議、胸中に一物もちながら発言を控えて和を維持する組織は今日の日本にも多い。「多事争論」のすすめ、すなわち「人類多しと雖も鬼にも非ず蛇にも非ず、殊更に我を害せんとする悪敵はなきものなり。恐れ憚る所なく、心事を丸出しにして颯々と応接す可し」（『学問のすゝめ』第十七編）と語られた福沢諭吉の言葉は、二一世紀に生きようとする日本人に、今なお切実な自覚を迫るものがある。

『学問のすゝめ』第八編の「我心を以て他人の身を制す可らず」の議論は、天皇制臣民社会において、一段と切実な課題となった。福沢は「独立人」について、『徳育如何』の中で。「今日自主獨立の教に於ては、先づ一身を獨立せしめ、我一身を重んじて、自ら其身を金玉視し、以て他の關係を維持して人事の秩序を保つ可し」と規定していた。

一九〇〇（明治三三）年に福沢の門下生たちの手で作成され、慶応義塾の学生のために示された『修身要領』の

第六条には、「第六条　敢為活発堅忍不屈の精神を以てするに非ざれば独立自尊の主義を実にするを得ず。人は進取確取の勇気を欠く可らず」とある。こういう言葉をあえて慶応の学生に与えたのは、日本の当時の教育は逆のことをしていたのを懸念したからである。しかしすでに『教育勅語』が普及していた時代に出されたこの『修身要領』は、時代遅れの発言として有識者たちからさんざん悪口をたたかれたという（丸山眞男、二一五頁）。「文明社会」の夜明けは、まだ遠かった。

無力で形骸化した宗教組織

教育が深く人心を食い込んでいたのに較べ宗教の人心掌握力は弱かった。そして宗教組織は脆弱だった。第七章では明治以降の宗教、特にキリスト教を念頭に置いて考察する。この国の宗教は「治教」政策として、国家の道具として存在したにすぎなかった。神道という国家宗教（シビル・レリジョン）が支配的な国であった。これはこの国で、信教の自由、内面性の尊重という基本的人権が不在の国であったことを示す。すなわちこれは個人なき国家主義を可能にしていたのであった。「一国独立、一身隷属」のこの国に維新革命の精神が実現するには、はるかな時間が必要であった。

参考文献

慶應義塾編纂〈福澤諭吉全集〉岩波書店

馬場康雄・坂野潤治「政治変動としての明治維新」（坂野潤治・宮路正人編『近代日本における転換期の研究』山川出版社、一九八五年）

Kazuko Tsurumi. *Social Change and the Individual — Japan Before and After Defeat in the World War II*, 1970

ＯＥＣＤ教育調査団／深代惇郎訳『日本の教育政策』朝日新聞社、一九七二年

序　未完成の維新革命　18

丸山眞男著／松沢弘陽編『福沢諭吉の哲学』岩波文庫、二〇〇一年
伊藤彌彦『維新と人心』東京大学出版会、一九九九年
井上毅伝記編纂委員会『井上毅伝　資料編第二』国学院大学図書館、一九六六年

第一部

学校

第一章　「学制」再考

一　はじめに

学制、頒布されたのが今から一世紀以上も昔の明治五（一八七二）年八月三日[1]、日本近代教育の画期をなした制度である。この学制以前の教育界が不毛だったわけではない。江戸中期、ことに享保年間から増加の一途を辿った藩校や寺子屋は明治になっても衰えず士族には家塾や藩校、庶民向けには私塾や寺子屋として増え続けた。のみならず、多くの藩校は新たに洋学を採用して「総合学園化」する傾向を見せていたという[2]。新政府も西洋文明学習の必要性と人心を収攬して治安を図る必要性から、早くから学校づくりの手さぐり的実験を始めていた。また京都府のように校区制小学校（これが学制に影響を与えたといわれる）を実施した地方もあった。しかし「学制」の出現で、教育の世界は教える側も学ぶ側も一変した。空前の体系性と新規性を備えた制度を中央政府権力を用いて「学事奨励」したからである。学制は文明開化ブームの中で創られた典型的制度であるとともに、文明開化の時勢を確実に一歩すすめた制度であって、良かれ悪しかれ開明的専制政策としての特徴に満ちていた。この画期的制度は、はたして教育における近代の始まりだったのだろうか、それとも政治権力の教育に対する圧制《ティラニー》の嚆矢だったのだろうか。

今日でも、「学制」は有名であり、多くの人々は、「邑《むら》に不学の戸なく家に不学の人なからしめん事」とか「学問は身を立《たつ》るの財本」などの「被仰出書《おおせいだされしょ》」の文言を連想するようである。この連想には近代的自立人養成の制度を想わしめる明るいイメージが浸透しているようで、そのためにおそらく初めの立法者の思惑を超えて、学制は永く深く人々の記憶に生き続けているようである。文部省もまた『学制五十年史』（一九二二年）以来、戦後の『学制百年史』にいたるまでほぼ一〇年ごとに「学制」の二字を冠した学校史の正史を刊行している。これが示すようにファシズム期であれ戦後民主主義時代であれ近代教育の出発点を学制に求める点は一貫している。その他万巻の教育史も学制の歴史的意義を評価する点では一致しているのである。

しかしこれほど有名であるにもかかわらず、学制は実に短命な制度で、七年一ヵ月余りで教育令に代わられたシロモノであった。しかも頒布後早々から批判にさらされる運命を辿った。何よりもこの観念的実学教育は、農業社会時代の若年労働力を教室に吸収し、しかも多分に無用の学習を強制したから、庶民は様々な不満や抵抗を示した。いわばこれは「下から」の批判であった。また欧米教育専門家による危惧も表明された。学監として招待されて日本の教育現場を診断したデービッド・マレー教授がそうであったし[3]、教育制度樹立の大志をいだいて岩倉使節団に参加し精力的に米欧教育事情を調査して帰国した田中不二麿がそうであった[4]。いわばこれらは「横から」の忠告であった。また元田永孚のような保守主義者は、学制に見られる欧米風教育に対して深刻な民族的危機感を感じていたから、やがて「智育偏重、欧米心酔」という批難の声を上げ、明治天皇の権威を利用して「教学聖旨」を出さしめるにいたった。これはいわば「過去から」、「上から」の反撥であった。

このように諸方向から不満、批判が発せられた時、文部省当事者たちは、予想以上に早くから自信を失い、学制改正を考え始めていたようである。頒布七ヵ月後には、早くも大木喬任文部卿によって「学制改正にかんする訓示」（一八七三（明治六）年三月一三日前後といわれる）が出された[5]。その大木が民部卿に転じて田中不二麿が文部大輔（文部卿は空席）になると、同年九月二三日付けで佐沢太郎を「学制改正掛」に命じた証拠が見つかっている[6]。特に地方現場の声に接する文部省内では、一八七四（明治七）年に「速に学制を改正し教育の本源を明にす可し[7]」という発言も現れていた。ただし学制には大小様々な訂正やら追加などを行って初志を補完強化した場合もあるから、この種の補強と抜本的改正の企図とは区別しにくい。次第に省内世論は後者に傾き、改正論を前提にした教育行政がなされていったと見て間違いなかろう。だがこのように短命であったにもかかわらず学制は人々に鮮やかに記憶され続けた不思議な制度であった。短命であったけれども、洋学かぶれの文部官僚のデスク・プラン、つまり現実の前にチリのように吹きとんだ空虚な制度だったわけでは決してない。やはり学制が時代画期的役割を果たしたし、以後の教育制度に巨大な影響を及ぼしたのは事実なのである。「我国の教育は、学制頒布以来、之に対する批難攻撃の絶えたことなく、内部からも外部からも、常に攻撃され通して来たが、反てこれが大なる刺激となって、教育の制度の上にも、又其の内容実質の方面に於ても非常なる進歩を遂ぐるに至ったのである」とは『教育五十年史』の序のことばである[8]。批難されつつも消去できない影響力をもち、それ故に改正、再改正の変身をとげながら時代との応答を繰り返したのであった。

短命にもかかわらず深く歴史に記憶されている学制の意味を知るためには、われわれはもっと学制誕生当時の時勢——国家創出期という特異点——における制度づくりの意味や役割を考慮した上で、学制の画期性を評価しなければなるまい。本章ではまず最初に、この時代背景、明治維新と大隈重信の留守政府等について論及する。その次に新設官庁たる文部省の性格を分析し、その上で学制づくりの様子と学制の構想に込められている精神とその近代史の文脈における意味を考察したいと思っている。

二　学制がつくられた時代

日本歴史上でも希有の非連続的変動の時代、単なる政治体制の革命だけでなく、生活様式や社会習俗の定型性までが一変した時代、それが「御一新」と呼ばれ「万般更始、庶政一新」といわれた明治維新であった。今日のように政治権力の交替すら次第に制度化され、節々の社会習俗も年中行事化され生活の隅々にまで管理化が進む社会からは想像のつかない荒々しさ、不確定さ、流動性が渦巻いていた世界である。学制はこの維新の怒涛の中から、留守政府を産みの親として誕生した。ところで明治維新は、同時代の史論家が「乱世的革命」（竹越三叉）と語ったように[9]、また「臨機応変の処置」の次々の集積が、結果的に、予想外の根本変革をもたらす「成行き革命」（徳富蘇峰）を帰結させたと論じられたように[10]、変化程度の大きさとともに変動自体の不確実な浮遊性に特色があった。そしてこの行先未定の流動状況は続き、「明治元年より同十年まで、王制復古と王制維新とが離合を決せず暗雲の低迷せる状態にして、守旧論者と急進論者と、紙一枚の境に過ぎず」といみじくも三宅雪嶺が評したように、明治に入っても復古か革新かの間を「紙一重」の微妙さでゆれ動いたのであった[11]。

しかしながら明治四（一八七一）年七月一四日、廃藩置県のクーデターが予想外の大成功を収めてから数年間の時勢は、明らかに王制維新、急進論の方に振子を傾けていた。文明開化ブームがそれである。明治四（一八七一）年で見ると、四月四日の戸籍法制定、七月二二日の県外寄留・旅行の鑑札廃止、八月九日の散髪・脱刀勝手、八月一七日の武門の流弊（無礼打ちなど）の禁止、翌八月一八日の平民の着服制限解除、八月二三日の華士族平民間の通婚の自由、八月二八日の穢多非人の称廃止ならびに民籍編入、九月七日の田畑勝手許可、一〇月三日の宗門人別帳廃止、明治四（一八七二）年一二月一八日の士族の農工商従事許可等々が命ぜられた。文明開化という風俗革命の波状攻撃によって伝統社会の解体が音を立てて進んだのである。さらに明治四（一八七一）年一一月一二日、岩倉具視一行が遣外使節として離日すると、政治家大隈重信の得意の時代、留守政府時代の開幕となった。廃藩置県は新中央集権体制の整備を急務としたからこの時期に徴兵令、地租改正令、さらに江藤新平の手になる司法制度の創設などの重要制度が矢継ぎばやに創られた。その急進的国家創業期の真只中に学制もまた布かれたのである。つまり学制が出現した一八七二年を挟む前後三年の時期は日本が、封建制から郡県制へ、伝統的国家から西洋近代型中央集権国家へ、大きく船首を転じた時であった。われわれは学制を考察するに際して、この時代、この時勢の意味を見落としてはなるまい。

不安定な動揺は政府中枢部でも激しかった。岩倉米欧使節団派遣という快挙、――政府首脳部の約半数が二年近く外遊に出るという破天荒な行事が実行されたからである。廃藩置県の大成功がこれほど彼らに自信と余裕を与えたとも、新政府にとって条約改正、海外研修の必要がこれほど緊急であったとも、あるいは新政府の主導権を確保するために出発したとも解釈できようが、いずれにせよ若い国家の若い政治家の故に実現した壮挙であった。出発組には岩倉具視、大久保利通、木戸孝允、佐佐木高行、伊藤博文、田中不二麿など、どちらかというと薩長派で構成された面々がいた。留守組の重鎮には三条実美、西郷隆盛、板垣退助、大隈重信、大木喬任、江藤新平、井上馨らがいた。この人選自体に政府部内での権力抗争、派閥問題がからんでいたことはすでに指摘されているし(12)、出発後にはさらに外遊組、留守組それぞれの内部に暗闘、確執が起こったという。ただしそれを、単なる人闘としてのみ眺めてはならないだろう、むしろ政策闘争が深くからんでいたのである。

留守中の内政に関しては、出発直前に例の「約定」が外遊組、留守組間で結ばれた。それは一方で「内地の事務は、大使帰国の上、大に改正するの目的なれば、其間可成《なるべく》大規模の改正を為すへからす……」と述べて、外遊組が帰国後新知識によって内政改革を行うことを予定して制度凍結、人事凍結を謳っていたが、同時に他方では「廃藩置県の処置は、内地事務統一に帰せしむべき基なれば、改正の地歩をなさしむへし」と目下進行中の廃藩置県の完成のために留守組に諸政策実行の余地を認めねばならなかったというジレンマを含んだものであった[13]。そして留守政府は、この時〝鬼の居ぬ間〟を利用して急進的改革を実施したのであった。

『同時代史』の明治六年概観の中で三宅雪嶺は当時の様子をこう描いている、

政府部内は一昨年の末より大官が二分し、一は外に出で、一は内に留まり、両頭の形を呈しつゝ、廃藩置県の施設の止むべくもなく、必要に応じて着手せざるを得ず。外に出でたる者も一致せず、中に留まる者も一致せず、暗闘明闘の続きながら、報道機関の欠之し、世間は之を知らず、藩治に代るべき県治を要求して已まず。……

大官は大使の帰朝まで大事を差控へんとせしも、時勢は其の差控ふるを許すほど緩慢ならず、差控へんとして得ず、得ずして新施設に努力し、努力して興味を覚え、随て案出し、随て実施するに及ぶ。速成にて誤り、朝令暮改の甚だしきも、昨年着手して本年実施するに至れる所特に多し。本年は大に実施して大に破綻するの歳なり[14]と。このように留守政府は大久保利通不在というチャンスと、緩慢を許さない時勢という味方を得て、諸制度を「大に実施して大に破綻する」のであった。「学制」はその典型的事例であった。

ではここで佐佐木高行の日記によってこの当時の政府首脳部の様子を紹介しておく。佐佐木は岩倉使節団の一員であったが、元々守旧主義者であったので日記の中に西洋文明風になびく政治家たちの姿を、苦虫をかみつぶしたような忿怒を込めて録した点でも興味深い。明治五年の正月は、ちょうどアメリカからヨーロッパにわたる大西洋上で迎えられた。

「アトランチック」航海中、熟思するに、高行の如き頑愚迚も、今日の政事に関すること難哉、無識文盲は一体の事なれば致し方もなし、只政の上に著眼する処、大に違へり、岩〔倉〕公・大久保公は、兼て見込も合ひたりと思ひ、木戸は少々は開化急ぎの風はあれ共、老婆心を抱きたる性にて、随分示談も調ひたる心地せしに、今般米国にては、伊藤博文・森弁務使などの「アラビヤ」論に同じたりと見へぬれば、最早共に政事を計る人もなし(15)と。海の彼方では比較的保守派と思われていた岩倉、大久保までもがアメリカを実見するに及んで開化論に転じてしまったのである。では留守政府はどうか。

御国にては、〔三〕條公も、始終御苦労中にも、兎角進歩の論へは御目の著く光景、畢竟大隈などの説を御取り被成方なり、大隈も兎角早進にて人民圧伏せねば行かぬとの見込あるなり、條公は全体は君子なれば、人民の事などは厚く御配慮あれ共、何分早進みの論へ半信半疑中に御心注きとなり、又後藤〔象二郎〕は丸で漠然たる政事をなす人にて、只才弁を以て程よく言ひ廻はすことなれば、板垣〔退助〕も性質の頑固には不似合、近頃は殊の外開化論なり、畢竟後藤などに化せられたり、西郷〔隆盛〕は豪傑なれ共、政事の味なく、只大節断の力は万々強けれ共、守成にて天下を料理するの智力はなし、兎角大隈とかの才士に日用は誤魔化さるゝの風なり、江藤などは頗る上手者にて、後藤へ取り入り、程よく表向中々潔白とか豪気とかに見へて、裏面は中々油断ならぬ利口者にて、可恐人なり、井上〔馨〕も開化家にて、人民を圧伏する論なれ共、余り我儘に権力を大蔵省へ取りたるを、板垣などは悪く思ふ勢は、出足前より既に見へたり(16)

と。右の佐佐木の分析は大隈重信の回想談ともほぼ一致しており(17)、留守政府の人間関係を正確に示していると思われる[18]。本国から司法卿の下には確度の高い情報が入っていたようである。

ところで、右日記が示すように留守政府時代は政治家としての大隈重信参議にとって最も得意の時代となった。三条太政大臣はおとなしく、西郷隆盛、板垣退助両参議は煩雑な政治の処理業務よりも、鉄砲打ち談議に打ち興じていたから政治の実権は大隈の手中に落ち着いた。その大隈の側には大木喬任、江藤新平という肥前の実力者が控えていた。大隈に抗しえたのは大蔵省で予算を握っていた長州人井上馨大蔵大輔のみであったが、この井上も一八七三年には辞任に追い込まれている。

この大隈は少年時代、幕末の佐賀藩にあって、『葉隠』と朱子学を調合させた藩校弘道館の窮屈に対して、「其の束縛に反抗し、学制の改革を促したるもの丶一人」であった[19]。明治になって太政官政府で活動を始めると、ますますこの改革の姿勢を強め、明治二（一八六九）年の官制改革や財政整理に対しても、「蓋し余は旧物を破壊し百事を改革して、久しく懐抱したる壮大の希望を成し遂げんと欲し、即ち『大政維新』の精神を以て盛んに進歩主義を唱道し、急激なる改革論者を以て自ら任ぜり[20]」という次第であった。大隈重信にとって、漸進主義者岩倉具視、大久保利通の外遊は、念願の急進政治挙行の絶好の機会に他ならなかった。「謂はゆる『鬼の留守に洗濯』と云ふ調子にて、其の間に充分なる改革、整理を断行するにあり[21]」というわけで奔放な事業に乗り出し、しかも時勢を追い風に実行したのである。学制はその産物の一つに他ならなかった。

ここで、この時勢と学制との関係を整理すると次のようになる。まず廃藩置県という地方行政制度の変更が学制の前提であった。なぜなら明治になっても諸藩独自の学校熱は衰えるどころか高まっていたからである。特に明治二（一八六九）年の版籍奉還後、各藩の藩校ブームは高揚した。中央に政治権力を吸収されたあとの藩主は学校経営の中に自己の存在理由と再生の活路を求める動きを見せたからである。

三宅雪嶺は記している、

諸藩の多くは版籍奉還をこそしたれ、尚ほ藩として存続し、藩の体面の為め種々の設備を整ふるに努め、大藩は頗る教育に尽くす所あり。加賀は昨年英語教師オスボーンを聘し、本年医学教師蘭人スロイス、鉱山学教師普人デッケン、語学教師ウヲードを聘し、スロイスの如き、初め洋銀四百弗と約し後に課外講義の故を以て六百弗に増額せり。他藩も藩力に応じて類似の事あり、教育熱は此頃よりして盛んならんとす[22]

と。したがって、もし廃藩置県がなされず地方に諸藩が存置されたままだったならば、学制のような中央集権的斉一型教育行政を施行することは不可能であっただろう。廃藩置県が前提にあったからこそ学制は実現しえたのである。

第二に当時の文明開化ブームと学制との親近性を見なければならない。前述のごとく廃藩置県実施直後から旧風俗旧習慣を打破するための命令や奨励が矢継ぎばやに発せられた。それは徳川政権崩壊後も今なお世間に根強く残存する身分社会の行動様式の定型性を西洋風俗の紹介をテコにして、「掃除破壊」(福沢諭吉)する上で、目覚しい機能を発揮した。明治四(一八七一)年は伝統風俗が激変する文化革命の時、「万般更始」の年であった。世を挙げて旧俗打破にはしる「破壊のための人心の結集」[23]ともいうべき狂躁、文明開化ブームをその陣痛期に経験したことによって、学制のような斬新な内容をもつ教育制度の出現が可能になったと考えられる。

第三に内容的に見れば、学制と、この時期の社会心理を強く魅了した「四民平等」思想との関係は特に濃い。明治四(一八七一)年四月四日に制定された戸籍法によって、人民は士族・平民の別なく同一帳簿上に籍を記載されることになり、士族身分の特例は否定されたが、これが象徴的第一歩であった。学校に関しても同様であった。ヨーロッパの場合、近代市民革命後も階級社会保存用の特権学校は温存された。上流階級の子弟教育のためにパブリック・スクール(英)、リセ(仏)、ギムナジウム(独)が残置されて複線型学校制度が成立したのである。これに対して日本の場合、維新革命の主担者、下級士族たちは、不思議にも藩校という士族特権教育制度を否定し、身分制、世襲制に代わる能力主義による人材養成法を強く制度化したのである。当時の四民平等思想は、機会均等を保障しながら同時に公正な能力競争の観念を組み合せていたところに特色があり、勉強を介しての社会上昇移動の夢を青年に抱かせたものであった。学制の内容を見ると校区制を採って士族、平民の別なく同一小学校内に混合し、機会均等と厳正な能力主義を強調していた。このような単線型教育制度を取ったことは、四民平等思想を忠実に反映していた。士族が特権に固執していたら、学制は違ったものになったであろう。

以上、廃藩置県、文明開化、四民平等の学制に与えた影響を論じたが、しかしこれら相互間にはまた逆の因果関係も指摘できる。すなわち、学制によって、教育事業を看板にして存続を策していた地方の藩権力は解体され、廃藩置県が一層完成したのである。また、「学事奨励」の名で全国津々浦々に至る学制の強制が行われたからこそ、江戸時代以来鉛のように眠っていた村々に、具体的に「文明開化」の光が及んだのである。さらに学制による学校制度の採用が、四民平等と能力主義の制度化を実現したのである、と。この意味からいえば、学制は、廃藩置県、徴兵令、地租改正令、江藤新平の司法制度創設などとともに、この時期に世間を急進的変革の方向に激成させた政策であった。

ところで矢継ぎばやに、急進政策を「大に実施」したことは、対外的独立維持のためにも有効であった。また余りにも急進的であったことが、かえって人心総攬に役立った。「徴兵や、義務教育や、大改革に属しながら、世間は幾回の大改革に慣れ、多く驚くことなし。驚くまでに判断の熟せず、唯だ命令の如くせば可とし、可とするよりも可とする外なしと心得たり(24)」と。こうして急進策で民衆を「圧伏」しながら伝統への回帰を防遏し、中央集権制を成立させていったのである。こうして留守政府の自転車操業は成功し大隈得意の時代を迎えたといえよう。しかしこれが近代の始まりだったのだろうか、それとも新しい専制の始まりだったのだろうか。

それはともかくとして、このような留守政府の施政が必然的にあとで不協和音を奏でた理由は、岩倉使節団自らが内政改革を予定して海外研修していたのを差し置いて、急進的変革を行ったことにある。教育に関していえば田中不二麿理事官はまさに教育改革のための調査を目的として文部省から参加し、新島襄らを助手にして精力的に米欧の大中小学校、教育行政を調査していた（後に『理事功程』にまとまる）。しかし留守政府はそれを無視して学制を発足させたのである。一八七三（明治六）年文部省に戻った田中が学制との間にぎごちない不和を示すのは必然であった。『木戸孝允日記　二』明治六年一月廿六日の記事には、「夜田中文部長与等と有、約六字過より長与の寓に至り田中と相会し文部省の事務且教育の事を談ず。当時於御国着手するところ事実齟齬し、総て百端粉飾の開化を主とし天下後世の為不堪歎《なげくにたえざる》ものあり。聚首談論至一字、余帰寓する時已に二字に近し」[25]とある。井上久雄も論じたように[26]、おそらくこれは本国から送付された学制を検討した時の情景であろう。木戸孝允や田中不二麿は彼地で、学制の余りの急進さに驚き、夜半二時近くまで談論していたのである。

三　最初の文部省

学制を考察しようとすればまずそれを制定した官庁、文部省もまたその頃創設された機関であることを併せて考えておかねばならない。文部省といってもそれを今日われわれが想起する文部省像と重ね合せることは危険である。あくまでもそれは、国家創造時代の混乱の中で、迅速というべきか性急というべきか、あわただしく急造されたばかりの一官庁であった。発足したのが廃藩置県の四日後、明治四（一八七一）年七月一八日である。全国の二百余藩が瞬時に消滅したあとには、藩校とその学生およびその財務処理の問題が残ったから、中央政府としては、地方権力掌握のためにもそれらに早急に対応しなければならなかったはずであり、これが文部省を急設させたと思われる。

しかしながら、ちょうど学制以前の教育界が空白でなかったのと同様に、文部省以前に政府系の教育行政官庁がなかったわけではない。いわゆる「大学」がそれであった。明治三（一八七〇）年、「大学規則及中小学規則」による「大学」が設置されたが、制度の形式的側面からいえば明治新政府の近代的教育行政機関始動の画期はこの時であった。ここにおける「大学」は、多分にフランスの制度に倣って創られたと思われるが、太政官という国家権力機関から相対的に独立した最高学術教育機関であった。この「大学」は最高学府であると同時に最高教育行政機関を兼務しており全国諸学校の統轄をまかされていた。こうして医学系の大学東校、旧蕃書調所の流れをくむ洋学系の大学南校、他に旧昌平校跡に国学漢学系でかつ教育行政の中央管轄機能も兼ねる大学本校が設置された。いわば教育の総本山である。もしこの機構が順調に作動し発展していたならばわが国の教育界は国家権力からもっと自立的になり、国家の方はもっと「中性国家」になっていたであろう。しかしこの「大学」は無残にも失敗した。「大学本校」の実権が国学系と漢学系の旧学派によって占められ、前近代型学者意識丸出しの派閥闘争、主導権闘争を繰り広げた末に本校自体の自壊をもたらしたからである。この主導権争いには丸山作楽《さくら》のようなファナチックな国学系事務官までもが参加していた。学者の喧嘩に収拾がつかなくなり、結局、明治三（一八七〇）年七月大学本校閉鎖、教職員解雇、学生放校という処分が取られた（なお大学東校、大学南校は太政官の下に存置された）。形式的近代性を有した教育行政機関でありながら内容的前近代性によって瓦解した例といえよう。わが国において教育が国家から相対的に独立する絶好の機会はこの時失われたのである。文部省はこの「大学」の残骸のあとにつくられた官庁である。

明治四（一八七一）年七月一八日文部省は生まれた。初めは文部卿空席のままで文部大輔として江藤新平が就任した。この江藤は七月一八日から八月三日まで一七日間在職したにすぎないが、驚かされるのはこの短期間に職掌を定め、人事を決定し、すなわち文部省をつくり上げて疾風《はやて》のごとく左院に去ったことである。まことに行動果敢な人物であった、また当時はこれほど激しく物動く時代であった。

次に引用する加藤弘之の回想には記憶の不正確さがあり、また彼の口吻には後年の大御所としての装飾が感ぜられるが、その点を割引くとしても当時の空気と江藤のプリンシプルをよく伝えてくれる。

それから五六日程経つて江藤が私に斯う云ふ事を話したのです。どうも皇学と漢学が喧嘩して大学が潰ぶれたと云ふ訳であるが、学問を国で別けると云ふことは間違つた事と思ふ。学科と云ふものは国別で分けると云ふことは可笑しい、之を一つ打壊はすと云ふことにしなければいかぬと思ふが、どうかと問うた。（中略）けれとも大分議論が起るであらうと私は言つた。併し議論は起こつても、さうやるより他に仕様が無いと云ふことで、それから江藤が太政官に申し出して、さう云ふ改革を仕やうと云ふことになつたと見えて、それも丸で一両日の中に極つて仕舞つた。今日の様なものでない。さうして今度は大学教授と云ふものを言ひ付けるのにも国別で分課をすると云ふことでなく、漢学者皇学者は大抵省いて、おもに洋学者が言ひ付けられた。僅に数輩以前の皇学者漢学者が這入つて居たけれども、もう其処に至つては、喧嘩も何もする勢ひは無いのであつた

と。[27]すなわち江藤新平の近代性は原理を立てて人事を決めたことにある。学問を「国別」でなく「学科別」に設けるという基準である。「国別」に従う限り、「大学」で失敗したように学派閥という人脈の前近代性を超えられない。だからもっと普遍的な基準、「学科別」基準を採用して、つまり非人格的原則によって人事を決めたのである。これが新設文部省の中身を清新な人事でおおい、近代的行政機関の出現を可能にした秘訣であった。

発足二日目に江藤新平は文部大丞二人を任命した。加藤弘之（南校、蕃書調所以来の洋学者官僚）と町田久成（南校、

幕末の薩摩藩派遣英国留学生の一人）である。その数日後、おそらく人事の相談のためと思われるが、五名の大学幹部クラス職員に出仕を命じた。岩佐純（東校、蘭医）、佐藤尚中（東校、蘭医）、箕作麟祥（南校、仏学）、辻新次（南校、仏学）、松岡時敏（旧本校、漢学）の面々である。このうち前四者は洋学系の能吏や学者であり、最後の松岡は旧大学本校漢学系職員の長であったが、国学系丸山作楽の挑発に対しても柳に風と取り合わぬ温厚君子といわれた人物である。そして文部省発足九日目（七月二七日）には早くも右出仕の五名も含む五三名の人事が発令された(28)。実に迅速果断な決定である。空席だった文部卿に江藤と同郷の先輩、大木喬任が就任したのはこの江藤人事の敷かれた翌日であった。大木喬任は江藤の設営した人事に乗って開明路線を驀進することになる。江藤がこのように人事を急いだのは、文部卿空席の間に自分の定見を体現する文部省を創りたかったからかもしれない、恐るべき判断力と実践力をもった政治家である。佐佐木高行が見透していたように江藤新平が「油断ならぬ利口者」であったことが、ここからもわかろう。江藤は人事以外にも「職掌」を定めたが、そこでは「国民教育の国家管理方式を明らかに示し」たと評価されており、さらに別の公示において「学制の制定を予告」していたことが先行研究によって示されている(29)。創設時の文部省を性格づけ、方向づけた点で江藤新平の意味はきわめて大きかったといわねばならない。

今日、江藤文部行政の業績は見落されている観があるが、実は明治時代から忘れかけられていたようで、この点に関して加藤弘之が江藤新平の迅速な活動に対する識者の理解を促して次のように語ったことは注目に値する。

〔学制の〕其の因つて起る所は即ち江藤の果断にあるであらうと思ふ。江藤が初めて国別の科学を罷《や》めることにして仕舞つた、江藤の見る所では国学も漢学も固《もと》より大切であるけれども、新しい学問と云ふものを、欧羅巴から取つて来なければならぬものであると云ふことが、分つて居つた。さう云ふ所から国別学科と云ふものを罷めて、何とも言はず学校と云ふものをやると云ふ基を立てたのである。さう云ふ果断家が出て、さう云ふ事をせぬ時には、後に大木文部卿が出て来ても、私はなかなか手をつけることは六ケ敷《むずかし》かつたことであらうと思ふ。大抵の人では、此国別学科を廃すると云ふことは、まだ其時分では出来なかつたことであらうと思ふ。（中略）それには即ち江藤と云ふ程の果断家が出て、先づ国別学科を立てると云ふことを廃して仕舞つてあつた後に、大木文部卿が出て来たのであるから、今度は楽である。（中略）即ち学制の出来た元の因つて起る所を考へて見ると、実に江藤の力与つて大なるものであらうと私は思ふ(30)

と。ところで「学科別」という原理を立てて人材を登用した江藤文部省の実質的中身はどうであったか。明らかにそれは旧大学本校系人脈の遮断と南校、東校系人材の登用を意味した。職員も教員も漢学系、国学系に代わる洋学系が中核となった。この江藤人事の基礎固めによって初期文部省の空気は進取的、開明的なものになったのであり、井上久雄も指摘したように「やがて展開する教育の方向を決定的に指示した(31)」といえる。

一言でいえば当時の文部省は洋学と官僚とが接木された官庁であった。辻新次のような洋学の素養をもつ能吏が羽振りをきかせたのである。また旧蕃書調所系学者や旧幕府開明官僚も流入した。その頂点には肥前人がいたが、肥前閥色は見出しにくい。むしろあるのは洋学派優勢が醸し出す空気であった。こうして一八七一、二年をピークとする文明開化の最先端部分をいわば印画紙に焼き付けたような官庁として文部省が出来上がった。これは他省庁に比してもいささか異色だったように思われる。なおこの文部省の空気は改正教育令布告の前まで続いた。すなわち一八八〇（明治一三）年二月、自由主義路線の強力な支持者だった文部少輔神田孝平が元老院に出て席を九鬼隆一にゆずり、また翌三月一三日には九州出張中という間隙を突いて、文部大輔田中不二麿に司法卿転出が発令され、以降、保守化に向けて雪崩のような人事異動が実施されたのであった(32)。この時九鬼隆一、西村茂樹、辻新次、浜尾新、中島永元らは時流に応じて変身し、あるいは守旧派としての本性を顕わし、あるいは主義如何に無関係にポストに奉ずる官僚として省内に残留した人々であった。こうして文明開化教育の牙城は一変して天皇制教育の総本山に転じていった。「天下已に智力の時代に飽き、将《まさ》に感情の時代に入らん」（竹越三叉）とする保守化の波は、「明治十四年の政変」に先立ってまず「文部省より」起ったのである。[33] しかし本章が対象とするのはそれに先立つ開化文明全盛時代である。

さて江藤新平が慌ただしく左院に去ったあとの文部省をまとめながら、開明路線を踏んで学制布告に漕ぎ着けさせた人物が、今日学制頒布の名誉とともに想起される大木喬任に他ならない。この大木の指揮ぶりとこの頃の状況については次の久保田譲の回想が注目される。

当時学制を全国に施く時分には、どうして仲々今時とは違ひ漢学が流行で、それに国学も其に次で行はれて居る、洋学などは異端の学だとか申さぬばかりに排斥をされて居ったのです、加之《しかのみならず》当時廟堂に居る木戸準一郎でも大久保利通でも、皆な漢学をやった人である、其の矢先きへ持って旧諸藩立の学校をば片端から廃止して、新たに西洋模擬の学制を施くと云ふのであるから、人心恟々として実に大騒動である、其際に当って大木さんは断乎として従容の間に之か処置をなされた処を見れば、其の卓見やら、其の勇断やら、仲々尋常輩の企て及ぶ所にはあらさるものです、文部の方から申すと其事は決して忘るへからさるものであります、尤も此の断行に付ては大隈重信さんや江藤新平さんなどが、共に力を尽されたそうです（中略）文部省の事に付きて、能く承知して居るものは随分ありますが、まあ左の面々であります、西潟訥、瓜生寅、長炗、辻新次、中島永元、西潟訥は本と文部に居まして仲々機密に関係をして居たから、種々自から筆を執て起草したのである……大木さんも旧時東京府の知事をなすった事がありますが、其時分に西潟訥は東京府の属官をして居ました、それから文部大丞となりましたのですよ、西潟は事務家でした、長炗は漢学者でした、中島永元が英学者で、辻新次と瓜生寅が仏学者であって、いづれも皆な大木さんの配下に在って働いた面々であります……其の学制は衆議上でやったか、大木さん一人でかとの御尋ねですが……仏蘭西の学制を翻訳したのであります、して皆な衆議を聞て熟考の上大木さんが勇断を以て実行せられたのでせう（此の事は辻新次さんが能く承知をして居りませうよ）[34]

と。このように大久保、木戸らの不在を利用して留守政府は急進的教育政策を断行した。その時の「大木さんは断乎として従容の間に之が処置をなされた」というが、この言葉に大木の風貌がよくうかがえる。大木は元来保守的な人物だった。大隈重信は「一体大木は同藩出身者で、年齢は我が輩より二つ三つも先輩であった。沈着にして寧ろ保守的な性格であった。又我輩は進歩主義、否寧ろ急進の方であったから、随分衝突したのであった」、と語っている。[35]この大木が俄然、「空想とも称すべき程の新計画[36]」を完成させたのであるから興味深い。雪嶺は記す、

大木が一たび局に当るや、姑息の計に安んぜず、仏国に則り、米国を参考にし、破天荒の学制を実施するに努む。大隈が保守的と呼ぶ所の大木にして、一挙大中小学を設け、国民を陶冶せんとせるは、瓢箪より駒の出づるに喩《たと》ふべけれど、当時の意気は何物も制するを得ざるが如し[37]

と。保守主義者大木喬任までをも動かしたもの、それがこの頃の時勢であった。大木は一方で旧藩校の取締りをやり、他方で洋風の直轄小学校と女学校をモデル校として開設した。書生上がりの生意気論議の沸騰する省内を強力に統率しながら、また漢学者長炗のごとき元々保守派の人物を逆に学制取締掛として活用した。こうして大木文部卿下で藩校温存説はいつしか消え、学制路線が支配的になった。「大木は有利なる場合は頗る強硬[38]」に出る性分といわれるが、大木のこのパーソナリティは、この時政治路線上の旧守主義として現れず、むしろ万難を排して留守

政府の急進政策を断行する頑固さ、意志の強靱さとなって面目を発揮したのであった。別な見方をすれば大木は遅れて文部省に着任し、江藤人事を継承し、留守政府の意にそって仕事をしてみせる利口さと柔軟性、あえて大勢に逆行しないで政治生命を保持する保身上のうまさ、を心得た政治家であった。(39)

四　いかにつくられたか

洋学と官僚制が接木され文部省は下僚でも平気で上司にものをいう喧騒な職場であった。辻新次は回想している、「当時書生の論は中々劇《はげ》しかったのです。さうでせう、当時の立派な官吏と云うものは多く書生より出たのでありますから、そんなエラク上下の区別はなかったのである」、諸論横行の中で仕事の方は「仲々命令通りに行はれぬ」のであった、と。(40) 大木喬任文部卿はこれらつわものどもを統率しなければならなかった。しかも切迫した仕事が眼前に山積していた。すなわち直轄学校の官制、従来からの府藩県学校の管理、旧教官事務官の進退、旧校生徒の処遇、海外留学のこと、衛生事務、新聞紙・図書の出版、その上に「全国一般に渉る所の教育の方法を定めねばならぬと云ふことになりました。即ち学制を制定しなければならぬ」等々の件である。(41) 結局これら諸問題の処理は、次第しだいに学制制定作業の中に吸収され、学制の中にうまく統合されたといえる。本節はこの学制作成作業を問題にするのであるが、詳細な経過については先行研究に負うことにして三点だけ取り上げることとする。

ところでこの学制制定については戦前、まず半官半民団体の手によって記録収集が始められた。かの『教育時論』第九八二号（一九一二年七月二五日）が「学制頒布満四十年記念」特集を組み、学制ならびにそれ以降の主要文部省事業立法者たちの証言を集録した。この企画を一〇年後一層拡大したと思われるのが、財団法人国民教育奨励会編よる名著『教育五十年史』（民友社、一九二二年）である。これらが第一級の証言資料である。さらにその一〇年後、財団法人服部報公会の資金によって、松浦鎮次郎九州大学教授を中心執筆者に据えて文部省の一室に設けられた「教育史編纂会」の手で、「『学制』以後、昭和七年末に至るまで」の六〇年間を対象として、「勉めて主観を避け、事実を事実として」資料収録した教育制度変遷史『明治以降教育制度発達史』全一三巻（龍吟社、一九三八―一九三九年）が出版された。いうまでもなく一番網羅的な本格的資料集である。そして戦後になると個人の手による重厚な学制研究書が書かれ、研究は著しく進んだ。それらは土屋忠雄『明治前期教育政策史の研究』（講談社、一九六二年）、仲新『明治初期の教育政策と地方への定着』（講談社、一九六二年）、井上久雄『学制論考』（風間書房、一九六三年）、海後宗臣『明治初年の教育』（評論社、一九七三年）、倉沢剛『学制の研究』（講談社、一九七三年）、尾形裕康『学制成立史の研究』（校倉書房、一九七三年）等である。さながら競演のごとく資料調査と解釈が繰り広げられたのであり、右執筆者の学界背景も東大系、広島大系、東京学芸大系、早稲田大系と様々である。また文部省による『学制八十年史』と『学制百年史』は戦後民主化の中で学制を高く評価する空気を忠実に反映した概説書であり、他に戦後の教育史研究の水準を示す作品とされる国立教育研究所編『日本近代教育百年史』（一九七三年）が出現した。したがって学制制定に関する詳細はそれら先行研究にゆずることとして、ここでは三点、学制が急造された作品であること、学制は洋学者の作品であること、学制に西潟訥建白書の影響が見られること、のみを論じておく。

1　学制は急造された

総じていえば学制作成のテンポは驚くほど速かった。文部省発足二ヵ月目の明治四（一八七一）年九月に、基礎作業に当たる全国学校生徒調査とフランス法典翻訳が始まった。九月二五日文部省達無号は「今般学制致改革候ニ付東南両校共一先致閉校條貢進生之義早々退校可為致候事」と命じた。(42) 教育諸問題の処理を、学制という大枠を設定し関連付けながら行い始めたのである。同年一二月二日付け（ただし一名のみ一二月一九日付け）で「学制取調掛」が任命され、実務作業が本格化したが、そのスピードが実に早いのである。学制策定の基本方針を定めて太政官正院に伺出すのに一ヵ月ほどしかかからなかった（明治五年一月四日の「学制大綱」、あるいは「第一次学制の伺」とも呼ばれるもの）。さらに二ヵ月余り経つともう学制草案一二一章が出来上がり、関連文書八件とともに正院に呈出されていた（明治五年三月一四または一五日といわれ、倉沢剛はこれを「第二次学制の伺」と呼んだ）。正院からただちに左院審議に付されたが、この時の左院副議長は江藤新平であって、二週間ほどの迅速審議の結果、開化進歩の上に不可欠の学校の制であるから「今其規模ヲ大ニシ右伺之通断然御施行有之度……(43)」と学制原案を全面支持する答申が出されたのであった。

その後予算裏付けをめぐり、また長州留守番役の立場に居る井上馨大蔵大輔の抵抗が生じたために速度が鈍った。結局、教育の財源問題を棚上げにして発足するという三条実美の裁定が下って、それでも明治五年八月二〜三日には関連法令とともに学制布告がなされたのであった。

今日から見て学制ほどの大事業を実施するには信じがたい速いテンポであるが、これが国家創業期の時間というものであろう。このような時代には指導者たちの知的瞬発力の容量と速度が一国の運命を左右する。留守政府は、大久保不在のうちに、にわか仕込みの西欧教育知識を活用しながらこれを乗り切った。この学制制定テンポを不可能なこととか異例とかということはできないであろう。同様の例が司法制度創設においても、〝拙速を嫌わ〟ざる江藤新平によって行われたからである(44)。

しかし急造による欠点も歴然としていた。例えば学制は、明治三年の「大学規則及中小学規則」が高等教育中心であったのを裏返したように初等教育に力点を置いたために、布告直後慌てて高等教育関係の追加が必要になったのもその一例である。ともかく大幅な追加修正が三度に及び一八七三（明治六）年四月二八日には章の数が約二倍の二一三章に増えたのであり、細部の改正にいたっては二十余回に及んだ。なお、その変更内容については『明治以降教育制度発達史』第一巻に詳しい(45)。これらの追加修正は学制の余りの急造ぶりを反映しているといえよう。しかし制作者たちがどこまで最初から完全稿を目指していたのかはわからない。案外、修正、拡充の可能性を認める柔軟な発想があったのかもしれない。というよりも拙速を恐れず、一日も早く布告する政治的思惑が留守政府に働いていたようにも思われる。いずれにせよ右の事実に未熟のみを見るべきではなく、緊迫した社会流動時代の若々しい国づくりの知的瞬発力と試行錯誤を恐れないたくましい精神を見出すべきであろう。

先に私は早くから学制改正の声が文部省内にあったことを指摘しておいたが、それとこのような学制追加、修正の動きとは明らかに別系列で出発しながらも、やがて微妙に交錯し、後者と前者は重なりながら、比重を前者、すなわち学制そのものを抜本的に変更するところに傾けていったように思う。作成過程の拙速さが学制の寿命に影響したのは確かである。

2　学制取調掛

一二名の学制取調掛の顔ぶれは左の通りである。

箕作麟祥	仏学	南校教官	一八四六年生
岩佐純	洋医学	東校事務官	一八三六〃
内田正雄	蘭学	南校教官系	一八三八〃
長炗	漢学	旧本校系文部事務官	一八三三〃
瓜生寅	蘭英学	南校教官	一八四二〃
木林正辞	国学	旧本校教官	一八二七〃
杉山孝敏		文部事務官	不明

長谷川　泰	洋医学	東校教官	一八四二年生
辻　新次	仏　学	南校系文部事務官	一八四二〃
西　潟　訥		文部事務官	一八三八〃
織田尚種		文部事務官	不　明
河津祐之	仏英学	文部事務官	一八四九〃

このうち漢学者は長炗（長三洲）のみ、国学者は木村正辞一人である。明らかに洋学者中心の人選である。また旧大学本校を排した東校、南校系人事であったことがわかる。これが学制の性格に決定的影響を与えたことはいうまでもない。伝統学問の遮断と開明専制型洋学路線の採用はこの人選から自然の流れとなった。また逆に学制の実現が教育界における漢学派、国学派の凋落と洋学派の台頭を助けるのに大いに与った、ということにもなる。

3　西潟訥の建白書

失業中の一無名青年が見事な建白書をつくり有力政治家に手渡すことに成功する、それが認められて文部省に登用され、さらに学制取調掛に取り立てられ学制の内容に深い刻印を残す、という夢のような話が明治のこの時代には、現実に起ったようである。幕末・維新期には様々な人々が人材登用論を口にしたが、その具体的手段の一つとして建白書がある。これによって政策提案を行い自己能力を売り込むことが流行った。この典型的成功例が西潟訥の場合であろう。原文は大隈文書、A―四二五七に「天下ノ大計ハ先ヅ学校ヲ設ルニアルノ説」と仮題を付して収録されている(46)。

西潟訥は一八三八年越後国白井村に生まれた。父は名主を務める医者で儒家として開塾もしていたというから典型的地方名望家層の出であろう。佐渡民政局勤務の後上京して東京府官吏となったが、どういうわけか明治四年

（一八七一）九月に依願退職した。そして同年一〇月一八日になると文部省へ八等出仕しているのである[47]。さて問題の建白書中に「州県の処分終るの日……」の文言があることから倉沢剛は同書の執筆時期を九月～一〇月と推定してもいる[48]。これに従うならば、ちょうど無職時に重なるし、また野心的な文章から推しても、この建白によって自己の売り込みを図り文部省採用が許されたと想定することも十分できよう。

私が注目するのは建白書の口吻、文言、構想が学制と大変似ている点である。以下でそれを簡単に列挙しておくがこれらの点から、西潟を学制の有力起草者の一人と見る倉沢剛説[49]に私も賛成である。

第一に、次のような教育立国論を展開している点である。曰く「夫れ天下の富強を欲せは天下の人々皆富強ならしむるにしかす、天下の開明を欲せは天下の人々皆開明ならしむるにしかす、天下の人皆富強開明なるを欲せは天下の人をして皆其才に応し其学に就き其道に長し其能を達し皆以て独立の力を得富強開明の実に至らしむへし……」と。この論旨、口調と、かの「学制大綱」の冒頭、「伏惟れば国家の以て富強安康なる所以のもの其源必世の文明人の才芸大に進長するものあるによらざるはなし、是以学校之設教育之法其道を不可不得……」の文句とは同一筆者を想定させるほど似ている。また「被仰出書」の個人力行思想とも相通じる。

第二に「男女貧富を論せす其志に随ひ其学に入り其才を成し其用を致すへし」の一行に示されるような教育の機会均等、皆学の思想、能力主義原理の強調は、学制に脈々と流れているものと一致する。

第三に「毎県必ず速かに一つの広大なる学校を創し其内に教院文学兵学語学算学農学商学工学医学等の諸科を設け……」という学校構想である。全国に県単位の学校網を敷いて教育を体系化する構想が論ぜられている。また教育内容が徹底的に実用学である点でも学制と一致している。

第四に欧米モデル採用の点がある。建白書は「洋外諸国の富強盛大なるもの其学校の多き生徒の夥しき推して知るへきなり」と文明化と学校の関係を西欧モデルで説明しているが、学制とこの点も合致している。

第五に、この建白書は教育費用の人民負担を提案していた。「其費巨万に及ふへし、朝廷固より之に支給するの余財あるへからす、而して人民自立の為めなれは人民自ら其費を給すること当然なるへし」と。この趣旨が「被仰出書」で謳い上げられたのは周知の通りである。

第六に、右とも関連するがこの名望家層出身の西潟には一般庶民の民度に対する強い不信感と、それを裏返した啓蒙観が見られる。「然れとも吾国民未た万国の形勢に昧《くら》く、亦国家の急務を知らす、開明の域に赴く何事たるを弁せす、故に、更始已来今日に至って改革の一令布くことに或は驚き或は疑ひ或は迷ひ或は憂ふ、其甚しきものは或は忿《いか》り或は憤るに至る……」と。そして「如斯《かくのごとき》頑固の民」に働きかけ、教育を受けさせ費用負担に仕向けるために名望家層の力の活用を考えていた。これが「郷紳の議会」であった。

第七に、その「郷紳の議会」を中央から教導する方式として「布告文」方式を提案していう、「左院天下の衆議を検し、其尤善なるものを抄録し、再び之を諸県に下すへし」と、また云う「正院に出し裁断を仰き公然之を布告せん」と。この布告文方式こそが「被仰出書」のヒントになったのではないか。ただし郷紳議会は実現しなかったから布告の宛先は直接人民に向けられたのであるが。

以上のように西潟構想が学制編成に多くのヒントを与えたように思われる。ところで文部省のその後の制定作業を示すものとして、倉沢剛によって紹介された九項目メモがある。国会図書館憲政資料室大木文書に含まれているものである。その九項目とは、

一可レ学の道理学校を興すの趣意根基大号令の事
　官費を以建つべきに非す
一八大学三十二中学二百十小学并学科小学種別及師表学の大意制の事

一県地方右大令并大意制に依て議事を興し施行の目并費用弁ノ事
　但右の議を以地方学制を執の人出京せしむる事
一南校を広張する事且教頭云々の事　附師表学校を興す事
一生徒試験規則并師表となるべき生徒の事
一外国留学生徒改替規則の事
一内国官費生徒試験の事
一定額金の事
一普通科書籍翻訳編製の事

である。[50] すなわちこの学制編成作業行程メモの中に明らかに西潟訥建白書の影を見ることができるのである。

以上三点作成過程の注目点を紹介した。次にいよいよ学制内容の検討を行わなければならない。

五　学制の構想とその精神

学制一〇九章は多くの附属文書によって掩護されながら発行された。そもそも学制自身も一八七二（明治五）年八月三日付け文部省布達第一三号の「別冊」という形式で頒布されたものである。この第一三号は従来の府県設置学校に対して一旦ことごとく廃止を命じて新制度の露払いを務めた布達である。同日さらに、布達第一四号（学制のために新たな官費施行は行わないとの由）と、布達第一五号（学制と背馳する既存法令類の無効の宣言）も出された。[51] 有名な「被仰出書」にいたってはその前日に布告されていた。この他にも制定準備作業中に様々な文章が出された。

文部省から正院に正式に学制原案一二一章が伺出された時点（明治五年二―三月頃と推定されている）[52]では八種類の文書が添付されていた。それらは「学制発行ノ儀伺」の挨拶文（これは同年正月四日の「学制大綱」の文書を利用しながらまとめられており「第二次学制伺」（倉沢剛）とも呼ばれている）、「学校系統図」、「被仰出書草案」、「布達十三号草案」、「当今着手之順序」（これは文部行政実施事項に優先順位を付けたもので、第一順位に初等教育の実施、ついで教員養成機関設置等九項目が並んでいる）、「教官教育所之定律」、「現今ノ実施ニ就キ御出方可相成費用」、「文部省入費表」である[53]。ところが前述したように正院での審議が予算措置をめぐり紛糾したので、さらに同年六月には布達第一四号草案など前述三点の文書が出現した。このような周到な気くばり地ならしの上に学制は発行されたのである。したがってそれらを見ると学制作成者の描いていた具体的構想が浮かび上がってくる。

ところで今日、学制といえば「被仰出書」が余りにも有名であるけれども、これはあくまでも学制一〇九章を定着させるべく、直接、国民に語りかけられた宣伝ないし説得文章であったと見るべきで、為政者の意図は教育行政の基本法たる学制そのものにあった。本章ではこの学制の核心的構想、いわば学制の骨格を示している文書として、学制作定に先立って正院に呈出され承認を受けた「学制大綱」を取り上げ、それによって学制を語らしめることにする。したがって学制の具体的条文の分析は、文部省編『学制百年史』一二七頁以下の簡潔な記述他にゆずることとして、ここでは行なわない。「学制大綱」は制度づくりのガイドラインであり、為政者の構想と精神が集約された文章であった。その全文は左の通りである。

伏惟れば国家の以て富強安康なる所以のもの其源必世の文明人の才芸大に進長するものあるによらざるはなし、是以学校之設教育之法其道を不レ可レ不レ得、依レ之今般学制学則を一定し無用之雑学を淘汰し、大中小学の制例を建立し文芸進長の方向を開導仕度奉レ存候、其目的の概略は万国学制の最善良なるものを採り、内外之便宜を斟酌し、先全国の人口に基き土地の広狭に随ひ、天下を大別して七八部に分一部内に大学一処中小学若干処を置き、更に検査の法を詳にし必ず其階梯を誤らしめず、傍ら人民の貧富を区分し其入学の途を濫ならしめす、右着鞭の順序は一旦悉く天下在來の諸学則を廃し、其法制を新にし其書籍を新にし其器械を新にし其教授の法を新にし其受業の規を新にし、村学私塾等に至るまて一切右定則に依らしむべく見込に有レ之候、其細目のケ條は追々可レ奉二欽奏一候得共先此段奉レ伺候

明治五年壬申正月四日　　文部卿正四位大木喬任[54]

まず第一に冒頭で、教育の目的を「国家の富強安康」に置いたことに注目したい。国家の強化が目的であって、教育はその手段だったのである。教育を通じて国家の強大を図るという教育立国論構想がそこにはあった。ただしそれを民力充実を謳った上で論じている点にも注目したい。つまり西潟訥の建白書を想わしめる文言で「国家の以て富強なる所以」は必ず「世の文明、人の才芸、大に進長ずる」に負うという。この主張を私は「富私強国」と名付けておこうと思う。学制に滅私奉公の思想はない、むしろ個人の幸福と国家の利害の一致を信ずる楽天的社会観が前提にされていた。

第二に、学制には断固として伝統型学問を破壊する任務、が課せられていた。「無用の雑学を淘汰し」、「一旦悉く天下在来の諸学則を廃」する、というわけで実用主義の観点に立って過去の学問と学校を容赦会釈なく切り捨てた。伝統学問を遮断することは伝統型人間の再生産、伝統社会の復活を防止することを意味した。また旧学問の淘汰は、学問界における国学者、漢学者の地盤をうばい、洋学者の主導権を確立することをも意味していた。学制制作者たちは強い意志をもって巨大な文化破壊作業を行ったのである。

第三に、新学校体系のモデルとして選ばれたのは欧米の最新、最良の公学校制度であった。「万国学制の最善良

なるものを採」るというのが学制の方針であった。後発国近代化の際に官僚が行う典型的方法である。官僚および開化論者たちは机上のプランとしてきわめて目的意識的に近代化計画をつくり上げた。その変革の程度は根本的であり規模は全面的であった。「其法制を新にし其書籍を新にし其器械を新にし其教授の法を新にし其受業の規を新にし」教育革命を目論んだのである。西欧の衝撃に触発された政府および有識者のアセリが見える。教育を一新して新国民を造出し、一気に先進近代国家に追い着こうとしたのである。かつてロシアでピョートル大帝が啓蒙専制的近代化を企図した時、ルソーは「まずロシア人をつくることから始めねばならぬ時に、いきなりドイツ人やイギリス人をつくろうとした」(『社会契約論』)(55)と批判したが、まさにこの後発国近代化の難問がこの時、わが学制においても出現したのであった。

第四に学制実施を通じて、教育変革が政府の手で行われ、新しい画一的中央集権型教育行政体系が政府によって統轄されることになった。一言でいえば、国家による教育権の一方的収奪が現実となったのである。学制は「富私」を公認し前提にした教育制度であったが、教育の主人公であるはずの国民がそれを自然成長的に創ったわけではなく、政府がきわめて目的意識的に案出したのであった。そこには政治権力を用いた強制があった。「今般学制学一定し……」「村学私塾等に至るまで一切右定則に依らしむ……」という法的強制を全国一斉に及ぼそうとしていた。また国は「全国の人口に基き……」といった科学性によりながら、「大中小学の制例を建立し文芸進長の方向を開導……」「天下を大別して七八部に分一部内に大学一処中小学若干処を置き……」という体系的学校機構をつくり、管理せんとしたのである。この時、富私を認められながらも、各自が自主的に教育を行う権利は奪われた。(この教育権の所在をはかるメルクマールは宗教教育に対する寛容の問題であろう。学制作成の中でこの章文が一番動揺した箇所で、結局記載そのものを削除して落着した(56))

第五に学制を通じて教育の機会均等、公正な競争と公正な進級、つまり能力主義と結び付いた平等の観念が強く唱導された。「人民の貧富を区分」して「其入学の途《みち》」を乱すことは厳にいましめられたし、進級に身分、金銭など学力外的要素の混入することを警戒し「更に検査の法を詳にし必ず其階梯を誤らしめず」と念を押した。世襲的身分社会型学問に対する反撃である。この能力主義と結び付いた平等観念こそが明治青年の向学熱に火をつけ巨大な地位上昇活動を誘発した鍵である。そしてこれこそが学制が人心によって公然・隠然と支持され続けた秘密であったと思われる。

以上の五点、富私奉国、旧学打破、欧米モデル、教育の国家統轄、能力主義と結び付いた機会均等が、学制に貫かれていた制度の精神であったことを指摘しておく。この五点にその後追加された構想としては、経費の人民負担制と初等教育中心主義の二点が挙げられよう。

次に、対人民向けの宣伝および説得の文章としての「被仰出書《おおせいだされしょ》」を通して学制を考察してみる。まず「被仰出書」の形式が全国民相手の布告文という斬新なものであったことが注目される。先の西潟訥建白書は、政府が郷紳議会宛に教育振興を促す布告文を出すよう勧告していたが、この構想を少し変えて直接国民相手に学問を諭した文章となったのが「被仰出書」だったと思われる。布告文という方式に大木喬任は着目したようで、大隈関係文書の中にはまったく別種の「布告文」と題された草稿も残っているから(57)、おそらく複数の布告文案を作成させたのち、「被仰出書」を採択したと思われる。またこの形式はわれわれに「教育勅語」もまた布告文であったことを想起させる。この「被仰出書」がヒントになったのかもしれない。それはともかく、内容を見ると漢文口調の荘厳にして難解な教育勅語に較べ「被仰出書」の方は、難易二種の振りがなを付すなど、読み易くする工夫がこらされていた。したがって教育勅語のように暗唱を強制することなくとも人口に膾炙し、おそらくは立法者の意図を超えて、人々の中に永く記憶されることになったのであろう(58)。

内容的に見ると「被仰出書」は三段落で構成された文章である。まず第一段を見よう。

学事奨励に関する被仰出書　太政官布告第二百十四号

人々自《みつか》ら其身を立て其産《さん》《しんだい》を治《をさ》め其業《げふ》《とせい》を昌《さかん》にして以て其生《せい》《いつしやう》を遂《とぐ》るゆゑんのものハ他《た》なし身を脩《をさ》め智《ち》《ちゑ》を開《ひら》き才《さい》芸《げい》《きりやうわざ》を長《ちやう》《ます》するによるなり而て其身を修め智を開き才芸を長するハ学《がく》《がくもん》にあらされハ能《あた》はす是れ学《がく》校《かう》《がくもんじよ》の設《もうけ》あるゆゑんにして日《にち》用《よう》常《じやう》行《こう》言《げん》語《ぎよ》書《しよ》算《さん》《ひゞのみのおこなひことばづかひてならいそろばん》を初《はじ》め士官農商百工技芸《しくわんのうしやうひやくこうぎげい》及ひ法律《ほうりつ》《おきて》政治天文医《せいぢてんもんい》療《りやう》《やまひいやす》等に至る迄凡人の営《いとな》むところの事学《がくもん》あらさるハなし人能く其才のあるところに応《おう》《まかせ》し勉《べん》励《れい》《つとめはげみ》して之に従《じう》事《じ》《よりしたがひ》ししかして後初て生を治め産を興《おこ》し業を昌にするを得へしされハ学問《がくもん》ハ身を立るの財本《ざいほん》《もとで》ともいふへきものにして人たるもの誰か学はすして可ならんや夫《か》の道路《どうろ》《みち》に迷《まよ》ひ飢《き》餓《が》《くひものなき》に陥《おちい》り家を破り身を喪《うしなふ》《なくする》の徒《と》《ともがら》の如きハ畢竟《ひつきやう》《つまり》不学《ふがく》《がくもんせぬ》よりしてかゝる過《あやま》ちを生するなり

ここは学問の目的が個人本位にあることを高らかに謳い上げている部分である。「学問ハ身を立るの財本」の一句がその趣旨を代表する。学問によって能力を開発し、「産を興し業を昌にする」ところの社会活動を行い充実した人生を送る、という楽天的な人生観、社会観が語られている。その中に「学制大綱」と同じ文、すなわち「才芸を長する」という表現も見られる。しかしあの「学制大綱」に見られる〝教育は国家の富強安康なる所以〟という論点が不思議にもまったくない。意図的に欠落されていた。これが著しい特徴である。その理由として考えられることは、次の第二段落で従来の士族の奉国型学問観を否定したことと内容的統一性を図るためであったろう。しかしもっとはっきりした理由はこの布告文が教育の受給者有義性と費用自己負担制を庶民に説得するために配布されたものだったからであると思われる。

ともかくここで、わが国で初めて公然と個人のエゴイズムを肯定し、そのエゴによる活動を通じて産業社会、文明社会を導く論理を公言したのである。また学問観としても自分の立身のための勉学を謳った点で画期的である。近代社会をエゴの解放とエゴの制度化の上に構成されると看なす点で、福沢諭吉の『学問のすゝめ』との強い類似性が見られるところである。また生産力に着目している点からいえば、生産力重視の社会観、教育観であった。生産人が動かすダイナミックな社会を想定したことは、仁政安民秩序になじんだ停滞社会の教育観（例えば一八六九年の「府県施政順序」のそれ[59]）を大きく超えるものであった。

しかしこの「被仰出書」の中に、従来のほとんどの教育史が解説するように「個人主義」を認めうるであろうか。私は「個人主義原理」までは宣言されていなかったと思う。確かに功利主義的個人を是認しているが、その私人の行為を正当化する規範原理は何も掲げられていない。この点では「天は人の上に人を造らず」と天賦人権説の大原則から言説を始めた福沢諭吉とは違っていた。旧い道学にひそむ偽善性を暴き破壊する上で私的エゴの肯定は素晴らしい役割を果たしたといえようが、規範原理を欠いた功利主義的私人だけではたやすく足元をすくわれることになった。やがて徳育家守旧派たちは容易に「智育偏重」「欧米心酔」のレッテルを貼り、ゴウゴウたる批判を学制にあびせたのであるが、その原因がここにもあったと思う。

第二段落はどうか。

従来《じゆうらい》《もとから》学校の設ありてより年を歴《ふ》ること久しといへとも或ハ其道を得さるよりして人其方向《ハうかう》《めあて》を誤《あやま》《まちがひ》り学問ハ士人《しじん》《さむらい》以上の事とし農工商及ひ婦女子《ふじよし》《をんなこども》に至つてハ之を度外《とぐわい》《のけもの》におき学問の何物《なにもの》たるを弁《べん》せす又士人以上の希《まれ》に学ふものも動《やや》もすれハ国家《こくか》《くに》の爲にすと唱《とな》へ身を立るの基《もとゐ》たるを知《しら》すして或ハ詞章記誦《ししやうきしやう》《ことばのあやそらよみ》の末に趨《はし》り空理虚談《くうりきよたん》《むだりくつそらばなし》の途《と》に陥《おちい》《はま》り其論高尚《ろんかうしやう》《りつぱ》に似たりといへとも之を身に行《おこな》ひ事に施《ほどこ》すこと能《あた》はさるもの少からす是すなはち沿襲《えんしう》《しきたり》の

習弊《しゅうへい》《わるきくせ》にして文明《ぶんめい》《ひらけかた》普《あま》ねからす才芸の長せすして貧乏《ひんぼう》《まづし》破産《はさん》《しんだいくづし》喪家《そうか》《いへをなくす》の徒《と》《ともがら》多きゆゑんなり是故に人たるものハ學ハすんハあるへからす之を学ふに宜しく其旨を誤るへからす

いうなればこれは過去の学問の全面否定の文章である。否定はエリート教育、庶民教育の双方に及ぶ。エリートの学問、つまり「士人」の学問に対しては、その非実用性を攻撃する。それは「空理虚談」の類、およそ実用性に乏しい理屈遊び、無駄な情報の蓄積にふけっていたではないか。したがって天下国家のために学ぶといいつつ現実には「貧乏破産喪家の徒」に堕していく哀れさ、ないし偽善性を生んだにすぎない、というのである。

さらに庶民教育の評価にいたってはもっと乱暴である。「農工商及ひ婦女子に至つてハ、之を度外におき学問の何物たるを弁せす」と一蹴して、江戸中期以降自発的に芽生え豊かに定着してきた民衆学問の蓄積をゼロ査定してしまったのである。本当に庶民学問を評価していなかったとすれば、学制制作者たちには士族的ないし有識者的偏見があったからである。また意図的に庶民の旧学問を無視したのであれば、西洋文明の何物たるかを理解しない庶民（西潟訥）と圧倒的脅威で迫りくる欧米諸強とのズレを眼前にした洋学派官僚の焦りのためであった、といえる。

この伝統学問に対する否定的態度は学制立法者の大半が洋学系人物であったことと深く関係していよう。それ以前の学校構想ではもっと伝統学問との連続性に配慮していた。例えば明治二（一八六九）年の「府県施政順序」では小学校教科として「専ラ書学素読算術ヲ習ハシメ願書書翰記牒算勘等」[60]を挙げていたから、寺子屋教育との連続性が見られた。学制はこれら旧学を意図的に遮断したのである、この点でも実は福沢諭吉の学問観とは微妙にズレていた。士族、庶民両方の学問を否定したのが学制であったのに対して福沢はエリート教育と庶民教育を区別して考えていたようである。士族学問に関しては周知のようにその非実用性を厳しく糾弾していたし、それが学制に影響を与えた。しかし庶民学問に対して福沢は、はなはだプラグマチックであった。『学問のすゝめ』初編（元々これは福沢の郷里中津藩が企画した学校計画に対して書き与えた意見書であった）の中でいう、「実なき学問は先づ次にし、専ら勤むべきは人間普通日用に近き実学なり。譬えへば、いろは四十七文字を習ひ、手紙の文言、帳合の仕方、算盤の稽古、天秤の取扱等を心得、尚又進で学ぶべき箇条は甚多し」[61]と。福沢はあくまでも寺子屋教育（この方がはるかに実学に近い！）の蓄積の上に、新知識の学習を付加しようとしていたのである。学制の乱暴な伝統庶民教育遮断の態度とは明白に違っていた。洋学者の手になる学制の方は士族の虚学批判と同時に庶民の実学をも否認したのであった。これが第二段落であった。では第三段落はどうか。

之に依て今般文部省《もんぶしやう》に於て学制《がくせい》《がくもんのしかた》を定め追々教則《きやうそく》《をしへかた》をも改正《かいせい》し布告に及ふへきにつき自今以後《じこんいご》《いまよりのち》一般《いつぱん》《いちどう》の人民《ひと〴〵》華士族農工商及婦女子必す邑《いふ》《むら》に不学の戸なく家に不学の人なからしめん事を期《き》《まつ》す人の父兄《ふけい》《ちゝあに》たるもの宜しく此意を体認《たいにん》《こゝろえ》し其愛育《あいいく》《かハいがる》の情《じやう》《こゝろ》を厚《あつ》くし其子弟をして必す学に従事せしめさるへからさるものなり高上の学に至てハ其人の材能に任かすといへとも幼童の子弟ハ男女別なく小学に従事せしめさるものハ其父兄の越度たるへき事

但従来沿襲《じうらいえんしう》《これまでのしきたり》の弊《へい》《くせ》学問ハ士人以上の事とし国家の為にすと唱ふるを以て学費《がくひ》《けいこいりよう》及其衣食《いしよく》《きものくひもの》の用に至る迄多く官《くわん》《やくしよ》に依頼《いらい》《よりもたれ》し之を給《きふ》《くださる》するに非されハ学《まなバ》さる事と思ひ一生を自棄《じき》《じぶんからすて》するもの少からす是皆惑《まど》へるの甚《はなはだ》しきものなり自今以後《いまからのち》此等の弊《へい》を改め一般《いちどう》の人民他事《たじ》《ほかのこと》を抛《すておき》ち自ら奮《ふるつ》《はげみ》て必す学《がくもん》に従事《じうじ》《よりしたがひ》せしむへき様心得へき事

右之通被二仰出一候條地方官ニ於テ辺隅小民ニ至ル迄不レ洩様便宜解訳ヲ加へ精細申諭文部省規則ニ随ヒ学問普及致候様方法ヲ設可二施行一事

明治五年壬申七月　　太政官

積極的に文部省の行政方針を宣言した部分である。全国津々浦々、山間僻地にいたるまで国民皆学を奨めた有名な部分と、その費用に関しては人民負担制であることを明示した部分から成り立つ。そして末尾には特にカタカナ体を用いて地方官に「辺隅小民ニ至ル迄不洩」この布告を徹底させることを命じていた。新学問を学ぶことが国民自身の利益である、とする説得理由によって就学強制が実施され、実質的教育権は国家管理下に置かれることとなり、しかも費用負担だけは人民に課せられたのである。この第三段落は教育行政上の指示部分であったと云える。

「被仰出書」全般を見ると、その布告文方式といい、学事奨励や費用人民負担制といい、西潟訥の建白書が強い影響を与えていたように思われる。また第一段落で個人本位の教育を謳い上げ、教育熱を煽ったことが第三段落で費用の自己負担を説くための伏線であったことも明らかになる。「被仰出書」が宣伝および説得文であったことは、この辺によく示されている。

「被仰出書」が世に出たあとの庶民による読まれ方とは別に、学制制作者側は右のような教育行政的思惑を込めてこの宣伝文書を出していたことを忘れてはなるまい。

以上学制大綱と被仰出書によって学制制定の意図、構想、精神を簡単に眺めた。本章の最後に、この学制の有した同時代的意義を考察しておこうと思う。

六　同時代史的意味

学制は、これまで見てきたように、拙速を恐れざる留守政府の急進的開化政策として実施された。そのとき時代をリードしたのが政敵の外遊で得意の時代を迎えた大隈重信であった。新設された文部省は江藤新平の果敢な采配によって洋学派官僚の支配する官庁に固まった。この中で学制は生まれ、中央政府は「学事奨励」の圧力の下に民心を「圧伏」することに成功した。こうして学制は時代を開明専制的に、文明開化の方向に一層進めたのである。学問閥でいえば、学制は明らかに国学者、漢学者の立脚点と職業をうばい、彼らを凋落に向かわせ、代わって洋学者の天下を到来させた。もっともここにいう洋学者は旧蕃書調所系を含む政府機関とつながりの深い洋学者が中心であった。学者職分論者福沢諭吉と学制との関係は、立場上も内容上も世にいわれるほど直接的ではない。その例証として大分県下教育巡視を行った長炗の次のような言動を挙げることができる。

「〔明治〕七年一月文部大丞長英《ママ》太郎氏が学事視察として本県下の学校を巡視し、先に福沢氏の意見によって定めたる学則を非認《ママ》して、現行の課程は徒らに一派の学問で、教育の正鵠でない、宜しく方法を改めて政府既定の学則に適せしむべき旨を告げられた(62)」と。

確かに「学制」が教育界のあり方を一変した画期的制度であったことに疑問の余地はない。けれどもそれは開明派官僚の手でこの作品を全国一斉に強制したことによって初めて実現できた制度であった。文部官僚たちは〝進歩的であることを強制した〟。しかしそれは同時に、福沢諭吉が旧中津藩の学校計画のためにつくった学則すら否認するような〝画一性の強制〟をも意味していたのである。これが開明的専制政策であった。この開明的専制の同時代史的意味と問題性について以下において論及しておく。

多くの革命がそうであるように明治維新でもまた新権力核は旧体制・旧社会の復活、再生産を遮断することに熱心であった。教育界においてこの旧学校、旧学問を粉砕するという破壊作業を見事に果たしたのが学制であった。学制は、何よりまず、旧学問、旧学校を全面的に破壊し、旧人間を再生産する機会をうばい、したがって旧社会復活の芽を摘むことに貢献した——いい換えれば、その破壊作用によって時勢に資することができた、という歴史的意義を有する。特に各藩のエリート養成機関である藩校を撃破し無力化した意味は大きかった。諸藩の自治力、政治能力は藩校勢力を介して再生される可能性が残っていたからである。学制は、廃藩置県の完成、新たな郡県制という中央集権体制の確立に側面から寄与したのである。

また日本の高等教育機関が、「大学南校」を核として成長して東京大学となり、しかもその大学が出発時から法学部、医学部、工学部、文学部という西欧型実用学問編成を取り、またこの高度目的合理的機関を目指して全国の秀才が蝟集するという光景を生み出しえた前提には、伝統学校の一掃という清掃作業が完了していた事実があったからに他ならない。新学問施設のための地ならしとしても学制の破壊機能の歴史的意味は大きかったといえる。

しかし伝統学問とその施設を破壊したことから生ずる逆効果もまた大きかった。何よりもまず学制は「実学」というモノサシで、伝統文化とその学問的蓄積を破壊する蛮行であった。いわば学校版廃仏棄釈が各地で行われたのである。例えば西村茂樹は、「佐倉藩の学校のごときは、和漢の書籍頗る多数ありて、其内に有用の書籍も少なからざりしが、千葉県庁にて尽く之を売払ひ其代価を県下数百の小学校に配付せんとせり」という体験を記している(63)。これらは天下泰平の江戸時代がはぐくんだ独創的学問に対する外在的破壊以外の何物でもなかった。

また庶民の教育習俗に対する国家教育の圧政《ティラニー》でもあった。一八七三（明治六）年、教育学者デービッド・マレー教授は森有礼の要請で来日し日本の教育事情を視察した。マレーは熱病のように「学事奨励」に走る当時の有様に懸念を表明して言った。確かに従来の学問は「人民各自其身を重じ」る道を説かなかったかもしれない、しかし「固《もと》より日本人民を教育なしと謂《い》ふに非ず、試に之を欧州の俗に比するに、実に其最上の国に遜《ゆず》らず。何となれば日本全国の人民仮名字を読且書すること能はざる者太《はなは》だ少なしと、余之を知識ある人に聞けり。此言果たして真ならば、日本従来の教育に於ける必欧米中最上の文明国に恥ざるべきなり」、「是に由て之を観れば、日本の教育に於ける既に従来の知識、従来の学問あれば、今より後来の教育を立るも亦、必之を階梯にして進ましむるに如《し》かず。抑《そもそも》教育は漸《やうや》く以てなるものにして、唯時勢と人民の気質とに関係するが故に、後来の教則を立つるに、前日の事を廃止するは思慮なしと云ふべし」と。このようにマレーは、「時勢と人民の気質に関係」する教育事業の故に内在的漸次的変革を尊重すべきで、国家の手による唐突な変革を「思慮なし」と論じたのである[64]。

事実幕末のわが国の識字率は、男子四〇〜五〇％、女子約一五％でこれは世界的に見ても高水準であったといわれる（R・ドーア）[65]。その遺産継承を行わず、急激な欧化教育導入にはしった洋学派官僚の対欧劣等感に満ちた判断が、どれほど庶民教育の豊かな伝統を土崩させたかは、計り知れないものがある。自発的な自己教育の機会をうばい、庶民生活に混乱とアナーキーを発生させたからである。

次に、今の点とも深く関連しているのが、学制が欧米最新教育制度をモデルにしたことの問題点である。明治政府は一九世紀欧米産業諸国家の公教育制度を比較研究し、その最良部分をいわば〝つまみ喰い〟しながら学制をつくった。しかもその際、初等教育制度の普及を最優先事項とした。これは公教育をテコにして日本人民全体をいきなり、江戸民衆から欧米並みの市民につくり変える大変革を目論むことを意味していた。

ところでこのモデルとなったヨーロッパで、庶民を相手にした公教育が一九世紀の形式に成長するまでには永い段階が横たわっていたのであって、啓蒙主義から直ちに公教育制度が定着したわけではない。例えばフランスを例に取ると一八世紀、ロックの経験主義的人間観に基づく教育論が流入し宗教教育批判が流行った。信仰に代わって理性が教育すべきだ、とされたのである。しかし啓蒙家たちはそれを民衆とは無縁のサロンの談笑の中で論じていたにすぎない。この啓蒙思想の上にフランス革命という契機が加わる。革命は身分制社会を打破し、公教育の前提である機会均等の観念を植え付けた。しかしコンドルセの熱弁にもかかわらず、革命体制の教育は大学中心の中央集権型教育制度を生みはしたものの、初等教育の普及までにはいたらなかった。初等教育が本格化したのは一九世紀の産業革命が大きな契機となった。必要な労働能力の養成のためにも、下層民を劣悪な生活環境から立ち直らせるためにも、公教育は必須の制度となった。こうして政府にも産業家にも庶民自身にも学校教育の重要性が自覚されて、一九世紀中頃からヨーロッパに初級学校が普及したのであった。

しかしわが国の近代化は西欧の衝撃を受けて強烈な後進性ショックを意識することから始まった。確かに明治維新は開化主義、啓蒙思想をもって迷信を打破し理性の光を灯した。また四民平等を唱えて身分制社会を否定し巨大な人民の活力を解放した。同時にこの時国民づくりのための最新の学校制度を目的意識的に導入したのであった。しかし当時のわが国はやっと貨幣経済が浸透し始めた農業国にすぎず、産業革命段階には達していなかったのである。したがって、学制は、一言でいえば、時代に対しても社会に対しても〝早熟な〟教育制度であった。急激な産業近代化を想定した為政者によって焦ってつくられた先走った制度であった。学制は産業化、近代化路線に乗って出世したエリート層、準エリート層にはそれなりの役割を果したが、農村停滞社会に埋没していた大半の庶民にとっては、むしろ、深刻な生活攪乱要因として作用した。ことに「実学」を唱えながらも、その具体的内容が欧米風翻訳もので構成された「観念的実学」「空想的実学」であったから一層そうであった。長谷川如是閑はこう回想している、「教科書なども、アメリカのによ」って「いきなり『凡そ地球上の人種は五つに分かれたり、亜細亜人種、欧羅巴人種、馬来人種、亜弗利加人種、亜米利加人種是なり』という文句で始まっている読本を、いろはやアイウエオもろくに覚えきらないうちに教えるのだから、乱暴なものであった」と。[66] これは「観念的実学」（これは形容矛盾で実は虚学にすぎないのだが）によって日常的で実直な寺子屋実学を破産させ、混乱を引き起こしたことを意味する。この状況が反動を呼び起こすのは時間の問題であった。

第三に、学制が教育の機会均等と公正な能力主義を採用したことの建設的意味について言及しておく。このことが従来の身分制や世襲制人事に代わる人材登用の道を拓いたからである。学制の唱えた機会均等原理や能力主義は、当時「下から上への『社会移動』を念頭に」置いた風潮の中で理解され、青年層から熱気あふれる進学熱を引き出すこととなった。しかもこの能力が、後天的努力によって獲得できることが特に強調されたから、坐食の輩に代わって自ら労し自ら学び地位を得んとする一部の人々を社会に登場させた。[67] 士族自身すら士族特権の維持よりも、能力主義に基づく人材登用論の方を歓迎したのである。学校は、個人レベルでいえば立身出世によって地位向上を目指す社会移動の手段となったのであり、国家レベルでいえば全国から優秀な人材を磁石のように明治国家に吸収する装置となった。しかも学制時代には、私益と公益とが一致する、と看なすおおらかな「富私強国」観念がその背景にあった。こうして学制を介して巨大なエネルギーが社会に放出されることとなった。日本近代化の秘密ともいえる立身出世は学制によってルートが敷かれたといえよう。またこれは社会秩序観を身分主義から一種の能力主義に組み換え、教育制度利用を通じて新しい階層を造出することを意味した。すなわちこの能力主義原理の受益者は、高等教育を受ける者ほど大きく初等教育に留まる者ほど少なかったからである。明治一〇年代中葉、小学校卒業者が増加してくると、中等教育機関を求める声が高まりを見せたが、これは能力主義の受益者となって近代型職業に参入せんと欲する人々が出現していたことを示している。

近代化後発国にまつわる難問は、人民の自然成長性をまって近代化を行おうとすれば時間がかかりすぎて亡国の危機が生じるため、政治指導者たちは目的意識的近代化を強行しようとして無理を強要する、というところにある。学制は江戸人をいきなり欧米並みの近代市民に変えようとしたのであるから実に無理な背伸びを求めていた。このようなケースでは教育内容における開明的契機とそれを強制する形式における専制的契機とが矛盾をはらみ、両者が綱渡り的バランスを取る。ここに開明専制的教育制度としての特色と問題性が集中するのである。この点については福沢諭吉もこう認めていた、

> 専制々々と一口に罵る可らず。往古の独裁政府も中々以て功を奏したるものなり。譬へば今日にて文部省の学制なども、理論上にては随分不都合なるに似たれども、若し此省の力なくば、地方の人民は第一学問の何物たるを知らずして、或は下民に学問は禁制と思ふ者あらん。よしや又学問をするにしても、儒者和学者などが勝手次第

に何事を唱へ触らすも計り難し。学者斗りでなく、地方官県令など云ふ輩の内にも、随分怪しき人物は沢山なり。是輩が今洋学など、云ふは全く文部省を恐れてのことなり。今日文部省に国学者が出て見ろ。明日より諸県下の学風は神主流に変ずるや必せり

と。[68]つまりあの民間教育家をもって認じていた福沢諭吉ですら――さすがに「理論上にては随分不都合」であるという留保を忘れることはなかったが――事実認識としては、文部省による強制が働いたからこそ開明教育が進展しえたことを認めていた。しかし同時に強制的作品であるが故に、文部省方針が一変すればたちまち教育内容が「神主流」に逆転する恐れも十分あることを見通していたのである。ここに開明専制教育の難問があった。

この矛盾を解消するのは二つの方向しかない。次第に開明的契機が強力となり、もはや近代化のための専制的強制を必要としなくなる、というのが一方向であり、逆に専制的契機が強大になり――例えば中央政府による国民教育の隅々にいたるまでの管理体制の徹底――開明的要素もいつしか専制的統制に服するようになる、というのが第二の矛盾解消の方向である。したがって学制のその後の歴史的展開を考察するにはこの二方向のどちらが、どの時代に強くなっていったか、を調べることになろう。

ところで教育を受ける個人の側から見ると、開明的契機は本人の能力伸長や自主性を意味し、専制的契機は他律脅迫的強制、魂なきロボット人間への道を意味する。すると同じ学制教育受領者でも中央政府に近いエリート階層になればなるほど開明的契機として学制を享受し、社会の底辺に近づくほど、押し付け教育として専制的意味を付与されることになった。教育程度で分類すれば高等教育に達したものほど前者が強く、学歴が下がるほど後者が著しい。このような階層的相違を認識しておかなければならないであろう。また学制が新たな社会階層を創出した点を考えるならば、前者の契機によって解放される人々と、後者の契機によって抑圧される人々とを生んだというこ

ともできる。

学制はその意図において全人民を対象とし公正普遍的に同一制度を適用しようとする明朗さがあったのは確かである。だからこそ最初に初等教育をラディカルに変革しようとしたのである。しかしこの意図から生じた実際的効果はどうであったか。江戸人を欧米市民並みに改造しようとしたこの試みは、社会の底辺に近づくに従って人々の日常生活に対して外在的強制を加える制度として機能したのである。もし学制が、高等教育には最先端をゆく欧化教育を施し、下がるに従って徐々に伝統生活習俗と妥協的な教育内容を教えることとしていたならば、制度としての生命はもっと永らえたであろう。それをせずに、初等教育をラディカルに変革したことに、学制が時代画期性をつくり出しえた意味があった。しかし同時にその観念的実学が批判にさらされ改正教育令に引き戻されるもろさも生まれたのであった。かくして学制以後、文部省は教育を高等教育用と初等教育用に分け、いわゆる密教と顕教の二重構造によって対応を図る方向に進んだ。これはヨーロッパの複線教育（貴族用、庶民用）とも異なる。一応全員平等に顕教たる初等教育の洗礼を受けさせた後、一部エリートだけが密教、高等教育としての開明的近代的部分に上昇を許されるという方式である。顕教部分の方は全員平等に受ける点では学制と同じであるが、教育の内容も形式も専制的臣民教育であったのは周知の通りである。戦前教育は、結局、密教部分も含めて全体としていえば、管理専制的契機が開明的契機を呑みこんだ歴史であった、といえよう。

ところで「学事奨励」という強制行為は、明治新政府にとって、地方行政掌握という政治的意味を有していたことを付け加えておく。学制がある地方に定着するか否かの鍵はその地の行政機関の協力度に関係していた。学校行政がうまくいっている地方には、「必ス敏捷怜悧ナル学区取締ヲ見受タリ」(69)ともいわれている。こう見ると学制普及という行政行為が、地方に対する統制的契機として作用し、廃藩置県直後の中央政府が権力伸張を図る上の手段になっていたとも解釈できる。

最後に学制に現れた「富私強国」観念について考えてみる。学制段階では、おおらかに富私と強国が予定調和的補完をなしていた。いわゆる美しくも短き国権と民権との調和時代の国家観があった。その後わが国では、教育勅語に代表される天皇制国家の道徳教育によって私事は常に「うしろめたい」事柄とされ、「奉国」思想が強化され続けた。そして「滅私奉公」のスローガンが唱えられた。しかし、実際の天皇制国家は、私人の事業家に寛大であり続け、タテマエとは逆に、私欲と金もうけの生産力によって国家の原動力を得ていたのである。ここに暗黙の庶民と政府との了解が存在していた。すなわち「肥私奉国」が天皇制国家における偽らざる日常道徳であった。しかしその限り「肥私」の中には、ゆがんだ形で学制の精神が生き続けていたのである。学制が深く人心を捕らえていたと私がいうのはこの意味においてである。しかし、昭和のある段階でタテマエであった「滅私奉公」が現実になった、青少年は文字通り「死のための社会化」をしなければならなくなった。これは国家と国民との暗黙の均衡を破壊するものであった。国家が滅私を本気で要求し始めた時、「学制」以来連続していた戦前教育体制は破産したのであった。

注

（1）明治五年一二月三日に、政府は太陽暦に改め、一八七三（明治六）年一月一日とした。それ以前の年・月・日は太陰暦を、それ以後は太陽暦を用いておく。
（2）石川松太郎『藩校と寺子屋』教育社、一九七八年、一一五―一二〇頁。
（3）大闢慕荚述「ダビッド・モルレー申報」（明治文化研究会編『教育編』〈明治文化全集〉第一八巻、日本評論社、一九六七年、第二版）。
（4）井上久雄『近代日本教育法の成立』風間書房、一九六九年、八頁。
（5）同書、九―一九頁。
（6）井上久雄『学制論考』風間書房、一九六三年、三一九頁。

(7)大督学野村素介「督学局年報」（文部省『文部省第二年報』一八七四年、五四頁）。なお井上久雄『学制論考』三〇〇頁以下には学制実施後の制度の動揺について詳しい。また倉沢剛『学制の研究』（講談社、一九七三年）八三〇頁以下において田中不二麿による教則自由化論など施行レベルにおける学制の実質的適用緩和、修正についての紹介がある。

(8)国民教育奨励会編『教育五十年史』民友社、一九二二年、序一頁。

(9)竹越與三郎『新日本史』一八九一年（松島栄一編『明治史論集（一）』〈明治文学全集〉七七、筑摩書房、一九六五年、一三四頁）。

(10)植手通有「解題」（植手通有編『徳富蘇峰集』〈明治文学全集〉三四、筑摩書房、一九七四年、三八五—三八六頁）。

(11)三宅雪嶺『明治思想小史』一九一三年（本山幸彦編『三宅雪嶺集』〈近代日本思想大系〉五、筑摩書房、一九七五年、一二四頁）。

なお開国に伴う伝統社会の急激な解体とその後の社会心理に関しては、丸山眞男「開国」一九五九年（『丸山眞男集』八、岩波書店、一九九六年）参照。

(12)大久保利謙「岩倉使節派遣の研究」（『明治国家の形成』〈大久保利謙歴史著作集〉二、吉川弘文館、一九八六年）。

(13)春畝公追頌会編『伊藤博文伝』上巻、一九四一年、再版、六一六—六二〇頁および九九九頁以下。

(14)三宅雪嶺『同時代史』第一巻、岩波書店、一九六七年、三一八—三一九頁。

(15)東京大学史料編纂所編纂『保古飛呂比』〈佐佐木高行日記〉五、東京大学出版会、一九七四年、二九六頁、原カタカナ交り表記。

(16)同書、二九七頁。

(17)馬場恒吾『大隈重信伝』改造社、一九三二年、一〇八—一二七頁。

(18)なお佐佐木高行自身は守旧家としてこの開化風の流行をいたく慨歎し、隠居をほのめかしている、「今日は只岩公辺と思ひたるに、夫れも早や開化先生となり果てれば致し方なし、早く欧州を見聞して帰朝、三傑公へ見込申候上、農夫となりて余生を楽むの外なしと決したり、尤も米国にて其の志となりたる事故、東京辺の田舎にて地面を求め置けと申しやりたり、嗚呼」と（佐佐木高行、前掲日記、二九七頁）。

(19)円城寺清著／京口元吉校注『明治史資料　大隈伯昔日譚』冨山房百科文庫、一九三八年、四頁。

(20)同書、三三六頁。

(21)同書、三九八頁。

(22) 前掲、三宅雪嶺『同時代史』第一巻、二四九頁。
(23) 伊藤彌彦『維新と人心』東京大学出版会、一九九九年、第三章三の「破壊事業としての文明開化」参照。
(24) 前掲、三宅雪嶺『同時代史』第一巻、二九三頁。
(25) 日本史籍協会編『木戸孝允日記』二、東京大学出版会、一九六七年覆刻、三一二―三一三頁。
(26) 前掲、井上久雄『学制論考』一八六頁。
(27) 加藤弘之講演「学制以前の大学に就て」(前掲『教育五十年史』四一八―四一九頁)。
(28) 前掲、倉沢剛『学制の研究』二六五―二七一頁。
(29) 前掲、井上久雄『学制論考』一〇一―一〇二頁。
(30) 加藤弘之、前掲講演、四二〇頁。江藤新平の果敢さには彼のパーソナリティが関係していると思われる。三宅雪嶺『同時代史』第一巻、二九三頁には、司法省に移ったときの江藤の次のようなエピソードを伝えている。
「一たび卿となるや、鋭意部内を改革し、徹底的に権威を振はずんば已まず。習慣に狃れたる者は、或は驚き、或は怒るを免れず。江藤は果断勇決、是認する所を直ちに決行する性質にして、官庁事務は椅子を以てするに若くはなしとの議ある時、江藤は省内の踏台を始め、凡そ腰掛くべき所の物を悉く取出さしめ、即時に省員をして腰掛けしめたり。普通ならば薩長以外の出身者は独断専行を憚るべきに、当時土佐及び肥前の出身者が比較的氣魄に富み、大隈が寧ろ調停者の位置に立ちたる程なり」と。国家創出期という知性の瞬発力を必要とする時代には、このような江藤の果敢さが得難い役割を果たしたのであった。
(31) 前掲、井上久雄『学制論考』一〇一頁。
(32) 一八八〇(明治一三)年三月二五日文部省は三課を廃して五局を新設する改組を行った。そして官立学務局長に辻新次(四月九日からは浜尾新)、地方学務局長に辻新次、会計局長に中島永元、編集局長に西村茂樹、報告局長にも西村茂樹が就任した。他に同三月「教則取調掛」を設けて掛長に西村茂樹、掛に江木千之が就いた。またその後、明治十四年政変直後に当たる一八八一(明治一四)年一〇月二四日にも組織改組と人事異動がなされた。「文部省機構変遷一覧」(日本近代教育史事典編集委員会編『日本近代教育史事典』平凡社、一九七一年、附録に所収)参照。なお、九鬼隆一を中心に眺めたこの時の文部省の変質については、高橋眞司『九鬼隆一の研究 隆一・波津子・周造』未來社、二〇〇八年がある。
(33) 竹越與三郎、前掲『新日本史』一六八頁。
(34) 前掲、倉沢剛『学制の研究』四〇三頁所引、原カタカナ交り表記。
(35) 大隈重信談「明治聖代精神の発展」(『教育時論』第九八二号、一九一二年七月二五日、三頁)。

(36) 前掲、三宅雪嶺『同時代史』第一巻、二九二頁。
(37) 同書、三二一頁。
(38) 同書、三三一頁。
(39) 同書三三二頁には遣外使節大久保利通帰国後の留守政府側三人の態度変化をこう描いている、「大久保の帰朝するや、大隈は既に諒解を得て茲に愈々腹心となり、大木は態度を明かにせずして之に好意を表し、而して江藤は大久保と争ふこと井上に対するが如し」と。
(40) 辻新次講演「学制を頒布する迄」一九〇二年一二月七日、於帝国教育会（前掲『教育五十年史』四〇五頁）。
(41) 同講演、四〇五頁および四一〇頁。
(42) 教育史編纂会『明治以降教育制度発達史』第一巻、一九八頁。
(43) 前掲、倉沢剛『学制の研究』四四四―四四五頁所引。
(44) 松本三之介「天皇制法思想（上）」（鵜飼信成他編『講座日本近代法発達史』一〇、勁草書房、一九六一年、三三頁以下）。
(45) 『明治以降教育制度発達史』第一巻、二九九頁以下。なお土屋忠雄『明治前期教育政策史の研究』（講談社、一九六二年、四七―四八頁）には、当時の文部大輔福岡孝弟が明治五年（一八七二）七月付けで出した建議「学制ノ発布ヲ猶予スベキノ議」（正院宛）が紹介されている。これは文部省内における福岡の地位が浮き上がっていて、政策決定に参加していなかった事実をうかがわせるとともに、留守政府時代いかに文部省が急いで学制を施行していたかを示している。なおこの建議の原文は、大隈文書A―四一九九にある。
(46) この西潟訥建白書の全文を左に紹介しておく。この建白は通例、大隈重信宛として扱われている。文中にある「郷紳議会」論中心に読めば、大隈参議宛と見ても良いと思う。しかし教育立国論を中心に読めば大木喬任宛と見てもおかしくはない。ともかく「大隈文書目録」には大隈重信宛と明記されており、それが通用しているようである。しかし何が根拠になってそう定まったのか私には不明である。あるいは最初に出てくる平岡という人物が大隈関係者なのだろうか。いずれにせよ、この建白が大木文部卿によって読まれ、重用されたことは確かであろう。

上

恐懼再拝謹言曽て聞く閣下は天下の英明神識絶倫なりと、是を以て一たひ左右に謁せんことを企望せり、此頃幸ひに平岡氏に因て素願を達することを得たり、時に訥忽ち此民と共に進むの説ありと雖も閣下参朝の期あるを以て其言を尽すことあたわずして去れり、其后前説を詳陳せんことを欲して三たひ高門に至ると雖も遂に高堂に陟ることを得す、是天下の善言美詞悉く高案〔堂？〕に集まり訥か腐言の如きは高聞に達するの遑なきか故なり、然るに亦方今四方の士人多くは都下に集まり日夜東西に奔走し権要に出入し媚を納し諂を献ずる者比々之あり、其形小鮮の群游喁々餌食を仰くに似たり、訥今屢高門に至るときは此輩と一様同視識者の哂を取んこと千万恥辱とする所なり、是故に敢て行歩を進むることを不欲、雖然、今陳述せんと欲する所の説は国家を振起し億兆を開明するの最大急務の策にして、一日を後れは国家一日の不益ありと以為り、故に杞憂の誠意切々已むことあたわす、是に於て書は言を尽さすと雖も終に其要領を記して之を左右に呈す、願くは閣下訥か微志を捨てすして一たひ照鑑を垂れ玉ふことあらは天下幸甚

論者口を開けば富国強兵の策進明開化の説に及ふ、曰く農を勧むるなり曰く工を精するなり曰く商を盛んにするなり是三の者は富国の本也 曰く兵を練るなり曰く器を利するなり曰く衆を結ふなり是三の者は強兵の本也 曰く国体を明にし教法を一にするなり、曰く民心を始め廉恥を励ますなり、曰く浮食を除き冗費を省くなり、曰く学校を設け才能を長するなり、是類皆富強開明の要なり、而して訥以為らく富強開明其施多端なりと雖も遂に一学に帰すと、何となれば農学に非れは産物を興し輸出を夥くすることあたわす、工学に非れは伎倆を逞ふし器械を精くすることを得す、商学に非れは貿易を大にし百貨を通すること難たり、兵学に非れは軍旅を整ひ攻守を全すべからす、文学に非れは倫理を朗かにし時務に達することを得す、而して其所謂学は特り虚文を学ふものに非す、農学は自ら耕耘を勤むるに至り、工学は自ら製造を試むるに至り、商学は自ら販買を利するに至り、兵学は自ら銃弾を執るに至り、文学は自ら事物を処するに至る、其他の於学課必皆実地に施し実功を見すんは措かす、今諸省に於て其学を立つるものあり、良其説を得るに近しといへとも是一省一府に限るか如きは何を以て国家を振起し億兆を開明するの速かなるを得ん、夫れ天下の富強を欲せは天下の人々皆富強ならしむるにしかす、天下の開明を欲せは天下の人々皆開明ならしむるにしかす、天下の人皆富強開明なるを欲せは天下の人をして皆其才に応し其学に就き其道に長し其能を達し皆以ての独立の力を得富強開明の実に至らしむへし、若し夫れ此の如きを欲せは州県の処分終るの日、毎県必す速かに一つの広大なる学校を創し其内に教院文学兵学語学算学農学商学工学医学等の諸科を設け、管内の男女貧富を論せす其志に随ひ其学に入り其才を成し其用を致すへし、於是茂才異等輩出し、洋外の未だ発せさるを発、今昔の未だ開かさるを開かんこと恐くは難きに非す、豈国光を掲げ国威を振ふに至らすして止んや、洋外諸国の富強盛大なるもの其学校の多き生徒の夥しき推して知るへきなり、

但諸県の学校は三年の後ちに至って成就すへし、其間諸省の学に於て大に生徒を教育し他日教師となって四方に頒布するの謀あるへく、神祇省宣教師あり文部省文学医学あり外務省語学あり工務省工学あり兵部省兵学あり大蔵省須らく商学農学算学等の諸課を立へし、是諸学は和漢に止まらす洋外万国の事皆次第して学ふを要す、是亦今日の急務な

り、

天下の諸県悉く学校を建て師を置き生徒を養ふこと其費用巨万に及ふへし、朝廷固より之に支給するの余財あるへからす、而して是学は人民自立の為めなれは人民自ら其費を給すること当然なるへし、然れとも吾国民未た万国の形勢に昧く、亦国家の急務を知らす、開明の域に赴く何事たるを弁せす、故に更始已来今日に至って改革の一令布くことに或は驚き或は疑ひ或は迷ひ或は憂ふ、其甚しきものは或は忿り或は憤るに至る、然るに今突然此学建つへく此民学ふへく此費給すへきの令あるとも、誰れか能く心服以て従事するものあらんや、如斯頑固の民をして悦んで茲学に志して楽んで茲学を立て安して茲学に入り争ふて茲費を給せしむるの道は、特り早く郷紳の議会を興すにあり是特り学校設立の為耳に非す、前に所謂最大急務と云もの是なり　其方法先つ太政官左院に於て万国の形勢を陳述し、学校創せさるへからす人民学はさるへからす費用給せさるへからす何如して民便とするや、一篇の問書を作り之を諸県に下す、議畢らは其要領を記し之を左院に出たすべし、左院天下の衆議検し、其尤善なるものを抄録し、再ひ之を諸県に下すへし、各県亦議会を設ること前の如くし、天下の議、粗同一なるを待て正院に出し裁断を仰き公然之を布告せんことを欲す、如斯なれは郷紳能く国家の急務を弁し、自ら庁議に与かるか如きを以て疑ひ解け惑ひ開け、各国家の為め心を傾け力を尽すの誠意を以て開明の域に進むこと必せり、学校未た成らさる前に生徒雲集するの勢に及ひ、富民社を結んで費用支給の謀立つへし是今日に始めて三年の後に行わるへし、即今下院を立つるの説あれとも論愉快に過きて其実今日に行ふべからず其弁長し今不贅　而して此議会を起すこと豈特り創学の為めのみならんや、今日に当って田租の改正商税の立法賃畋夫役の規則其他天下の急務にして必郷紳の議会に非れは速かに行わるべからさる者妙しとせす、

閣下の聡明訥か詳言を待たすして心通する所なり、然るに今創学を以て此議会を起すこと大に意の存するものあり、故に曰く富強開明の道諸学を盛んにするにあつて郷紳の議会を興すこと今日の急務也、所謂与此民共進之説是也。

恐懼再拝謹言　　　　　　　　　　　　　　　　　　　　　　　　　　西潟訥

（大隈文書A―四二五七「天下ノ大計ハ先ヅ学校ヲ設ルニアルノ説」原カタカナ交り、句点なし）

（47）尾形裕康『学制成立史の研究』校倉書房、一九七三年、一四九―一五〇頁。
（48）前掲、倉沢剛『学制の研究』三九〇頁。
（49）同書、三八九―三九一頁。
（50）同書、三八四―三八五頁所引。
（51）『明治以降教育制度発達史』第一巻、二七五頁および三三八頁。

(52) 倉沢剛は三月一四または一五日と推定し（『学制の研究』四二四頁以下）、国立教育研究所編『日本近代教育百年史 一』（一九七三年、七〇頁）では「二月下旬から三月半ば頃とみなされる」としている。
(53) これら文書内容については、倉沢前掲書、四二五頁、以下参照。
(54) 同上、四二〇頁所引、原カタカナ交り表記。
(55) J・ルソー／桑原武夫他訳『社会契約論』岩波文庫、一九五四年、六九頁。
(56) 『明治以降教育制度発達史』第一巻、三九一—三九七頁参照。
(57) 大隈重信文書A—四二四九に「教育ニ関スル布告文案」が収録されている。これは表紙に「布告文」と書かれた草稿で、中身は福沢諭吉『学問のすゝめ』第一編全体を忠実に抄出したもので、その末尾に数行だけ新しく勧学文が付加されている。
(58) 『明治以降教育制度発達史』第一巻、二七六—二七七頁所引。
(59) 「又時時講談を以て国体時勢を弁へ忠孝の道を知るへき様教諭風俗を敦くするを要す……」（井上久雄『学制論考』二九頁所引、原カタカナ交り表記）。
(60) 井上久雄、同上、所引。
(61) 福沢諭吉『学問のすゝめ』（慶應義塾編纂〈福澤諭吉全集〉第三巻、岩波書店、一九五九年、三〇頁）。
(62) 柴田実編『北海部郡教育史』二六九頁（多田建次「福澤の帰省と新学校の創設」〈『福澤諭吉年鑑』五、福澤諭吉協会、一九七八年所収〉七九—八〇頁所引）。なお、多田建次『日本近代学校成立史の研究』玉川大学出版部、一九八八年、該当の三三四頁を含む第七章を参照。
(63) 西村茂樹「書籍の官収」（日本弘道会編纂『西村茂樹全集』第三巻、思文閣出版、一九七六年、三三八頁）。
(64) 前掲「ダビット・モルレー申報」（『教育編』〈明治文化全集〉第一八巻、全て一二七頁から引用している。原カタカナ交り表記）。
(65) R・P・ドーア／松居弘道訳『江戸時代の教育』岩波書店、一九七〇年。
(66) 長谷川如是閑『ある心の自叙伝』（〈世界教養全集〉二八、平凡社、一九六三年、二五二頁）。
(67) この点に関しては坂本多加雄「山路愛山の思想——とくに前半期の活動を中心にして」（学習院大学法学部編『研究年報』二〇、一九八五年）一一〇頁および一一四—一二五頁参照。
(68) 福澤諭吉「覚書」（〈福澤諭吉全集〉第七巻、一九五九年、六六三頁）。
(69) 「学監大闢莫爾牟《ダビッド・モルレー》東京府下公学巡視申報」（『文部省第六年報』一八七八年、八頁）。

第二章　留守政府・「学制」・田中不二麿

一　政治としての文明開化

この小論は、文明開化期における学校システム創設の問題を紹介する。ほぼ白紙状態で西洋文明の高波と遭遇し、その接触感染の激症期ともいえる文明開化期における異文化接触の一事例を扱うことになる。

ところで私たちは、幕末の尊皇攘夷論や戦時中の「鬼畜米英」のような西洋文明に閉鎖的排斥的態度を取ったことに対しては、容易にナショナリズムや政治性を指摘する。しかし逆の場合、例えば明治初期の文明開化や戦後のアメリカン・ライフ礼賛のように西洋文明に寛容で開かれた姿勢を見せた時、そこに文化性を評価するものの政治性を意識しない傾向がある。だが、はたしてそうだろうか。後者の中にも強い政治性があったのではないか。

「政治的なるもの」の概念を規定して、友・敵概念と称したのはカール・シュミットであった。それならば、西洋文明を敵と看なして排斥するのも政治であるし、西洋文明を友と見て同化を試みるのもまた政治である。まして日本は、日中朝の儒教文化圏三国の中で、西力東漸に対していちばん修正主義的に、つまり文化的というよりも軍事的政治的に応答した国であったといわれている。常に文化よりも政治が先行することは十分考えられることである。

文化接触の中に政治性を感じるのは、何よりも掌を返したような、速やかな状況適応ぶりにおいてである。近代日本の異文化接触の二大経験として私たちは明治維新と戦後が挙げられるであろう。前者では尊皇攘夷から文明開化へ、後者においては鬼畜米英からアメリカ文化賛美へ、ともに閉鎖性から解放へのすばやい変身ぶりが共通している。特に明治維新においては、二六〇年余りの孤立と鎖国の中で独自文化を育てていた伝統があったにもかかわらず、異質文明に遭遇するやそれに全身をさらして浄化一色の観すら呈する文明開化ブームを呼び起こした。それはどう理解すればよいのだろうか。

アメリカのように先住民インディアンの排除による空間の獲得の後に移住し、西洋文化を繚乱たらしめたのではない、既存の日本人が開国体験を経て文明開化を選んだのである。その西洋化の進行ぶりは接木と呼ぶには激しすぎる。免疫抗体のない所に侵入したウイルスの猛威あるいは競合種属のない帰化植物、例えばセイタカアワダチソウが全土に繁茂するさまを想わしめる。それにしても短期間のうちに西洋排撃から西洋崇拝に変化するスピードの速さは、それを文化現象として考察することを不自然にする。むしろ文化を手段に用いた政治的対応だったのではないだろうか。開国と西洋化が国家生存の必須条件と感じた時に、西洋摂取に走った政治的行為、それが文明開化だったのではないか。

ところで廃藩置県以後の近代日本には、何度も「挙国一致」現象が見られる。日清、日露、太平洋戦争といった非常時には、政党も民衆も対立やわだかまりを棚上げにして政府に協力した。もっとも戦争時の挙国一致はどこの国にも見られる現象でもあろう。しかし、日本の場合これ以外にも言語明示的に自覚されないものの、あたかも日本全体が一つの村のように共通言説でつつまれる挙国一致現象がしばしば起こっている。文化的あるいは社会的

「挙国一致」とでもいうべきであろうか。その原因はわからないが、「世界の大勢」とか「当然の常識」とかとされる言説が、どこからか人々の頭上にふりそそがれて、一夜明けると日本全体がそれに染まっているのである。「文明開化」にもこのような社会的挙国一致現象が見られた。徳川政権が消え明治国家いまだ不安定な体制流動期に、西洋文明の圧倒的威力に照射された環境の下で、開国と同時に紹介された西側世界にすばやく適応すべく「文明開化」ブームが出現した。ちょうど敗戦で大日本帝国を喪した日本人が、すばやくマッカーサーのアメリカを賛美したように。この点では「文明開化」は政治現象であった。なおそれを単なる大勢順応とせずに挙国一致現象と呼ぶのは、下からの自発的参加が認められたからである。

「文明開化」が挙国型ブームになりえたのは、それを指導する政治的思惑と底辺部からの民衆的支援が重なったからである。当時政権についたばかりの明治政府が最も切実に頭を痛めた問題の一つは、かつて尊皇攘夷の名目の下に結集させた人心を、倒幕後もいかに新政府の下に結集させておくかの問題であった。はやばやと一八六八年春には「五箇条の誓文」を出して、その五行の文言の中で「上下心ヲ一ニシテ……」「官武一途庶民ニ至ル迄……人心ヲシテ倦マザラシメン事」を、と二度までも人心結集に言及した。これが主に支配層向けだとすれば、同じ日に民衆に対しては「国威宣揚の宸翰」を発して人心の引きしめを行っていた。そして復古か革新かのドロドロとした混沌の中から明治政府は、断然、開化論によって「人民を圧服」[1]する道を選んだ。一八七一～一八七二年をピークとする西洋文明文物の矢継ぎばやの導入政策によって、民心を圧倒し、明治政府の指導性を確保したのであった。

民衆の側から見れば、旧体制下で人々を束縛隷従させた旧風旧習を打破する「解放の哲学」として文明開化は作用した。また前田愛が指摘[2]したように、維新で混迷に陥っていた野心的青年たちに対して『学問のすゝめ』や『西国立志編』の出現は、学問を通じて立身出世を目指すという具体的で魅力的な人生目標を与えた。ここにかつての尊皇攘夷熱に代わって進学熱が登場し人心を結集させた。この点で『学問のすゝめ』や『西国立志編』はよくいわれるように「社会移動の哲学」として機能したのであり、学校システムは野心的青年の誘導路になった。そして文明開化がブームになったこと自体、明治政府による人心の結集の方向付けの成功として、政治的意味を有したのであった。

二　「学制」

一八七一年明治政府は廃藩置県のクーデターに成功した。封建制を廃して中央集権制にするというこの巨大な変革に、意外に易々と成功したのである。そして政権保持の自信を得た有力政治家の半分ほどが、まもなく長期海外出張に旅立った。岩倉具視、大久保利通、木戸孝允、佐佐木高行、田中不二麿、伊藤博文らの岩倉遣外使節団である。その時の残留組、いわゆる留守政府の手によって、「学制」を含む開化政策は実行されていった。当時の政界のすがたを三宅雪嶺はこう描く。

政府部内は一昨年の末より大官が二分し、一は外に出て、一は内に留まり、両頭の形を呈しつゝ、廃藩置県の施設の止むべくもなく、必要に応じて着手せざるを得ず。外に出たる者も一致せず、中に留まる者も一致せず、暗闘明闘の続きながら、報道機関の欠乏し、世間は之を知らず、藩治に代わるべき県治を要求して已まず。……大官は大使の帰朝まで大事を差控へんとせしも、時勢は其の差控ふるを許すほど緩慢ならず、差控へんとして得ず、得ずして新施設に努力して興味を覚え、随て案出し、随て実施するに及ぶ。速成にて誤り、朝令暮改の甚だしきも、昨年着手して本年実施するに至れる所特に多し。本年は大に実施して大に破綻するの歳なり。(3)

留守政府で中心となったのは、大隈重信や江藤新平ら肥前出身者であり、彼らは幕末すでに「改革主義者を以て自ら任」(4)じていた面々であった。薩長有力政治家が海外にある間、彼らは「鬼の居ぬ間の洗濯」(5)とばかり新事業を大胆に実施して政治家として創業の面白さを体験していた。そのやり方は、次々と開化論で人心を「圧服」して明治政権を維持するやり方で、いわば文明化の自転車操業によって政権を維持する方式であった。

ところで日本で「学制」が頒布された一九世紀中葉という時代は、西欧諸国においても国家が国民教育に取り組み始めた時代であった。なぜ近代国家が教育に着目したかについては、次のような指摘がされている。(6)⑴近代国家の多様な機能を担うための人材養成。⑵教育によって民衆に共通規範を注入して社会的統御を行う。⑶伝統的身分階層が解体したので、それに代わるメリトクラシーによる新しい階層づくり。⑷近代化の資源として。⑸近代国家のための近代的国民づくり、などである。わが「学制」の存在理由を考察する時に、これらの諸点がいかに出現しているかを見ることは重要であろう。

さて「学制」は生まれたばかりの文部省の手で急造された制度であった。まず文部省の創設が、廃藩置県のわずか四日後であったことは注目される。中央集権制の採用に成功した明治政府にとって、在来の諸学校の整理は重要問題だったのである。初代文部大輔になり文部省の骨格を定めたのは江藤新平である。江藤は漢学派と国学派の学問と人脈を排除した上で、洋学派を中心とした文明開化の最先端を印画紙に焼き付けたような官庁として文部省を仕立てた。そして一八七二年一月一一日に「学制」に着手し、九月五日(旧暦八月三日)にははや頒布に漕ぎ着けた。これほど急激にこれほど大胆に制度づくりが行われたのがこの時代であった。曰く、「大木が一たび局に当たるや、姑息の計に安んぜず、仏国に則り、米国を参考にし、破天荒の学制を実施するに努む。大隈が保守的と呼ぶ所の大木にして、一挙大中小学を設け、国民を陶冶せんとせるは、瓢箪より駒の出つるに喩ふべけれど、当時の意気は何者も制するを得ざるが如し」(7)と。

こうしてつくられた一八七二年の「学制」にはどのような意味が認められるのか。以下それについて列挙しておく。

(1)世界的に見て、明治以前における日本はエリート教育についても庶民教育においても高水準にあった。しかし「学制」布告は、それらの教育伝統に対して、一旦ことごとく廃止し、改めて文部省の指令の下に再組織することを命じていた。これによって、幕末には二八〇校を越える勢力に育っていた藩校は解散させられた。これは廃藩後も社会的勢力として残存していた旧藩主権力の拠点が奪われたことを意味する。また江戸庶民教育の中心であった寺子屋、郷校の存在は初めからゼロ査定され（「学問は士人以上の事とし農工商及婦女子に至っては之を度外に置き学問の何者たるを弁ぜず……」「被仰出書」）、すべては洋風の小学校に代えられた。このように「学制」の実施は徳川期の教育伝統を全面的に破壊する機能を果たした。「学制」は旧人間の再生産を遮断し旧社会が復活することを防止したのである。

(2)従来の儒教教育においては個人のエゴイズムは否定されていた。しかし「被仰出書」は、学問の目的が個人本位にあることを高らかに謳い、エゴを解放した。これが人々の学校熱をたぎらせたのである。しかし他方、正院に出された学制制定の「伺」には教育が「国家の富強安康」のためにあることを明言していた。この「学制」の路線を私は「富私強国」型と呼ぶことにする。個人の利害と国家の利害の調和を前提にした楽天的教育観に立っていた。

(3)「学制」は教育の機会均等、国民苦学の原則をかかげた。また進級に際しては貧富や出自による特権を排除して厳正な能力試験のみに基づくことを強調した。江戸時代の門閥主義と世襲制に対する強い反撥が示されていた。こうして「学制」は身分階層を破壊し、新たに能力に基づく階層化、メリトクラシーを展望させたのであった。

(4)学校システムのモデルとしては、欧米最新の学校制度を採用した。特にフランスの教育行政にまねているといわれる。アジアの発展途上国をして、いきなり江戸人を西欧先進国並みの近代的市民につくり直そうとしていた。

(5)「学制」は、人口などの基礎調査に基づいて全国を大学区一中学区一小学区に編成し文部省が一元的に統轄するシステムをつくった。こうして七大学区、二三九中学区、その下に四万二四五一校の小学校が誕生し、文部省の管理に服した。つまり日本では、近代教育制度導入の出発点において、国家が易々と教育を支配することに成功したのであった。

(6)「学制」は官僚が机上のプランとして設計しそれを上から指導し実施に移したもので、開明的専制政策の典型的なものであった。その成果はむろん大きい。「学事奨励」の結果、小学校を介して全国の隅々にまで新時代の波が及んだのであり、能力ある者は砂鉄が磁石に吸い寄せられるように東京に社会移動した。それらは開明的側面である。しかし他方では四年間の就学義務のために労働力を学校に奪われるなどの外在的強制、専制的契機として機能した面も多い。当時の産業構造、社会構造を考えると、この机上で縛られた「学制」は何年も時代を先取りした「早熟な制度」であった。その分、「実学」を謳いながらも非現実的作品であったことは否定できない[8]。そして政治が教育活動をコントロールするという一点において、江戸時代に政治が宗教を支配した構図と連続性をもっていた。やがて明治国家における公教育は擬似宗教的機能を果たすことになるが、その構造は「学制」の段階でつくられていたのである。

三　田中不二麿の登場

文部省内には最初から「学制」が完成品であるとする認識はなく、拡充を予定した暫定的なものとしていた。早くも一八七三年三月一八日「学制二編」の大量追加があって、二一三章が整ったのであった。岩倉使節の一員田中不二麿が、欧米教育調査の成果をかかえて帰国したのはこの頃であった。一八七三年四月一九日文部省省務の管理の任に着いた田中にしてみれば、帰国してみると自分が予定していた教育制度創設の仕事が、他人の手で「学制」として実現していたのである。当然ながら「学制」の手直しに拍車がかかることとなった。例えば五月一四日には二カ月前に出たばかりの「学制二編」を再び改めて、公教育と宗教の分離を定めた。八月には教導職の学校教師兼勤を禁止した。これなどはいかにも田中色の出た改正である。田中は七四年九月に文部大輔に就任し、省のトップに立った。

田中は「学制」の本格的改正に向けて二つの基礎作業を始めたといえる。第一は一八七三年に始まる学区巡視、学事巡視という、文部省高官による「学制」の実態調査であった。デービッド・マレー（ダビッド・モルレー）、畠山義成、石川浩、加納久宣、西村茂樹、野村素介、神田孝平、中島永元、辻新次が任に当たった。この報告書を分析した高橋眞司は、「学制」の改良意見として「適実」「穏進」「分権」の三点を挙げている。(9)「適実」とはその地方の実状にあった教育のこと、「穏進」とは急激な改正でなく「漸次改正」すること、「分権」とは教育の実権を地方官に譲ることである。

第二は、一八七六年四月から翌年一月までの約八カ月、田中不二麿はD・マレー、畠山義成、手島精一、阿部泰蔵らを伴って再度渡米し、アメリカ教育制度を調査してきたことである。そして帰国後すぐに督学局を廃止して学監事務所を新設した。ここにマレー学監を中心にして野村素介、江木千之、高橋是清、服部一三、折田彦市が加わった。やがて『学監考察、日本教育法』が生まれたことを見ると、この事務所は「学制」改正を準備するシンク・タンクであったと思われる。またこれとは別に、田中不二麿、神田孝平、野村素介、九鬼隆一、西村茂樹、中島永元、辻新次によるいわゆる「教育令取調会」がつくられた。

七八条かちなる田中不二麿『日本教育令案』は一八七八年五月一四日、政府に上奏された。その後この案は伊藤博文らによって長い審査に附され、時勢に不適当な条文などを大幅に削減して四九条の「教育令」案として元老院審議に附された（一九七九年四月二三日）。元老院では、特に高等教育をめぐって佐野常民らと激しい議論を展開したが、四七条に修正して可決（六月二五日）、太政官に送られた。その後元田永孚が「教学聖旨」を出させて廃案を策したが、田中不二麿は伊藤博文の援護を受けて教育令布告に漕ぎ着けたのであった（九月二九日）。

この「教育令」は「自由教育令」とも呼ばれている。その意味するところは、田中の改正によって「学制」二一三章がわずか四七条の「教育令」に簡素化されたこと、今日の言葉でいうと「大綱化」ということであり、「学制」の強迫教育主義を「規制緩和」したという意味での教育制度の自由化であった。その結果、教育内容に関しては中学校レベルでは自由民権思想の流行を見たように教育内容の西欧化自由主義化が見られたものの、圧倒的多数を占める小学校では規制緩和とともに伝統主義的教育への回帰現象が目立った。おそらく田中不二麿自身も「教育令」が「学制」を一段とラディカルなものに化するとは思っていなかったろう。政府の干渉をゆるめて教育システムを日本の風土に安着地させようと企てたのである。

また、この政策の背景には政治と教育の分離という思想がある。田中はそのための装置として教育国会や学士院を構想していた。「議会ノ人間ニ須要ナル独リ政治上ニ止マルノミニアラス教育上ニ於テモ亦然リトス」と、政治から独立したところで教育事項を決定する機関の必要性、「教育国会ヲ創設スルノ議[10]」を提案していた。また七九年一月の学士会院の創設については「当時予は以為《おもえ》らく、文部は教育行政の中枢なれども、学芸上の施設に関するものは、学者に依らざるべからず、故に現制度の得失を批判し、且つ将来の施設に関して諮問すべき機関なかるべからず、是には各種専門の碩学を網羅せる団体を組織するの要あり。是に於いて予は先ず福沢諭吉、加藤弘之、中村正直、西周、神田孝平、津田眞道、箕作秋坪、伊藤圭介、市川兼寛の諸氏を選任して会員となし、組織の要項は文部省之を規定したれども、其討議一切の事務は是に全任して、会長亦其互選たりき[11]」と語っている。政治権力からの高等教育の独立をこの国に実現しようとして行ったのである。

実は元老院審議において「教育令」支持派と批判派が最も対立したのがこの高等教育をめぐる問題においてであった。佐野常民はいう、高等教育の規定がない以上これは全国教育令ではなく小学校教育令にすぎないと。[12]また「本官ハ今日ニ在テ小学校ヲ稍《やや》寛裕タラシムルモ中大学ハ必ス政府ノ保護ヲ要スヘシト云フナリ」[13]「欧米各国ニ於テモ世話ヲ為サヽレハ人材ヲ出ス能ハス況ヤ今日ノ日本ヲヤ」[14]と。彼は政府による「誘導」は「関渉」ではない、[15]と力説した。彼らに対して田中不二麿は、ヨーロッパの有名大学は私立であることを説いた。[16]内閣委員辻新次は「夫《か》ノ欧米ト雖モ其学況ヲ見ルニ独リ普通教育ノミニ関渉スルモ決シテ大学ニハ関渉セサルモノナリ……蓋シ関渉ハ脅迫ナレバナリ」[17]という。同じく文部省側の細川潤次郎も「高等学科ハ政府ニ大関渉アルモノナリヤ否ヤ」と問い「政府ハ人ノ精神上ニ立入ルヲ得ヘカラサルナリト」と答えた。[18]このように教育という文化価値を政治権力から独立させる原則を貫いたのであった。

さてこの「教育令」を実施したところ、学校現場では制度の安着地どころか大混乱が起こってしまった。いちばん混乱したのは初等教育で、規制緩和は、就学状況の退化をもたらした。わざと学校ぎらいの人物を学務委員に選ぶ所さえあった。教育内容も開化ものの後退、伝統ものの復活するケースも多かった。他方、中学では自由民権の温床となる所も多く現われ政府側を慌てさせた。大学については別段変化は記録されていない（元老院の心配とは別次元で混乱が生まれたのである）。後年田中は書いている、「百年長計の為に大学の独立自治を企図し、一大基金を設けて政変以外に超立する議を首唱せしと雖、事の実行容易にあらざるのみならず、其の機も亦未だ熟せざりし」[19]と。

四　まとめにかえて

西洋と異文化接触した時に明治政府が取った文明開化政策を政治学的に見ると、文化を資源に用いた政治であったともいえる。開明的専制政策の典型といえる「学制」を例に取ってみる。「学制」の強制によって全国に新時代を注入しえたのであり、有志には進学熱を目覚めさせて、混迷していた人心に絶好の結集目標を与えたのである。また伝統教育を遮断したことにより旧藩勢力の復帰を断ち切った。個人の欲望を解放するとともに強国をつくる「富私強国」の論理を敷いた。こうして開化策で民心を圧倒し、政府の権威を保つとともに、集権的教育行政によって政府は教育を支配するシステムをつくったのであった。学校教育はその出発点で政治の下婢となった。

さて田中不二麿が西欧から学んできたものは、教育の政治からの分離、もっと広くいえば文化価値を政治価値から自立させることが文明社会の原則だということであった。すでに徳川政権下で宗教が政治に屈服していた日本、専制主義の伝統が深く根付いていた日本においては、この思想こそ言葉の真の意味においては革命的なものであった。それだけに有力政治家からは警戒された。教育国会の構想などは、元老院審議に附される以前に、はやばやと田中の原案から抹消されていった。

また規制緩和を目指す「教育令」の施行は、初等教育においては就学率および開化教育の退行をもたらし混乱を発生させた。中学校は反政府型の民権思想の育成の場となった。そして全体として、「学制」が敷いた開明的専制政策の成果を水泡に帰しかねないと反発された。早急に「教育令」は撤回されることとなった。

この失敗によって、この国では教育が国家から、そして文化が政治から自立する機会が遠ざかってしまった。逆に「改正教育令」ができてみると、伝統価値が復活するとともに、国家による教育の支配がしっかりと固められた。

その中で公教育は擬似国家宗教として機能していった。こうしてついに戦前の日本では教育が政治から自立することがなかった。

注

(1) 東京大学資料編纂所編『保古飛呂比』〈佐佐木高行日記〉五、東京大学出版会、一九七四年、二九七頁。
(2) 前田愛『近代読者の成立』〈同時代ライブラリー〉一五一、岩波書店、一九九三年、一一六―一一七頁。
(3) 三宅雪嶺『同時代史』第一巻、岩波書店、一九六七年、三一八―三一九頁。
(4) 円城寺清『明治史資料大隈伯昔日譚』冨山房百科文庫、一九三八年、三三六頁。
(5) 同上、三九八頁。
(6) John Boli, *New Citizens for a New Society*, Pergamon Press, 1989, ch.1-ch.2.
(7) 三宅雪嶺、前掲書、三二一頁。
(8) 「学制」について詳しくは、本書第I部第一章、参照。
(9) 高橋眞司「『教學聖旨』再考」(伊藤彌彦編『日本近代教育史再考』昭和堂、一九八六年、一七二―一七五頁)。なお高橋眞司『九鬼隆一の研究――隆一・波津子・周造』未來社、二〇〇八年に再録。
(10) 文部省編『文部省第五年報』、明治一〇(一八七七)年、三五頁。
(11) 田中不二麿「教育瑣談」(大隈重信撰/副島八十六編『開国五十年史』開国五十年史発行所、明治四〇年、七四〇頁)。
(12) 「『教育令』関係資料」(大久保利謙編『明治文化資料叢書　第八巻　教育編』風間書房、昭和三六年、一二〇頁)。
(13) 同書、一二一頁。
(14) 同書、一一五頁。
(15) 同所。
(16) 同書、一一六頁。
(17) 同所。
(18) 同書、一一三―一一四頁。
(19) 田中不二麿、前掲談、七二三―七二四頁。

第三章　中等学校の形成と展開

一　はじめに

初等教育と高等教育の間に挟まれた教育を中等教育と呼ぶならば、戦前日本の中等教育機関としては、中学校、高等女学校、実業学校、師範学校、各種学校、私塾、それに専門学校の一部などが挙げられるだろう。このうちの中学校はある時期、初等中学校あるいは尋常中学校と高等中学校という二段構成を取り、後者はやがて（旧制）高等学校になった。つまり後者は中等教育というよりもむしろ高等教育と呼ぶべきものである。この高等中学校、後の旧制高等学校に関してはここでの考察対象としない。あくまでも尋常中学校を中心にしつつ、それと就学年齢が重なる諸学校を対象とし、必要な限りでさらに上下の学校にも言及したいと考えている。

さて日本の中等教育機関の整備は明治政府の文教責任者も認めるように、出発点でかなりの立遅れを見せていた。井上毅文相はその点を、東京府尋常中学（後の府立一中）校長勝浦鞆雄の意見書を使いながら、こう語る。

学制ノ沿革ヲ按ズルニ帝国大学ハ遠ク蕃書取調所及ヒ開成所ニ基因シ爾来数多ノ変遷ヲ経テ今日ノ成緒ヲ致シ小学校ハ明治五年米国ノ制ニ模シテ創設セラレ爾来数次ノ更〔弛〕張アリテ今ノ制度トナリタリシニ此ニ反シ中学校ハ小学校ト同時ニ基ヲ始メタリト雖モ久シク発達ヲ闕キ殆ト自然ノ趨向ニ一任シタルノミナラズ高等中学校ハ大学予備門ヨリ変遷シ明治十九年ニ至リ纔《にわか》ニ現行ノ規模ヲ定メタリ、サレハ我国ノ教育歴史上第一ニ定マリタルモノハ大学ニシテ小学校之ニ次キ中学校ハ最後ニ現レタル教育ナルヲ以テ……（1）

と。まず大学、次いで小学校、そしてやっと中学校の順で政府の文教政策が施されたのである。

政府だけでなく世間の常識や言説においても「中学校」の影は薄かったようである。手元にある『明治文学全集総索引』（筑摩書房）によって、各学校がどのくらい文学作品のテーマや話題として登場するかを調べてみると次のごとくである。

小学校	12
中学校	5
実業学校	0（実業教育3）
女学校・高等女学校	17
師範学校	19
高校・高等中学校	19
高等師範学校	6
大学・大学校	21
一高	15

東大・帝大　34

中学校、さらに実業学校は明らかに文学的関心を引かないテーマであったことがわかる。ちなみに「女学生」は二〇作品に扱われたが、「中学生」は四作品を飾るに留まる。

これまでの研究史を見ても旧制中学校研究はあまりない。ただし少数ながら優れた著作や息の長い研究が深谷昌志、天野郁夫、神辺靖光、多田建次、菊地城司らによって蓄積されているのを知ることができる。[2] また詳細な通史としては、国立教育研究所『日本近代教育百年史』中の「中等教育」の項がある。しかし中等教育全般にわたるコンパクトでよくできた通史すらまだ書かれていないように思われる。[3]

本章では戦前中等教育を捉えるための基礎作業として、私なりに次のような時代区分を試みた。

混沌・生成期　一八六八（明治元）～一八八〇（明治一三）年
天皇制国家誕生期　一八八〇（明治一三）～一八九一（明治二四）年
天皇制社会萌芽期　一八九一（明治二四）～一八九九（明治三二）年
展開期　一八九九（明治三二）～一九四五（昭和二〇）年

以下の行論においてはこの時代区分に則しながら、各時期の主たる文教政策および教育界の特徴を簡潔に描写しておく。その説明を通じて、私がなぜ中等教育をこのように時代区分したのかの理由も明らかになるはずである。なおこの中の「展開期」は、本文中で論じるように、同年齢層における中等教育人口が一五%を越える大正期中葉をもって、さらに「エリート型」と「マス型」に細分することが可能である。本章の第一目的とするところは、戦前日本の中等教育論のための基礎作業として、右のような時代区分の試案を呈示することにある。そして最後に戦前日本の中等教育の社会的特色と問題点とを、マクロ的に、若干列挙しておくこととした。

二　混沌・生成期――一八六八（明治元）～一八八〇（明治一三）年

わが国近代中等教育の出発点は必ずしも明瞭ではない。古くは洋学塾や藩校に遡ることも、逆に一八七二（明治五）年の「学制」に繰り下げることもできよう。ここでは維新革命の政治主体が名乗りを上げた明治元年をもって始めとする。終わりを一八八〇（明治一三）年までとしたのは、この年、文明開化の先頭を切っていた文部省が開化路線から保守路線に一変したからである。この時期は近代日本の教育界の中で続々と自発結社型学校が誕生し、全国各地で最も多彩に様々な可能性を実験してみせた活気あふれる時代であった。

さてこの時期の普通教育タイプの中等教育機関は、その性格により大きく二系統に区分できる。一つは明治政府が例外的に金と力を注いだ少数英才のための外国語速成系の中等諸学校、もう一つは各地に自生した中学校や私塾である。最も手っ取り早く西欧文明に追いつくことを考えた官僚たちの目的合理主義の行き着く結果として、前者の外国語系学校が置かれた。当時「大学南校」等では、御雇外国人教師によって直接外国語による授業が行われていた。そして政府は、全国からかき集めた一握りの英才の外国語能力を外国人同様のレベルに高めて、講義を受講させようと企画したのである。ここに日本語以上に英語がうまい「英語名人」世代が生まれた(4)。こうして中学校としては制度上、変則と称されたが、内容的には国家エリート養成の正系をなす外国語系学校群が登場した。その種の学校の浮沈変動は激しい。「外国人教師ニテ教授スル中学」と呼ばれるもの、（後のそれとは同名異種であるが）「専門学校」と名づけられた「外国人教師ニテ教授スル高尚ナル学校」、カリキュラムの内容・順序にこだわらないとされる「変則中学」の一部、それに「外国語学校」と規定されたたぐいが、この外国語系中等諸学校群をなした。

その他の中学は明治政府が放置して顧みなかったこともあって、民間私人の手で「中等社会」を埋める中学校・私塾として自生的に簇《そう》生した。その中には政治結社と区別しがたい学校や、文部省統計では掌握されない家塾の類も多数発生していたのであるが、統計表に示された数だけを見ても**第1表**のごとく、年々増加を見せ、一八七九（明治一二）年に極大値七八四校（うち私学は六七七校）に達した。この分野では政府による目的意識的な行政指導が行われず、その分だけ自然発生的成長が活発であった。種類も「旧藩校型」と「地方名望家型」、およびどちらかといえば都市に多い「私塾型」に大別できる。

第１表　公私別中学校数（1873–1880年）

	官公立中学校	私立中学校	合　計
1873（明治６）	3	17	20
74（〃　7）	11	21	32
75（〃　8）	11	105	116
76（〃　9）	18	183	201
77（〃　10）	31	358	389
78（〃　11）	65	514	579
79（〃　12）	107	677	784
80（〃　13）	137	50	187

（出典）　総理府統計局『日本長期統計総覧』５，1988年。

さてこの政府系外国語型中等諸学校と民間系自発結社型中学・私塾は併立共存していたのであり、さらに後者の中には、前者の公立エリート系学校に入るための手段として、外国語集中授業を売り物にする東京の予備校型私学が大盛況を誇るケースも見られた。この二系列が育った理由としては、財政貧困の明治政府がまず国家エリート養成を優先させたこと、政府人が「中等社会」を認識しえなかったこと、民間には「中等社会」を自らの運命の問題として盛り立てようとする民間活力が満ちていたこと、などが挙げられる。またこの時代は政府と民間が歩調を合わせて西欧文化の吸収、文明開化の大変革に取り組んでいる「国権と民権の蜜月時代」であったから、官民相互に分業的協力を行っていたと解釈することもできる。

ところでこの時代、国家エリート養成用外国語系中等諸学校がごく少人数の英才のために存在していたために、小学校終了段階で複線系の進路が存在することになった、ということは事実である。しかしそれがイギリスのパブリック・スクール、ドイツのギムナジウムのようなエリート養成中等学校と異なるのは、制度の開放性と選抜原理の公正さの点においてであった。わが国のエリート養成校は、特定社会集団によって排他的閉鎖的に専有されることがなかった。幕政時代の世襲制・身分制の弊害をいたく身にしみて育った明治の政治家たちは、四民平等を謳い教育の機会均等の推進に熱心であった。過去の不公正に対する義憤としても、未来の日本の存亡に関わる国家理性の声としても、能力に基づく厳正な人材登用を重視した。いわば「神童」に好意的な制度が創られたのである。

さて一八七〇年代後半、士族の反乱が新政府の新軍事力に敗北したことが明らかになると、乱気をはらんだ時勢は新たな展開を見せた。言論と西欧思想を武器として自由民権運動が政府を正面から攻撃し、対立は次第に高じ、政府と民間のはかない蜜月は破局を迎えたからである。この時政府は、それまで「人民自為」（田中不二麿）にゆだねて野放しにしていた中等学校が、手ごわい対抗エリート育成の場に変じていた現実を思い知らされることになった。信州松本では「我地方ノ自由ハ師範学校ノ森林ヨリ萌生セリ(5)」と書かれたというから、民権熱は私塾のみならず公立中学校から師範学校にまで及んでいたことがわかる。

この政治青年群の脅威的出現を前にして、明治政府は中等教育一般の重要性に初めて気付き、大幅な干渉を開始する。一八八〇（明治一三）年三月九州出張中の文教行政の第一人者田中不二麿文部大輔を、突然、文部省から放逐し、教育現場混乱の一切の責任を一身に負わせたのであった。この時点で日本からは、自分の子供を自分で教育するという近代教育の原点が失われ、自発結社型学校がこの国で自然成長する機会は奪われたのであった。

三　天皇制国家誕生期——一八八〇（明治一三）～一八九一（明治二四）年

一八八〇（明治一三）年文部省に起こった変化は、明治政府が開明専制路線を捨てて天皇制国家建設に向かう最初の徴候であった。文部省は田中不二麿に「教育令」の全責任を押しつけて追放した後、わずか九カ月後には「改正教育令」を施行して急激な方向転換を行った。時勢はここに「智力の時代」から「感情の時代」に一変した(6)。この時放任されていた中等教育に対しても国家目標にそった整理と統制の手が加わった。それは森有礼の「中学校令」公布によって頂点に達した。しかし森の一府県一中学という規定枠に対しては、民間から強い不満の声が上がり、一八九一年には学校数の規制緩和を盛り込んだ「中学校令中改正」を出すという事態を迎えたことでこの時代は終わった。なおこの時期の前半は、いわゆる松方デフレによる不況期に当たる。特に地方農村の疲弊が激しく、「中等社会の堕落」（徳富蘇峰）が語られた時期でもあった(7)。

一言でいえばこの期間は、政府による民間私立中学校淘汰の時代であった。数字が何よりもそれを証明してくれる。**第2表に**示すように、一八七九（明治一二）年、六七七校の極大値に達していた私立中学校は翌一八八〇年に五〇校に激減した。七四％が消え去ったのである。代わって公立中学校は一〇七校から一三七校に増えた（中学校全体では七八四校から一八七校に激減）。以降、数の上でも戦前の中学校はずっと公立が中心となる。大半の私立中学校はこの時資格不十分として各種学校に格下げされた。だから各種学校数の方は前年の三二八校から二〇一六校（一八八〇年）に膨張する。私立中学校の減少傾向はその後も止まらず、一八八四年から三年間はわずか二校のみ存続という最小値を記録し、その後徐々に増えてい

第2表　公私別中学校数（1879-1891年）

	官公立中学校	私立中学校	合　計
1879（明治12）	107	677	784
80（〃 13）	137	50	187
81（〃 14）	159	14	173
82（〃 15）	164	9	173
83（〃 16）	167	6	173
84（〃 17）	131	2	133
※85（〃 18）	105	2	107
86（〃 19）	54	2	56
87（〃 20）	43	5	48
88（〃 21）	41	8	49
89（〃 22）	44	9	53
90（〃 23）	44	11	55
91（〃 24）	45	10	55

※　1885年は『文部省年報』により訂正（官立中学校1校追加）。
（出典）　総理府統計局『日本長期統計総覧』5，1988年。

くものの、戦前を通して公立中学の三割前後に留まる。この時期は公立を含む全中学校数としても森有礼の定めた一府県一公立中学の方針によって減少したのであり、一八八六年には前年に比して半減した。翌一八八七年には四八校の最小値に達し、その後も低水準で移行した。

明治政府の中学校政策の原則は「中学校教則大綱」（これは「改正教育令」の下で一八八一〔明治一四〕年に定められた施行規定）に示されていた。それによると中学校は「高等ノ普通教育ヲ授クル」所であり、「中人以上ノ業務ニ就クカ為メ」の教育と「高等ノ学校ニ入ルカ為メ」の教育の二目的を担う制度とされた。これは中学校を、一方では最終学歴として就職する「完成教育」の場とするとともに、他方では高等教育進学用の「受験教育」の場とすることを意味した。これ以来日本の中学校の在り方は、この「完成教育」か「受験教育」かをめぐって無窮動を続けることになる。近代欧米中等教育における「教養主義」か「専門主義」かの永遠の対立は、わが国ではむしろ高等学校か専門学校の選択で問われた問題であった。

また「教則大綱」における総授業数三二八時間の内訳は、和漢文に最多の七八時間、修身に二六時間、そして英語に七六時間が割り当てられた。つまり一方では英語、他方では和漢文・修身という、当時としては大変工夫をこらしたカリキュラム設定であったことに注意したい。つまり一方では「受験教育」用の時間割なのである。これまで変則的に外国語系学校を用いて養成していた国家エリート養成教育を、今後は公立中学校で行うという一大方向転換を示していた。そのためには英語教育を充実すること、特に東京の洋学系私立学校が英語集中教育で人気を集めていた状況に対処したものであった。しかし他方では和漢学と修身も強調する。明らかにこちらは民権思想対策を意識した編成であった。政府側は中学特に民間私学、私塾における英語過剰が近代革命思想の普及を呼び起こしたと見て、修身・和漢文の強化をもって対抗イデオロギーを育成しようとした。一八八一年のカリキュラムにはこのような矛盾した両面的要求が含まれていた。

ところで当時の高等教育は、学歴という資格を入学条件として要求せず、あくまでも実力試験、特に英語力によって入学を決めていた。したがって和漢文を大幅に増加させた授業は中学校の「受験教育」を有名無実化する。ここに中学と大学とが連絡しない、という問題が依然として存続し続けることになった。受験生からすれば中学を中退して上京し、語学中心の各種学校（つまり予備校）に学び、東京大学予備門を受験するルートがまだまだ引力をもっていたのである。[8] なお、よく欧米のラテン語教育と日本の漢文教育の形態的類似性が指摘されるが、ヨーロッパにおけるラテン語は民衆との教養文化の非連続をつくる文化隔壁として機能したのに対して、わが国の漢文教育はむしろ保守思想を強化する機能を担った点で、意味が違う。

さてこの中学校の他に、明治政府は「農業学校通則」（一八八三（明治一六）年）、「商業学校通則」（一八八四年）を布告して、実業学校充実にも手をつけた。その意図は青年たちを東京に集中させずに地元に留めて、地方産業の担い手たる実業青年に育てること、政治青年にせずに地方の保守的風土強化のために使うこと、つまり多分に自由民権運動対策として構想されたものであった。

そしてこれらの制度化の途中に森有礼文相が登場する。天皇制国家の骨組みを製作中のこの時期に文相となった森の業績を一言でいえば、中学校を天皇制国家体制に接合すべく強引に「国家化」したことであった。森の中学校観としてしばしば引用されるのは、一八八八（明治二一）年に福島県で行った演説である。曰く「尋常中学校は要するに之を卒業して直ちに実業に就く者を養成するを以て目的とす。……又尋常中学校生徒は社会の上流に至らすとも下流に立つものに非らされは、最〔も〕実用を為すの人に非らされは、不可なり[9]」と。しかし言葉にだまされてはならない。森の実施した政策はこの演説をみごとに裏切っていた。一府県一中学という数は、地方中等実業社会を活性化するためには、明らかに少なすぎる数であった。それは府県ごとに一校の名門公立中学校を誕生させ、県下の秀才をそこに集め、さらに精選し、高等教育機関に送り込む制度としては適切な数であった。明らかにこの時、中学校は国家エリート候補生を、品質管理しながら、全国津々浦々から中央に吸引する制度と化した。また一府県一校という削減によって、松方デフレで財政難に苦しむ府県を助けるという「経済ノ主義」の効用も大なるものがあった。

さらに森有礼文政は、「国体教育主義」という言葉の示すように、イデオロギーの「国家化」を図ることにも熱心であった。モデル校は師範学校であり、智育偏重の訂正を行って体育・徳育を強化した。森が師範学校に導入した兵式体操は中学校においても重要科目とされたし、兵営のような師範学校の寄宿舎制度は高等中学校にも応用された（もっともこれは自治寮に自己発展してしまうのであるが）。しかし森が多用した「実業」という言葉は多分に観念、イデオロギーにすぎず、実現された実業教育は東京商法講習所（現一橋大学）開設くらいのものであった。むしろ「中学校は殊に意を用いて実用に適する人材を養成し軽薄の気風を根断せざるべからず(10)」と語られたように、民権熱に浮かれた青年の「軽薄の気風」を暗消するための対抗イデオロギーとして「実業」観念が利用されたと見るべきであろう。

森の中等教育施策の中で特筆に値するのは高等中学校の独立である。先の「教則大綱」では中学に初等中学と高等中学の二種類があり、それらと直上の高等教育機関との間は非連続的であった。これに対して森も中等教育機関を尋常中学校（各府県一校）と高等中学校（官費によるとし全国に五校だけ）に区分するが、この両者の間に入学試験という鋭い断絶のクサビを打ち込んだのであった。そして高等中学校とその上の高等教育機関とにはスムーズな連続性をもたせた。いわゆるナンバー・スクール五校が誕生し、選りすぐりの秀才育英装置となった。これは日本のエリート養成制度が西欧のそれと大きく構造を異にしたことを意味する。前節で紹介したように、最初わが国の秀才吸引装置は外国語系諸学校であった。それらと、私立中学校とが**第1図**のように、小学校終了後、タテに平行して並んでいた。今回の森のシステムでは**第2図**のように、尋常中学校、各種学校の上に高等中学校が非連続の状態

第１図　明治初期のエリート進学コース

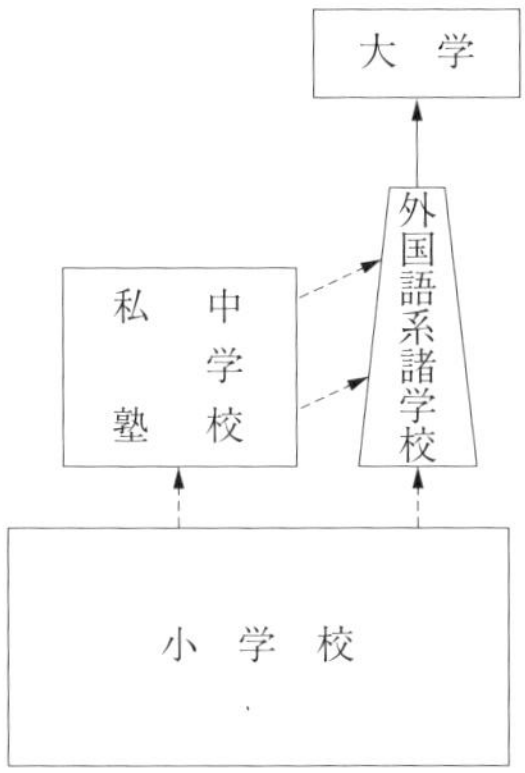

第２図　1886年のエリート進学コース

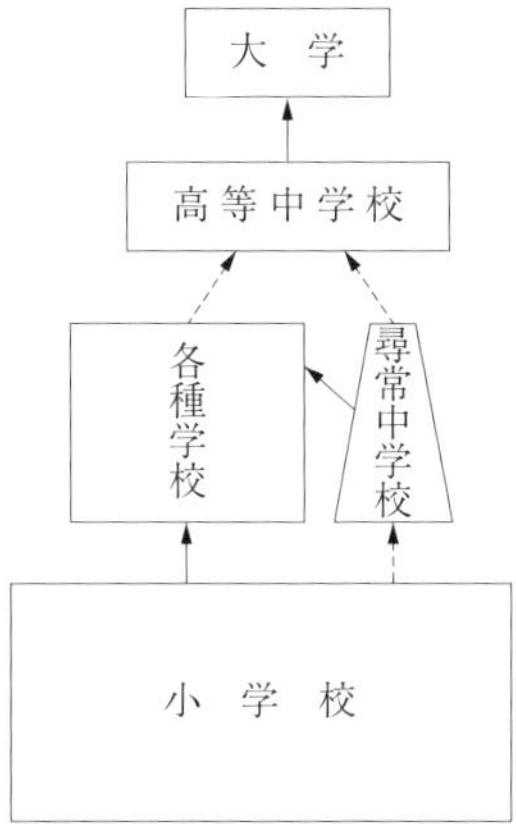

←連続的　←非連続的

でヨコに平行して重層をなしたのである。しかも高等中学校の入学は実力試験の合格者をもって許可された。このことはエリート接近の機会を平等化し開放型にしたことを意味する。公平原則が一段と活かされたこと、および必ずしも全秀才を網羅することはできないかもしれないが、間違っても愚才が紛れ込むことはない、という品質管理に優れた制度であることを意味した。全国の秀才たちは、磁石で砂鉄を集めるように高等中学校に吸引され、国家エリートへの道を上昇することになった。

ただしすぐにこのシステムが有効に機能しえたのではない。公立中学校生の実力不足のために、依然、厳正に入学試験を実施して合格者を選ぶ高等中学校との間の不整合・接続不良が介在していたからである。現実には公立中学校よりも有力私立受験校の方が多くの合格者を出していたのである。そこで、これは森の死後の話であるが、東京府立尋常中学校長は第一高等中学校と交渉して、一八八九（明治二二）年から優等生の無試験推薦入学を制度化させるのに成功した。これは全国的に拡がり、やがて「私立学校撲滅論」として騒がれることとなった。第一高等中学校の場合、生徒の一〇〜一五％がこの制度で入学するようになり、[11] この推薦制度のおかげでトップクラスの生徒が私立受験学校に移籍しないで公立中学校に留まるようになった。その結果公立中学校は、英語の他に和漢文や修身をたくさん教える遠廻りの授業をしながらも、進学率を高めて社会的評価を確実に上昇させたのであった。[12]

中学校を自由民権運動の温床と見て取った明治政府は、この時期、このように荒っぽく中等学校教育に介入し「国家化」を実行した。それは中学校の数を絞り込み教育水準を一定以上に高めることに成功し、特に国家エリート養成システムを制度化することに成功したが、他面かつての多様で自由な精神、教育本来がもっている自己教育の可能性の芽を摘み取っていった。中等学校が国家の思惑による誘導・干渉の場に変じたのである。そしてこの時期に公私の逆転、公立中学校優位の観念が発生した。やがてその観念は国民に自明のごとく定着するのであるが、その発生期がこの時代であった。この時期の明治政府は、森有礼を典型例とするように、認識においては、国家あれども社会なし、の有様であったといえよう。井上毅のような例外を除けば「中等社会」はまだ政府によって発見されなかった。「国家化」に向かいはしたが「社会化」は忘れられていた。その欠陥が社会問題化していくのが次の時期であった。

四　天皇制社会萌芽期――一八九一（明治二四）～一八九九（明治三二）年

ここで扱う時期は、森有礼が敷いた一府県一中学校の規制緩和のために「中学校令中改正」が布告された一八九一（明治二四）年から、「中学校令（第二次）」「実業学校令」「高等女学校令」の三法令がほぼ同時に制定されて、戦前の中等学校体制が固まった一八九九（明治三二）年までとする。ところで旧制中学校の動向を実証的に調査分析している神辺靖光は「明治一九年の諸学校令はわが国近代学校制度を確立したものだと言われる。しかし中学校の普及という面から見れば明治二四年の中学校令改正がその端を開いたのであって、一九年の中学校令は明治一三年の中学校正格化《ママ》政策の延長線上にあってそれを徹底し、中学校の質的転換に決定的な役割を果したものであった」[13]という。この明治一九年よりも明治二四年の非連続性を強調する時代区分論に、私も大いに意を強くする者である。一八九一（明治二四）年から始まるこの時期は、アジアで初めて開会に漕ぎ着けた国会の場で政府と民党とが激しく対決するいわゆる初期議会の時代であり、一転して挙国一致、日清戦争を遂行し、勝利を得、産業革命の進行を見た時代であった。徴兵され近代軍隊生活を体験した国民は、識字力・計算力・組織性などを必要とする近代型行動様式を体験学習して帰村する。これが村々の学校建設ブームの契機になったという。

この時代に「天皇制社会」という形容句を付すことはまだ早熟にすぎるであろう。しかし敢えてそう形容したのは、井上毅の文教政策を念頭に置いたからである。すなわち森有礼に欠落していた「社会」の観念を保有する井上毅は、井上なりの「ネーション」認識に立って、つまり「国家」と「社会」の双方を見通した上で天皇制教育全般をこの時期に中興したからである。その点ではこれまでの教育史で森有礼文相がいささか過大評価されすぎ、井上毅文相が過小評価されすぎていたのではないか、というのが私の感想である。

井上毅の政治観には、元来、法律や警察力などの政治権力を露骨に用いた政治（ウシハク政治）を嫌い、習俗・徳風によって人心を捕らえて仁政安民の世をつくる政治（シラス政治）を尊重する持論があった。教育政策は後者を推進する有力な手段であった。しかも他面で井上は資本主義の進行という歴史の流れを見極め、産業社会化に備えるという現実主義的で柔軟な二枚腰をもった保守政治家でもあった。その井上毅が文相に就任すると、教育会議、校長会、教育ジャーナリストとの会見、賢人訪問、諸家への意見書の要請などの工夫をこらして、現場の教育当事者や学識経験者から情報・意見を精力的に採取した。彼の構想はその分析の上に練られたものであった。

井上毅の森文政批判もそのような現場の声を集約した上で生まれていることは、すでに先行研究で明らかであ

る。[14] 曰く、

就中《なかんずく》〔明治〕十九年ノ改正ニ於テハ遂ニ大学ヲ以テ教育制度ノ唯一ノ本位トシ其ノ以下ノ学校ハ順次大学ニ人ルノ予備ノ性質ヲ具フルニ至レリ……是レヨリシテ以来其ノ本位タル大学ヲ模範トシテ以下ノ学校逓次相伝ヘ之ニ倣ヘルハ勢ノ止ムヲ得サル所ナリ[15]

と。森の施策が「国家必要」[16]にのみ傾斜していたと判定する。これに対する井上毅の教育政策を一言でいえば、堅実で安定した「天皇制中等社会」の造成を念頭に置いていた。それは社会の要請に応えて学校の種類や内容を多様化しながら、各学校段階をそれぞれ完成教育の場とし、人材を社会に送り出すシステムとすることであった。

井上毅の中等社会づくりは初等教育段階から組立てられた。文相就任当時（一八九三（明治二六）年）、五八％余りにすぎない小学校就学率、しかもそれが「都会の地寧ろ辺鄙に如かざる」[17]状況であるのを把握した時井上は、森有礼の経費節約政策とは反対に、国庫補助まで付けて底辺の就学率の向上を計画した（これは「民力休養」をさけぶ自由党の反対で実現しなかったが）。また文相在任一年半足らずのうちに「実業補習学校規定」「実業教育費国家補助法」「工業教員養成規定」「簡易農学校規定」「徒弟学校規定」の五つの実業教育法令を成文化しているが、その大きな柱が初等教育修了者を対象とした簡易な実業教育の普及にあった。下層社会が不満と絶望感とに打ちのめされて不穏な反政府勢力の温床にならぬよう「中等国民化」することに熱心だったのである。

さて中等教育政策に関しても井上毅は、中学校の他に高等女学校や実業学校をも含めた上で総合的再検討を行っていたのが特徴であるが、ここでは中学校行政に関して紹介しておく。中学校についても天皇制中等社会の造成を目標に置いた施策となっていた。

抑々中学本来ノ性質ハ普通教育ノ高等ナルモノニシテ決シテ大学ニ入ルノ予備ノ為ニ偏スル者ニ非ス[18]

あるいは

〔一　普通教育ト専門教育トハ予備連絡ノ目的ヲ以テ組織セズ但シ其ノ一部ノ系統トシテ単ニ専門学ニ入ル者ノ為ニノミ連絡ヲ設ク〕

二　中学ヲ以テ普通教育ノ終極ノ所トス

（一八九三（明治二六）年高等中学校長会にて訓示[19]）

とする。これらは単なる井上毅の思いつきによる主張ではない。文部官僚ＯＢの伊沢修二[20]、東京府立尋常中学校長勝浦鞆雄、第五高等中学校長嘉納治五郎らの意見[21]、さらには高等中学校全廃を主張する自由党の経費削減論[22]にまで目配りをした上で立案したものであった。

井上毅の政策の特色を一言でいえば、「実用」および保守イデオロギーの強調となろう。例えばラテン語授業を大幅削減したドイツのギムナジウム改革に強い関心を寄せて、日本でも「実地的練習[23]」を強調する。井上は受験を最重視した中学教育が、かえって「虚学」をはびこらせ中等社会分解の触媒となっている現状を心配する。「余カ巡回中或中学校テ生徒ノ目的ヲ問ウタレハ生徒ノ多数ハ農商ノ家産ヲ営ミ父祖ノ業ヲ嗣クコトヲ恥ツル気味ニ見エタ[24]」。つまり、中学教育は中等社会の再生産を妨害している、と見たのである。さらに「無邪気」に進学を希望したものの失敗して「多クノ失望者トナリ不幸ノ地位ニ陥ル[25]」、のみならずもっと深刻なのは高等中学校修了後大学に行けず「廃学」に追い込まれ、「往々軌範ノ外ニ逸シテ世ノ無頼子弟トナル者多[26]」き事態である。中等教育は新しい失意の者や危険人物を生み出している。だからこそ中学校の受験熱を薄めてそこを「完成教育」の場となし、また「府県資力ノ許ス限[27]」り学校数を増やし、多数の堅実な中等国民を造らなければならない、とするのが井上毅の方針であった。

一八九四（明治二七）年三月の文部省令第七号、「尋常中学ノ学科及其程度」の改正は、この井上毅の「完成教育」の方針を制度化したものであった。一言でいえば「実用」と保守イデオロギーの強調がなされた。その「改正理由」によれば、従来の中学教育の「三箇の病弊」として、(1)教科負担過重、(2)就業教育の疎略、(3)国語力の未熟、を指摘する[28]。そして第二外国語と農学を削り、唱歌を随意科目とし、英語と国漢文を増やし、四学年目に進路別学級編成（中学校実科の設置）を認めた。そして、「意を国語の授業に用ひ及他の各教科を実業に適切ならしめ」、「中等国民の教化」「国民の素養」のための機関にすることを中学に求めていた[29]。井上毅の脳裡にあるのは国漢文によってイデオロギー武装し、実業に従事する堅気の中等国民のイメージである。この〝旧魂実才〟の中等人民によって天皇制社会を維持しようとしたのである。

ここでも一点注目されるのは、この「尋常中学校ノ学科及其程」改正によって、公立中学校の教育を標準と定めた上で、私立中学校の内的学校事務に対する地方長官の監督権を規定したことである。これは井上毅がかねてから念願していた私立学校誘導政策である。「文部省ハ国家全体ノ学制ヲ統率シ従テ全国公私ノ学校ヲ監督スルノ責」があるとして、「私立学校ニ対スル規程ヲ定メ監督ト保護ト並ヒ行フ[30]」ことは、文相就任前からの宿志の実行であった。すなわちこれは文教行政を介して政府が中等社会を操作することを意味した。ここに日本の私立学校（中学校、各種学校）は、一方では府県立中学と同等と認定された学校にのみ与えられる従来からの徴兵猶予の特権（これの有無は生徒応募数に関係する経営上の大問題）と、他方では文部省の監督権というアメとムチによって操縦されるようになった。すでに神辺靖光が指摘したように「諸学校通則や徴兵令によって府県立学校と同一とか、官公立学校と同等との認定が文部大臣によって発せられると府県立学校、官公立学校が規準であるとする新しい解釈が生じてくるのである。……即ち官立学校の規準に適合する私立学校を生む皮肉な結果[31]」がこの国に生来した。画一的な公立標準主義が根づいたのである。

次に中学校増設数について見れば、**第3表**のように、一八九一（明治二四）年の「中学校令中改正」による校数制限緩和の効果は一八九三年から現れ始め、以後、順調に公立中学校は増加していった。森文相時代に各種学校に格下げされていた旧中学校が府県立中学校として復帰したのである。[32]しかし井上毅が中学校実科の導入を図り「完成教育」を指向したこの時代は、皮肉にも進学中心の有力公立中学校が頭角を現し社会的名声を高め、それによって公立中学中心主義が世間に定着し、「受験教育」が優勢になっていく時代であった。天野郁夫によれば、「高等学校入学者にしめる尋常中学校卒業者の比率をみると、明治二七年の四五％から二八年に六八％、二九年には七一％、三〇年八〇％、三一年八六％と上昇を続け、明治三二年には八八％をしめるまで[33]」になっていたという。

第3表　公私別中学校数（1891-1899年）

	官公立中学校	私立中学校	合　計
1891（明治24）	45	10	55
92（〃 25）	49	13	62
93（〃 26）	59	15	74
94（〃 27）	66	16	82
95（〃 28）	80	16	96
96（〃 29）	100	21	121
97（〃 30）	130	27	157
98（〃 31）	139	30	169
99（〃 32）	157	34	191

（出典）　総理府統計局『日本長期統計総覧』5，1988年。

以上のようにこの時期は、森有礼の施策の欠点を改良して天皇制中等教育を総合的に日本社会に定着させる構想を、井上毅が用意した期間であった。その中で中学校は着実に社会的基盤を拡大した。ところで尋常中学校や実科中学校、改組された高等学校を「完成教育」にしようとした井上毅の意図は、すでによく論じられているように、失敗に終わったといえよう。「官僚体制内への立身出世階梯として帝国大学へ収斂する『普通教育』系統のみを重視する、世上従来の学校教育観の抵抗[34]」が強力だったからである。しかし「高等女学校規程、市町村立小学校教育年功加俸国庫補助法、高等教育会議規則などは、井上の手許で準備されたのち日清戦争後の新たな状況下において実現をみており、小学校令改正案、商業学校規程案などは、その構想が大きく修正されつつ三十年代前半期の学校制度改革に引きつがれている[35]」。したがって井上毅の業績を、従来のように実業教育の視角に閉じ込めて評価するのは不当であろう。むしろ井上は全教育システムを再考察の視界に入れて、「明治二十年代に入って顕著となった国家体制確立化の方向にみあう、教育制度体系の抜本的再編成化を志向」し、結果として三〇年代「における明治公教育体制確立への前奏曲[36]」をなした、と見る方が適切であると思われる。

五　展開期――一八九九（明治三二）～一九四五（昭和二〇）年

制度上、中等教育の容器は一八九九（明治三二）年に次々と公布された「中学校令（第二次）」「実業学校令」「高等女学校令」によって出来上がった。その後、資本主義の発展にしたがってその内容を埋めていった時期がこの展開期に当たる。ここでは簡単な統計表によりながら、その推移を概観しておきたい。

中等学校がにぎわう前提には小学校修了者の増加がある。「学制」以来の小学校就学率の変動を一〇％ごとの大台変わりで表示したものが**第４表**である。これを見ると就学率が安定した五〇％台に達する一八九一（明治二四）年までに一八年を要していた。しかしその後は高成長率を示し、六〇％台になるのに三年、七〇％台に達するのに五年、八〇％台にはわずか一年、九〇％台に至るのに二年かかり、一九二〇（大正九）年には国民皆学といえる九九％台に乗ることができた。

この小学校就学率の上昇を受けて中等学校進学者も増加する。**第５表**は一八九五（明治二八）年から五年ごとに中等諸学校（すなわち中学校、甲種実業学校、高等女学校）に在籍する生徒数を学校種別・性別に

第４表　小学義務教育就学率（％）

1873（明治６）	28.13
74（〃　7）	32.30
78（〃　11）	41.26
82（〃　15）	50.72
85（〃　18）	49.62
91（〃　24）	50.31
94（〃　27）	61.72
99（〃　32）	72.75
1900（〃　33）	81.48
02（〃　35）	91.59
20（大正９）	99.03

（出典）『日本近代教育史事典』平凡社，1971年。

第５表　中学校学校種別・男女別在校生数（（　）内は％）

	中学校・本科生	甲種実業学校生〔内女子数〕	高等女学校		男子	女子	総数	義務教育就学率（小学校，％）
			本科生	実科生				
1895（明治28）	30,525 (79.6)	5,015〔43〕 (13.1)	2,276 (5.9)	545 (1.4)	35,497 (92.5)	2,864 (7.5)	38,361	(61.24)
1900（〃 33）	78,188 (74.5)	15,233〔17〕 (14.5)	9,861 (9.4)	1,605 (1.5)	93,404 (89.1)	11,483 (10.9)	104,887	(81.48)
05（〃 38）	103,643 (63.3)	29,959〔70〕 (18.3)	26,756 (16.3)	3,361 (2.1)	133,532 (81.6)	30,187 (18.4)	163,719	(95.62)
10（〃 43）	121,777 (56.1)	40,619〔247〕 (18.7)	50,372 (23.2)	4,347 (2)	162,149 (74.7)	54,966 (25.3)	217,115	(98.14)
15（大正４）	141,793 (49.8)	50,743〔428〕 (17.8)	69,493 (24.4)	22,947 (8.1)	192,108 (67.4)	92,868 (32.6)	284,976	(98.47)
20（〃 ９）	177,117 (43.4)	84,440〔749〕 (20.7)	115,859 (28.4)	31,148 (7.6)	260,808 (63.8)	147,756 (36.2)	408,564	(99.03)
25（〃 14）	296,497 (38.9)	171,492〔19,477〕 (22.5)	266,492 (34.9)	28,206 (3.7)	448,512 (58.8)	314,175 (41.2)	762,687	(99.43)
30（昭和５）	345,508 (35.9)	252,965〔43,059〕 (26.3)	334,023 (34.7)	28,831 (3)	555,414 (57.8)	405,913 (42.2)	961,327	(99.51)
35（〃 10）	340,109 (31.5)	333,939〔73,681〕 (30.9)	376,744 (34.9)	29,061 (2.7)	600,367 (55.6)	479,486 (44.4)	1,079,853	(99.59)
40（〃 15）	431,658 (28.5)	535,829〔132,812〕 (35.4)	506,943 (33.5)	38,866 (2.6)	834,675 (55.2)	678,621 (44.8)	1,513,296	(99.65)
45（〃 20）	608,594 (26.7)	845,247〔247,314〕 (37.1)	824,241 (36.2)	—	1,206,527 (53)	1,071,555 (47)	2,278,082	(99.79)

（資料）　文部省『学制百年史』資料編の統計に基づいて作成。

第６表　公私別中学校数（1895-1945年）

	官公立中学校	私立中学校	合　計
1895（明治28）	80	16	96
1900（〃 33）	184	34	218
05（〃 38）	228	43	271
10（〃 43）	245	66	311
15（大正４）	244	77	321
20（〃 9）	284	84	368
25（〃 14）	406	96	502
30（昭和５）	436	121	557
35（〃 10）	439	118	557
40（〃 15）	472	128	600
45（〃 20）	599	177	776

（出典）　総理府統計局『日本長期統計総覧』5，1988年。

表示したものである。これを見ると中学校生徒数は、一九三五（昭和一〇）年に一時減少した以外は増加の一途を辿っていた。しかしシェアを見ると一八九五年の七九％から下落を続け、一九四五年には二六％になる。これは当時の小学校卒業者の一二％足らずと推定される。これに対して実業学校の場合は生徒数・シェアともに順調に増加し続け、生徒数では、表にはないが、一九三六年に中学校を追い抜いた。つまり実業学校の発達によって中等教育の多様化が促進されたと見てよいであろう。高等女学校（本科生と実科生の合計）の生徒数も増加し続けるが、シェアで見ると一九二五（大正一四）年の三八・六％を最高として若干減少気味で安定を保っており、代わってその頃から実業学校に女子が進出し始める。全体に占める女子の構成比は時間とともに増え、一八九五年のわずか七・五％から、一九四五年の四七％、ほぼ男女均等の域にまで達していた。なお**第６表**でこの展開期における公私別中学校数を示しておいた。

次に示すのは小学校卒業生の中等諸学校進学率である（**第７表**）。中等諸学校とは中学校、甲種実業学校、高等女学校それに師範学校の合計を指す。ところでアメリカの教育学者マーチン・トロウは、高等教育普及度を計る指標として該当年齢層に占める高等教育学生数の比率を用いた。一五％に達するまでをエリート教育段階、一五～五〇％間をマス教育段階、五〇％超をユニバーサル教育段階、と分類した。これを日本の中等教育に転用してみると、一九一五（大正四）～一九二〇（大正九）年の間に、すなわちちょうど大正時代中葉に一五％ラインが存在する。したがって展開期に関しては大正中期以前をエリート中等教育期に、以後をマス中等教育期に小区分することができよう。なお日本がユニバーサル中等教育期を迎えるのは戦後の一九五五（昭和三〇）年頃であった。

天野郁夫は『教育と選抜』の中で、「明治十年代末から明治三十年代の初め、すなわち十九世紀末の約一五年間に卒業証書、つまり学校の発行する教育資格証明書のもつ社会的な効用ないし価値が、急速に高まったこと、および卒業証書の効用ないし価値の間に一定の、明白な序列が形成されていたことがわかる[37]」と論じた。このように学歴主義が社会通念になった後に、中等教育展開期は始まった。その時の一つの顕著な傾向は有力進学中学校の出現であった。深谷昌志によれば、「全国的な視野で考察しなおすと、中学校の入試倍率は定員増加によって、（明治）三〇年代に入ってもほぼ一・五〜一・七倍を前後している[38]」。しかし「入試倍率の高い県下の有力中学と比較的入学しやすいその他の中学に、中学校が二分されている[39]」という。入学競争の激しい名門中学校に入学し、多くの中途退学者の中を勝ち残って高等教育入学の学歴を入手するエリート

第７表　旧制中学校および新制高等学校（37年以降高専を含む）への進学率および入学率（%）

年　　度	進学率			入学率
	男	女	平　均	
1895（明治28）	5.1	1.3	4.3	—
1900（〃 33）	11.1	2.7	8.6	70
05（〃 38）	12.4	4.2	8.8	59
10（〃 43）	13.9	9.2	12.3	—
15（大正４）	10.8	5.0	8.1	56
20（〃 9）	19.7	11.5	15.8	45
25（〃 14）	19.8	14.1	17.1	53
30（昭和５）	21.1	15.5	18.3	67
35（〃 10）	20.4	16.5	18.5	58
40（〃 15）	28.0	22.0	25.0	63
45（〃 20）	46.9	43.6	45.3	—
50（〃 25）	48.0	36.7	42.5	82
55（〃 30）	55.5	47.4	51.5	73
60（〃 35）	59.6	55.9	57.7	96
65（〃 40）	71.7	69.6	70.6	95
70（〃 45）	81.6	82.7	82.1	98
75（〃 50）	91.0	93.0	91.9	98
80（〃 55）	93.1	95.4	94.2	99
84（〃 59）	92.8	95.0	93.9	99

（注）　1．1947年以前は小学校（尋常科またはそれと同程度）の卒業者のうち旧制中学校・高等女学校（実科を除く）・実業学校（甲）および師範学校（第一部）のそれぞれ本科へ進学した者の割合を取った。1948年以降は新制中学校を卒業して新制高等学校（本科）へ進学した者の割合を取った。なお，通信制課程への進学者は含んでいない。

2．入学率は，高等学校等へ入学を志願した者のうち実際に進学した者の割合を取った。

（出典）『文部時報』1985年７月臨時増刊号No.1299。

第8表 第一高等学校入学者輩出校

順位	1900（明治33）年				1907（明治40）年			
	学校名	受験者	合格者	合格率	学校名	受験者	合格者	合格率
1	独逸協会	78人	42人	54%	東京府立一中	90人	35人	39%
2	東京府立一中	64	30	47	東京府立四中	49	33	67
3	開成	58	22	38	高師付属	59	33	56
4	城北	58	19	33	早稲田	109	31	28
5	大成	84	18	21	京北	83	29	35
6	郁文館	75	16	21	独逸協会	189	28	15
7	日本	51	14	27	京華	89	27	30
8	東京	70	12	17	開成	78	26	33
9	早稲田	32	10	31	錦城	70	20	29
10	錦城	61	10	16	郁文館	80	20	25

（出典） 国立教育研究所『日本近代教育百年史４』。

コースが出現したのである。**第8表**は東京の例である。私立中学校が健闘しているが、徐々に公立中学校に席を譲っていく様子が見える。中途退学率の高さも注目される。全国平均で「卒業者は入学者の五〜六割」である。「中学校が入学者を卒業させる場でなく、優秀な生徒を選抜する機構[40]」であることが、大正中期までは特に強かったようである。

もう一つの傾向は教育規模の拡大と多様化であった。トロアによれば「エリート型」から「マス型」に移行すると、学校はエリート養成の他に、社会の指導者層を育成し、多様性を増し、「少数者の特権」機関から「相対的多数者の権利」機関に変わる[41]。学生の進学動機、入学選抜の機能、カリキュラム、学生集団の性格、規模、教育方法、師弟関係、管理方式等に質的変化が現れるが[42]、しかしこの段階では「基本的な構造を変質化させることなく拡大を続けていくことが可能である[43]」という。日本の中等教育に関していえば大正中期以降の時期がこの段階に相当していると考えられる。

一九一七（大正六）年の臨時教育会議の諮問、その二年後に行われた中学校令改正、そして一九三一（昭和六）年一月の中学校令施行規則改正などは、増大する中等教育人口に則して教育の多様化を組み込んだ施策であった。臨時教育会議は「地方ノ情況ニ応シ生徒将来ノ志望ニ副ハシメムカ為学科ノ取捨選択ノ範囲ヲ広」げ、「文科理科実科等ノ分科ヲ設クルノ途ヲ開キ実際生活ニ適切ナル効果ヲ収メシメ」るよう答申を出した。二年後の中学校令改正では一方で飛び級進学の道（小学校五修、中学四修）を開くとともに、他方で「国民道徳ノ養成」を盛り込んで「完成教育」としての充実を図った。しかし進路別クラス編成の採用など、本格的な実務型中堅国民育成を目指した多様化は、一九三一年の施行規則改正後に実施された[44]。

ところで一九一五年（大正四）年、今日の甲子園高校野球大会の前身に当たる第一回全国中等野球大会が開かれたことは、中等教育の普及ぶりを象徴する出来事であった。しかもその時実業学校と中学校が同等の出場資格で参加したことは注目される。また一九一七年、住友銀行はそれまでの商業学校卒業生に限定していた雇用方針を改めて、初めて普通中学校卒業生を採用した[45]。中等教育の社会的評価と社会的需要がこの頃から変化し、多様化へと歩み始めたのである。しかしこの拡大する中等教育機会といえども、菊地城司の調査によれば、「〔資産階層の〕下位四分の一あるいはそれよりある程度上位に断層があり、それ以下はほとんど完全に中等教育から遮断されていた[46]」という。ここに戦前日本の中等教育の限界があった。

六　おわりに

中等教育をいちばん広義に規定するならば、初等教育修了後の段階で施される教育といえるであろう。それは目的によって二つに大別される。国家エリート養成途中の通過制度としての教育と、卒業後直ちに社会に出て就業する場合の完成教育とである。前者は近代以前からあらゆる国家が所望したところであり、各国・各文化は何らかの対応装置をもっている。近代日本では受験教育の形態を取った。後者は近代中等社会の存在様態と深く関わり合って形成され存続する。以下ではこの戦前日本の近代的中等教育をめぐる社会的特色と問題点をいくつか指摘しておきたい。

日本の近代教育制度は、明治維新という巨大にして全面的な歴史の非連続の中で創られたから、「西欧の衝撃」「近代化」という二大課題に強く刻印されるものとなった。悠長に既存教育制度が自然成長するのをまつ余裕はなく、上からの政府主導によって過去の教育伝統を一旦ことごとく否定し、新たに徹底した「実学」主義を唱え、機会均等と厳正な「検査ノ法」（テスト）に基づく能力主義の新制度を採用した。それは先進諸国が築いた学校制度を先行モデルとして利用するという後発国の利点を活かして計画され、はやばやと産業国家を想定し、時代に先走って早熟な制度を準備し、後の歴史がその中身を埋めるという経緯を辿った。その間に生じる現実との摩擦は、通常は細々と修正されたが、時には全国民を巻き込む政治問題となり根本的な改革が試みられた。

さて日本におけるエリート養成用の中等教育機関は、明治後期に、高等学校およびそこに多数の合格者を送り込む名門中学校の登場という形式で定着した。この時、巨視的に見れば、身分から学歴へ、士族社会から学士社会へと、エリート層の養成方法も中身も一変した。西欧のエリート養成の場合は、ラテン語などの文化隔壁で守られた特定社会層がエリート育成を閉鎖的に占有したが、反面その内部ではギルド的な、心を許した同志集団を幼少時から育てて、教養や品性、広くいえば「人格の品質管理」を上手に行っていたといえる。これに比して日本の場合は、「入学試験」による公平な選抜を重視した。これによって、国民一般に幅広くエリートに接近しうる機会を与え、しかも無能力者が紛れ込みにくくなった点で「能力の品質管理」に成功した。しかし激烈な競争を経て成り上がってくるエリートたちのゆがみの問題、人格の品質管理に弱点をもっていた。また高等教育を享受することで地位上昇のみならず、地方から東京へ人材が集中するという弊害を引き起こした。

次に中等教育修了後直ちに社会に就業する者の学校に関してもいくつかの問題が浮かんでくる。本章冒頭で紹介したように、わが国の学校制度はまず大学、次に小学校が創られたのであって、中等教育一般に政府が着手するのは遅れ、軽視された。それはなぜであろうか。

もともと儒教文化圏に属する日本の伝統社会に「中学」の観念は存在しなかった。それは諸橋轍次の『大漢和辞典』の「大学」「小学」の項に比して「中学」の項目がほとんど何もないことにも示される。「中学」は明治になって登場した新観念であった。

それまでの観念では、治者と被治者、つまり君子と小人に分かれ、学校とても大学と小学に二分されていた。それが儒教的世界像であった。明治国家が新観念を認識するまでには長い時間が必要であったのである。明治の中学熱は、政府よりもまず民衆の中から自発的に発生した。この点では小学校修了者が年々増え、この下からの圧力で様々な中等学習機関が創られた貴重な自主教育の経験が明治前半期にはあった。特に福沢諭吉『学問のすゝめ』、スマイルズ（中村敬宇訳）『西国立志編』がベストセラーとなり、世に流行った時勢を想起してほしい。家柄や身分の世襲によるのでなく、能力と勤勉な努力によって立志出世ができると説かれた時、青年たちはそれを「社会移動の哲学」[47]として熱狂的に歓迎したのであった。今当時の統計によって計算してみると、一八七三（明治六）～一八七九（明治一二）年において、一中学校あたりの教員数二・三人、生徒数五二・七人を得る。これは一校一教員で経営する塾のような中学校が半数以上存在していたことを推測させる数字である。しかも統計表に掲げられないたぐいの私塾とも学校とも政治結社とも区別がつかない自発結社型学校が他に多数あったはずである（例えば京都市内には京都慶応義塾、丹後には天橋義塾、綴喜郡には南山義塾のように）。これら私学の存在はもっと重視されるべきではなかろうか。ところでまたこの時代をよく「天下熱」と形容し、一八八〇年代に「法律熱」に取って代わられた、と論ぜられる。しかし事実は「天下熱」だけでなく、地方政治を活性化させる「地方熱」の時代でもあったと思われる。この地方自治熱、自立的有志政治志向を「中等社会」の自立の芽としてもっと評価してもよいのではなかろうか。

さて中学に対応する社会層、ミドルクラスの観念を発見した者も、明治政府人ではなく民間知識人たちであった。田口卯吉の平民開化や平民社会、山路愛山の英雄的平民、新島襄・徳富蘇峰・竹越三叉の平民主義、なかんずく福沢諭吉の「ミッヅルカラッス」などである。福沢諭吉はそれを「西洋諸国の史類」から発見したといい、旧来の「上政府《かみ》」と「下小民《しも》」しか観念しえなかった儒教世界と対比してみせた。「中等の国人」という概念を析出して[48]、野にあって「智力をもって一世を指揮」し「公共の為を謀る者」[49]とした。福沢にとってそれは士族のエートスと平民族の生産力を結合して創出すべきクラスであった。また地方名望家出身の徳富蘇峰はそれを「田舎紳士」と呼び、豪農層の中に見出していた。

一八八〇年代に入って「中等社会」なる用語は相当普及していたようである。例えば末広鉄腸の政治小説『雪中梅』『花間鶯』[50]の主人公、国野基は「智識ある中等社会」を代表する典型的な人物として描かれている。「一書生より俄かに財産を成し地位を得たる非常の有力者」国野は、東京の学校制度を利用して能力を開花させた後地元を代表する民党政治家となり、大同団結して初期議会に乗り込むのであった。その立場は「封建の迷夢」に生きる保守党首領を凌ぎ、「秘密社会党」に属している旧友からは「腹《はらわた》が腐って仕舞ったと見える」といわれながらも過激派とは一線を画して活動した。しかし小説から現実に戻ると、松方デフレの疲弊の中でむしろ「中等階級の堕落」が発生していたのであって、この国における中等社会は福沢諭吉がイメージしたような「市民社会」としての定型文化を形成するに至らず、無構造化に向けて解体し続けたように思われる。

ところで明治政府が北海道開拓使官有物払下げ問題を暴露され、厳しい世論の批判にさらされた時に、政権樹立以来最大の危機に直面した。それまでの自由民権運動の動きが連鎖反応して、一挙に政府攻撃に集中する世論を目撃した時、政府は自発的結社型中等学校の威力を思い知らされたのである。こうして政府人の多くは「中等社会」を、またそれを育成した中学や私塾のたぐいを、何よりもまず政治的「脅威」として認識し、取り締まるべく干渉を開始した。しかし、神辺靖光が指摘したように[51]、少なくとも明治前半期には政府の妨害にもかかわらず「各種学校」の名の下に、公立学校に準ずることなど夢想だにしない覇気溢れる私学が健在していた事実[52]は、文部省史観に染まった既存の教育史では見落とされがちであるけれども、十分に注目されるべきであろう。

しかしその政府部内にあって中等社会の政治的重要性を例外的に的確に認識し、それを明治国家の支持基盤として積極的に活用することを早くから進言していた恐るべき人物は井上毅であった。有名な「人心教導意見案（進大臣）」等において井上毅は、まだ地方に健在である守旧派士族を軸として、政府支持の中堅指導者層を育成することを唱えた。また都会の洋学校に入る手前で青少年を地元に留めるべく「中学併職工農学校」を興し、保守イデオロギーの注入と実業型利益誘導を図ろうとした。一八八一（明治一四）年の呈言である[53]。やがてこの構想は文部大臣に就任した時に、天皇制社会形成のための文教政策として大規模に実現に向かったといえよう。この点で注目されるのは次の坂井雄吉の分析である。

彼（井上毅）の説く「国民教育」あるいは「国体教育」なるものの実は先の実業教育の重視と相容れないものではなく、むしろ両々相俟って彼が「健全」とみなす如き国民の養成に資すべき方策であったと考えることができよう。それが、井上における教育の主目標であったというべきであり、敢えて飛躍を恐れずにいえば、それこそは、他ならぬ旧慣としての Sitte の弛緩という現実を前に、あらためてこれを人工的に補強しようとする企てであったとなすことができるのではないであろうか。紛れもなくその目的は国家の富強にあったといわなければならない。しかし、教育、また経済の領域が特殊に「国家」のではなく、より基底的な「社会」の要請に属することは明らかであり、政治の場にもはや望みが失われた後、残された最後の力をふり絞るかの如く続けられたこの領域への彼の献身の中に、あらためて「安民」の理念につながる実践の情熱をみてとることも、おそらく許されないことではないであろう(54)。

これは正鵠を射た洞察であると思う。井上毅は一方で実業教育を、他方で国語・修身による秩序化教育を施した。そしてこの「就業教育」と「修身教育」の強化こそが天皇制社会における教育の基本構造をなしたものである。この点に関しては別稿で論じたが(55)、いま天皇制教育と天皇制社会のインプット・アウトプット関係、およびその循環を図式化すれば**第3図**、**第4図**のごとくである。

第3図　天皇制教育の社会的機能

次に日本の中等教育は社会移動を促進したか抑制したかを問うならば、明らかに促進に寄与したといえる。学校制度利用者の一方には、没落士族のように、あるいはその他の不遇のために、学歴取得に人生の成功をかける人々、その典型例として「苦学生」がいた。彼らの努力は確実に社会移動を促した。また他方には経済的余裕に恵まれていて必ずしも学歴に固執していないが、世間並みにほどほどの学歴と教養を求める「遊学生」も存在した。しかし彼らとて学校制度を通過することで地元以外の世界に接触したのであり、新時代に適応する中間層型能力を獲得したのである。

また日本の中等教育とある種の知的・文化資本とは関連をもっていただろうか。これに対する答えは少々複雑である。伝統文化は新政府によって遮断されたのであるから近代教育との間では非連続であった。しかし江戸時代の男子四〇%、女子一五%という世界的にも見劣りしない識字率に象徴される文化資本は決して無関係ではなかった。明治以降、官吏、会社員などになった中間層はつとめて自分の子弟に親同様の学歴を取得させる指向が見られた。しかしその場合でも日本の中等教育は入学にも進学にも「受験」が決定的に重い比重を占めていたことは重要である。文化資本がすぐ役立ったのではない。もっと貧相で現実的な受験がらみの文化資本（親の受験経験、受験情報、学習資金、居住地の都会度等）が深く関係していたのである。

　また日本の中等教育は社会的不平等を生み出したであろうか。これに対する答えも肯定と否定の両面が考えられる。能力原理を適用する学校制度の社会的定着によって、旧い身分制秩序は確実に解体された。しかし中等教育は人々を天皇制社会の新中間層に改宗しつつ社会の成層化に影響を与えた。特に文部省が教育内容の標準を定め、点

第４図　天皇制社会と天皇制教育の循環

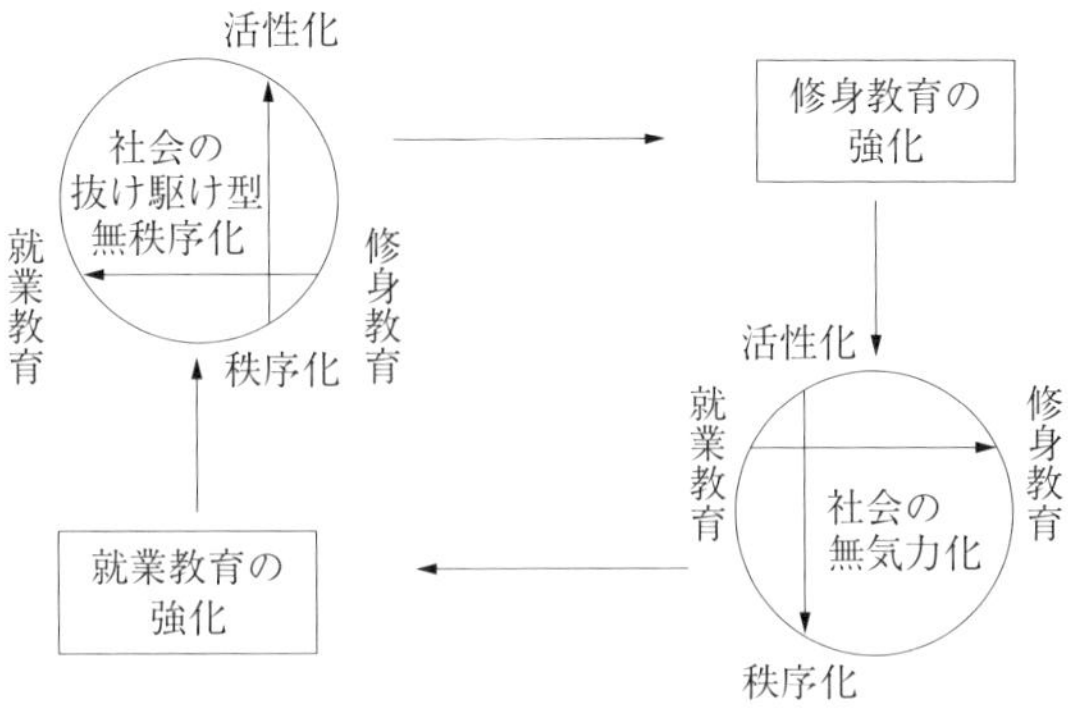

検し管理したことは、知識の様式化のみならず、生活様式や消費行動の類型化をもたらした。しかも微視すれば、「標準」の呈示は必ずそこに、画一的モノサシをもって定める序列を生み出す。「優等生」「劣等生」を偏差値で数直線上に並べてしまう不平等格差社会、その心理的ひずみ、を発生し続けたのであった。
　文化的に見て、画一的標準化の文化が社会の中等文化を生むとは必ずしもいえない。「のど自慢」は各自が得意の歌を唄うから飽きられずに永続きしているのであって、参加者が同じ歌で競い合えば、すぐにすたれてしまう。しかし日本の学校は全国一斉に唱歌斉唱をさせ、微細な差を巨大に評価することに飽くことなく熱心であった。そこにあるのは標準への限りなき同調現象であり大衆社会化傾向であり、様式の均一化の裏で空しく拡大する「型の喪失」（唐木順三）であった。
　ところで中等教育と中等社会の連関性はそう単純ではない。前述したように、わが国の中等学校進学状況は大正期中葉にはややとマス教育

段階に達した。それは第一次世界大戦によってわが国の産業構造が、規模・質ともに大変動した時期と一致する。巨視的に見ればその時代にも日本の資本主義は発達していた。しかし微視的に見れば資本主義の矛盾が中等階級を動揺させ弱体化させた時代であったと思われる。つまり米騒動から第一次大戦後の不況、せっかく立ち直りかけたところをおそった関東大震災による不況の慢性化、そして昭和初期には東京帝国大学法学部卒業生でも就職率が厳しく落ち込んだのであって、景気が上向くのは一九三二（昭和六）年の満州事変によってであった。こんな時代にも中等教育人口は増え続けたのである。中等教育の拡大と中等社会層の増加とが関連しない一例といえよう。確かに新しく事務職員や新産業分野に適応する人材は増えたが、必ずしも彼らが中産層になったとはいえない。むしろ新産業にマッチした新しいタイプの労働者階級になった、とも解釈できよう。

この現象から推測できることは、「進学文化」と社会階層や経済段階とは直接連関しない因子であるということである。そうすると日本で「進学文化」を支えているもの、つまり国民の進学の動機づけとなっているものは何なのかを分析することが今後の課題となってくる。先に中等教育は社会移動を促進することを論じたが、今度は逆に、社会変動は進学競争熱を促進するかと問わなければならない。一般論としていえば、激しい社会変動が発生すると既存の文化体系は破壊され無意味化する。そして新しい文化体系を学習することが生き残りのための必須条件となるから、勉学動機づけは高まるといえる。明治維新の時に発生したニュー・プアー集団、つまり失業士族層が中等・高等教育進学構成比に異常に高かったのはこのためである。そしてまた近代日本は、ひたすら近代化、資本主義化の道を走り続けた国である。いつも社会構造の変動が同時代的に進行していたから、学習熱・進学熱は存続し続けたといえる。

さらに戦前日本には「餓死」が背中合わせに存在していた事実も進学熱をあおった。「落ちこぼれ」は餓死につながっていた以上、青年たちは必死で人並みの学歴を求めた。むしろ貧しいほど学歴を羨望するという逆説的「進学文化」を生み出す。「働かざる者食うべからず」という格言は、有閑階級に向かって発せられる時には社会主義的正義の言となるが、失業者に対してはまったく別の意味となる。それはしばしば勤勉な中産階級が生活敗残者を餓死させる残酷な言葉となった。特に人々の脳裡に「生存競争」という観念が早々と刷り込まれていた近代日本の場合、この傾向は特に強かった。しかしこのように動機づけられた「進学文化」は、中流階級や中流文化の形成とすぐ結び付くものではなかったと思われる。

注

（1）文部省「甲　高等中学改正案」（草稿）（梧陰文庫文書B‐一二六五）。この資料は、寺崎昌男「高等学校」（海後宗臣編『井上毅の教育政策』（東京大学出版会、一九六八年）第三章、四一二頁）より再引用。なお勝鞆浦雄の意見書「中学制度改正ノ件」（梧陰文庫文書B‐二五八九）との対比は同、寺崎論文、同書、四一八―四一九頁に詳しく論じられている。

（2）深谷昌志『学歴主義の系譜』（黎明書房、一九七九年）。
〃『良妻賢母の教育』（黎明書房、一九六五年）。

天野郁夫『旧制専門学校』（日経新書、一九七八年）。

〃『教育と選抜』（第一法規出版、一九八二年）。

〃『試験の社会史』（東京大学出版会、一九八三年）。

〃『高等教育の日本的構造』（玉川大学出版部、一九八六年）。

〃『近代日本高等教育研究』（玉川大学出版部、一九八九年）。

多田建次『日本近代学校成立史の研究』（玉川大学出版部、一九八八年）。

神辺靖光「わが国の教育制度における初等・中等教育の接点について」（日本私学教育研究所『調査資料五　教育制度等の研究』一九七〇年）。

〃「中等教育における普通教育と専門教育（その一）」（同『調査資料八　教育制度等の研究（その二）』一九七一年）。

〃「明治初年における東京の私立学校(1)」（同『調査資料一二　教育制度等の研究（その三）』一九七二年）。

〃「明治初年における東京の私立学校(2)」（同『調査資料一九　教育制度等の研究（その四）』一九七三年）。

〃　「学制期における東京の私立中学校」（同『調査資料二六　教育制度等の研究（その五）』一九七四年）。
〃　「学制期における私立中学校と私学観」（同『調査資料三一　教育制度等の研究（その六）』一九七五年）。
〃　「明治後期における私立中学校の設置」（同『調査資料六五　教育制度等の研究（その八）』一九七九年）。
またこの『調査資料一三九』（一九八八年）、『調査資料一四七』（一九八九年）では私立中等学校史の研究を特集している。
神辺靖光「明治初期における私学観についての一考察」（早稲田大学哲学会『フィロソフィア』五〇、一九六五年一二月）。
〃　「学制期における東京府の私立外国語学校――その形態と継続状況についての一考察Ⅰ」（『日本の教育史学』一七、一九七四年一〇月）。
〃　「わが国における中学校観の形成」（『東京文化短期大学紀要』第二号、一九七七年）。
〃　「設置者からみた近代日本の学校観」（『フィロソフィア』六八、一九八〇年）。
〃　「明治初期における藩立中学校」（『国士館大学人文学会紀要』一三、一九八一年一月）。
〃　「藩学から明治の中学校への連続性に関する考察」（『国士館大学人文学会紀要』一八、一九八六年一月）。
〃　「攻玉社・攻玉社中学校」（『学校教育研究所年報』三〇、一九八六年）。
〃　「『藩治職制』にみる『学校』とその意義――松江藩の職制に即して――」（『日本の教育史学』三一、一九八八年一〇月）。
菊地城司「近代日本における中等教育機会」（日本教育社会学会『教育社会学研究』第二二集、一九六七年）。
〃　「明治十年代における新潟県の町村立中学校」（『兵庫教育大学研究紀要』九、一九八九年二月）。
なおこの『教育社会学研究』はその他にも門脇厚司、浜田陽太郎、中村清らが社会移動・社会構造と教育の関係を論じた論稿を寄せており、中等教育研究上見逃せない雑誌である。

（3）　この点では吉田昇他編『中等教育原理（新版）』（有斐閣、一九八六年）第三章に書いた佐藤秀夫の論稿が有益であるが、あまりにも簡潔である。仲新監修『学校の歴史　第三巻　中学校・高等学校の歴史』（第一法規出版、一九七九年）は一応の目安になるが、玉石混淆の論文集のように思われる。
なお統計資料について一言触れておくと、本章を準備していて二種の数字に出合う経験をした。それは設置者別中学校数に関してであるが『深谷昌志・学歴主義の系譜』二六八頁の第81表と仲新監修前掲書、四九頁の表10とでは、典拠をどちらも『文部省年報』に取りながら、公立中学校数で相当喰い違いを見せる。しかもこの二種の数字はどちらも流通しているようで、例えば文部省『学制百年史資料編』は前者と共通しており、『明治以降教育制度発達史』、総理府統計局『日本長期統計総覧五』は後者と一致する。ちなみに在学生徒数では両者は一致するのである。なぜこのような相違があるのか現在のところわからない。なお本章では『日本長期統計総監五』（一九八八年）によって後者の数字を用いた。

（4）太田雄三『英語と日本人』（TBSブリタニカ、一九八八年）。なお太田によれば東京大学予備門系では一八七六年に外国人教師数のピークがくるという（同書、一七二頁）。

（5）松沢求策が一八七九（明治一二）年の『月桂新誌』に記した（山田貞光「研究ノート」『朝日新聞』一九七二年一月二五日夕刊）。

（6）竹越與三郎『新日本史』（松島栄一編『明治史論集（一）』〈明治文学全集〉七七、筑摩書房）一六八頁。

（7）徳富蘇峰「中等階級の堕落」（『国民之友』一八九二（明治二五）年一一月、第一七二号）（草野茂松・並木仙太郎編『蘇峰文選』（民友社、一九一五（大正四）年）所収）。

（8）「初等科卒業生ニ就キテ之ヲ言ヘハ其卒業後直ニ進テ高等科ニ入ルモノハ十ノ一二ニシテ余ハ概ネ都下ニ出テ東京大学予備門又ハ他ノ高等学校ニ入リ若クハ其予備ヲ為スモノ、如シ」と文部省自身も認めていた（『文部省第十三年報』一八八五年）。

（9）木村匡『森先生伝』（金港堂、一八九九年）一九〇—一九一頁に所載。

（10）同上、一九一頁。深谷昌志『学歴主義の系譜』二〇一—二〇六頁、天野郁夫『試験の社会史』二〇九頁。

（11）この推薦制度の経緯および社会的効果について東京府尋常中学校（後の府立一中、現日比谷高校）のケースを紹介しておく。

そこで勝浦は個別交渉によって東京府尋常中学校がその先鞭をつけるべきであると考え第一高等中学校長木下広次と数次に亘り交渉した。これに先立つ二二年に、本校の生徒の中特別優秀なもの八名を、第一高等中学校予科三級に無試験で入学させた実績もあったが（現在の推薦入学）残りの生徒についても、他の一般の公私立尋常中学校卒業生あるいは独学者らとともに、入学試験を受けられるという約束を取りつけ、これが明治二四年九月の高等中学校入学試験から早速実施されたのである。これは勝浦の執拗な交渉と木下の英断の結果であったが、これが後に高等中学校の予科廃止という勝浦の理想とした学制改革への布石となるとともに、本校の声望を急速に高め、優秀な生徒が続々と本校へ集まる原因にもつながったのである。明治二四年九月、このような推薦制により、予科二年及び一年に無試験入学した生徒は高等中学校でも成績優秀であったので、翌明治二五年には最優秀の一名は予科三年に無試験入学するという、二年飛ぶこともあった」（日比谷高校百年史編集委員会編『日比谷高校百年史』上巻、一九七九年、六三頁）。

（13）神辺靖光、前掲論文「明治後期における私立中学校の設立」四三頁。

（14）寺崎昌男「高等教育」（海後宗臣編『井上毅の教育政策』（東京大学出版会、一九六八年）第三章、四一七—四二一頁）。

(15) 前出、文部省「甲 高等中学改正案」(草稿)(同、寺崎昌男論文、前掲書、四一三頁)。
(16) 森有礼「第四高等中学校開校式ノ演説」一八八七年一〇月(日下部三之介編『文部大臣森子爵之教育意見』(東京金港堂、一八八八年、一一七頁)。
(17) 井上毅「文部大臣巡視記」(井上毅伝記編纂委員会『井上毅伝 史料編第五』(国学院大学図書館刊・東京大学出版会発売、昭和五〇年、四七〇頁)。
(18) 文部省「甲 高等中学改正案」(草稿)(前掲書、四一三頁)。
(19) 井上毅「廿六年六月 高等中学校長会同之節示ス」(自筆演説草稿)梧陰文庫文書B-二六一九(前掲、寺崎昌男論文より再引用、四一〇頁)。
(20) 寺崎昌男論文、前掲書、四〇七頁。
(21) 同書、四一八―四二〇頁。
(22) 同書、四〇六頁および四三二頁。
(23) 同書、四七七頁より再引用。
(24) 井上毅「中学制度ノ改正及体育ノ欠点」(前掲『井上毅伝 史料編第五』四六九頁)。
(25) 同所。
(26) 前掲「甲 高等中学改正案」(草案)(海後編、前掲書、四一五頁)。
(27) 井上毅「中学制度ノ改正及体育ノ欠点」(海後編、前掲書、四六五頁)。
(28) 文部省書記官某氏「尋常中学校学科程度改正理由」(『教育時論』第三二〇号、菊地城司「中等教育」〔海後編、前掲書、第二章、二四六頁〕より再引用)。
(29) 同所。
(30) 井上毅「文部行政意見」明治二六年六月(前掲『井上毅伝 史料編第二』昭和四三年、六〇八頁)。
(31) 神辺靖光、前掲論文、四五―四六頁。
(32) この動向については、神辺靖光前掲論文および深谷昌志、前掲書、二六五頁以下参照。
(33) 天野郁夫、前掲『試験の社会史』二一四頁。
(34) 佐藤秀夫「井上文政の歴史的位置」(海後編、前掲書、序論第一節、四八頁)。
(35) 同書、四七頁。

(36) 同書、四八頁。なおこの海後編『井上毅の教育政策』は、他方では従来説の井上文政を実業教育の枠に収斂する論調も濃厚で、井上毅評価をめぐる過渡期的な状況をうかがわしめる。
(37) 天野郁夫『教育と選抜』(第一法規出版、一九八二年) 一二八頁。
(38) 深谷昌志、前掲書、二七八頁。
(39) 同書、二八〇頁。
(40) 同所。
(41) マーチン・トロウ著／天野郁夫・喜多村雅之訳『高学歴社会の大学』(東京大学出版会、一九七六年) の巻末に付されている天野郁夫による「解説」一九四頁。
(42) 同書、一九一頁。
(43) 同書、一九二頁。
(44) 海後宗臣監修『日本近代教育史事典』(平凡社、一九七一年) 一〇九―一一〇頁。
(45) 富田正文「福沢研究のはなし (一)」(福澤諭吉協会『福澤手帖』六二、一九八九年九月、二四―二五頁)。
(46) 菊地城司「近代日本における中等教育機会」(日本教育社会学会『教育社会研究』二二、一九六七年) 一四六頁。
(47) イギリスにおけるスマイルズがそう読まれたことに関しては、村岡健次『ヴィクトリア時代の政治と社会』(ミネルヴァ書房、一九八〇年) がある。日本における同様の問題を論じたものとしては、例えば坂本多加雄「山路愛山の思想」(学習院大学法学部『研究年報』二〇、一九八五年) がある。
(48) 福沢諭吉『学問のすゝめ』五編「明治七年一月一日の詞」岩波文庫、第二二刷、五五―五六頁。
(49) 福沢諭吉「三種人民の長短所を論ず」(明治一〇・一二・一六) および「国民三種論の二」(明治一〇・一二・一九) (〈福澤諭吉全集〉第一九巻、六二二頁以下)。
(50) 末広鉄腸『政治小説　雪中梅』『政治小説　花間鶯』(柳田泉編『明治政治小説集 (二)』〈明治文学全集〉六 (筑摩書房、一九六七年))。
(51) 神辺靖光、前掲論文、四三―四六頁。
(52) 帝国憲法施行を前にして、このような元気な私学の有様を、保守派官僚江木千之は苦々しく森有礼文相にこう報告している。
一昨年末の調査に依るに小學、中學及専門學を除くの外、全國の私立諸學校の数は、凡そ千五百餘校ありて、其生員は男子凡そ五萬人に下らず。然るに、従來此等の學校を待つの制度充分ならざるより、今日に至りては、往々教育の正鵠を失し、年少の子弟を戕ふが如きもの甚だ少しとせず。茲に其敗壊せるもの、一例を擧げれば、其設立者若くは教員たる者の中には、或は維新前後に、頗る不規則なる洋學を修め、今日に在ては、別に一科の專業に就くこと能はざるより、已むを得ず、變則の私學を興して糊口を計るの徒あり。或は、政治上一種の意見を懐抱して、陰然之が普及を謀り、黨與を養ふが爲にするもの亦之なしとせず。其教程は、或は「スペンサー」の社會學、「ギゾー」の文明史、「ルーソー」の民約説、又は佛國史、米国史等を取集めて講讀せしむるに過ぎざるものあり。其生徒は、概ね學資に乏しくして、相當の授業料及衣食の費を辨ずること能はざるより、官立の學校に入ることを得ず、而して、普通の學力は、未だ小學の卒業に至らざるが如きものあり。其寄宿舎は、墻壁半ば墜ち、檐宇將に傾倒せんとし、僅に風雨を蔽ふに過ぎざるものあり。其寄宿の有様は口尚ほ乳臭の徒と、壯年血氣の輩とを打混じ、襤褸の衣は骭に到り、頭髪梳らず、或は殘燈の下に頭を集めて、佛國革命の史を會讀し、或は破窓の下に横臥して、米國獨立の檄文を暗誦し、或は酒を使ひ世を罵り、其狀千種萬別筆紙の能く盡すべき所にあらず。是其極めて敗壊せるものにして、夫の東京府下に存在する五大法律學校の如きは、未だ此の如き大弊害を見るに至らずと雖、亦猶ほ紀律教授の頗る整備せざるものあり。之を要するに、教育は國家の一大活動に屬すと雖、國家自ら之を統御するの實なく、行政の原則、教育の紀綱、全く廢弛し古今各国未だ曾て見ざる所の一大奇観を呈するものと謂ふ可し」（江木千之翁経歴談刊行会『江木千之翁経歴談』上巻、一三一―一三二頁）。

(53) 井上毅「人心教導意見案」明治十四年十一月七日（前掲『井上毅伝　史料編第一』昭和四一年、二四八―二五一頁）。

(54) 坂井雄吉『井上毅と明治国家』（東京大学出版会、一九八三年）二八八頁。

(55) 伊藤彌彦『維新と人心』（東京大学出版会、一九九九年）第六章、および伊藤彌彦編『日本近代教育史再考』（昭和堂、一九八六年）序論。

第II部

社会・宗教

第四章　田口卯吉と開化社会の理論

一　序

かつて『学問のすゝめ』の中で福沢諭吉は、明治国家の文明開化政策に共鳴する「洋学者流」連中の振る舞いが「官あるを知りて私あるを知ら」ざる点において、依然として旧来の「漢学者流」の精神構造と変わりないことを問題にし、「洋学者流」に代わる「改革者流」の力によって数千年来の「専制政治」が「人心に浸潤したる気風」を一掃せんことを願った。(1)「政府は唯命ずるの権あるのみ、これを諭して実の例を示すは私の事なれば、我輩先づ私立の地位を占め、或は学術を講じ、或は商売に従事し、或は法律を議し、或は書を著し、或は新聞紙を出版する」(傍点、引用者)(2)ところに、この「改革者流」の具体的役割がある。つまり、「官」よりもまず「私」を、「国家」よりもまず「社会」を第一として、「社会」を充実させることによってやがて国家にも及ぶとするところに「改革者流」たる本領があるのであり、こうして彼らを通じて「今我国に於て彼の『ミッヅルカラッス』の地位に居り、文明を首唱して国の独立を維持」(3)する主体の登場せんことを福沢は切望していた。このたぐいの提言は、当時のわが国ではまだフィクションにすぎなかった「市民社会」を、あたかも実在しているがごとくに想定して議論を立て、それによって未来が自己充足されることを期待するという苦心を払わねばならなかったのであるが、もし福沢の同時代人の中に「改革者流」に相応《ふさわ》しい実践人を探すとすれば――そのような人物は当時の社会経済的条件とのズレの故に大概悲劇的ないしは戯画的になるという帰結を伴うのであるが――田口卯吉の諸活動は　一つの該当例になるのではあるまいか。

　鼎軒田口卯吉は「私立に地位を占め」て、「学術」、「商売」、「法律」、「著書」、「新聞紙」の分野で倦むことを知らず、最もエネルギッシュに活動した人物であった。彼の行動動機は金銭欲に由来するよりもむしろ経世家として天下の経倫を念頭に置いたところから発しており、その活動の振幅は鳥谷部春汀によって「かれの特色とするところは、その生活の長さあり、幅あり、屈曲あり、……」「余が鼎軒の異彩なりと認めたるは、その一生を通じて間断なく活動し、極めて変化の多き生涯を示したるなり」と評された[4]。しかしこの「変化の多き生涯」もヨリ深層部においてはやや単純で、一徹で、自信に満ちた、楽天的な性格および定見によって支えられていたと思われる。だからしばしば「理想主義者」と呼ばれることはあっても「日和見主義者」と称されることはなかった。そして多彩な活動に対しては「世或は之を目して狂生となし、之を称して奇を好む人となせり」[5]（親友島田三郎の言）という風評が周辺についてまわっていた。森鴎外が「二本足の学者」と評して敬意を表したので有名なように田口の知識には「西洋」と「東洋」を押さえた複合的な視野が失われていなかった。田口は学者と政治家を両立させた[6]のであり、また、ジャーナリスト[7]、実業家[8]、史料の編纂出版家[9]としても顕著な仕事をなした。政治家としては地主議員に対抗する都市出身代議士として地租増徴を唱え営業税の軽減を企てたことで有名であり、中立ないし小会派に所属してた[10]。学者としては周知の通り、自由交易論を唱えた「日本のスミス」として、また『日本開化小史』等を著した民間の文明史家として知られる。事業活動が在野的であったごとく、理論活動においてもまず「私」を基軸に据えていた。「社会論」は展開されたが「国家論」はなかった。この「改革者流」田口をここでは政治思想史の視点から分析することを目的としている。

従来田口卯吉は経済学史や歴史学の分野で研究対象とされてきたが、その経済学者として、あるいは歴史家としての田口像の中に政治思想史的な意味を探ってみたいと考えている。したがってここでは主に「学者」田口の理論活動を対象とする。まず、彼の理論の中に示された価値範疇、価値のイメージについて検討し、次に思考様式の特質を分析することを主題としている。その他、政治思想史的視角からは経世家として、あるいは代議士としての田口の実践活動も無視し難いほど興味深い問題である。特に内政に関する具体的政策の提言（田口は社会政策学者顔負けの都市計画案等を綿密に立てていたのである）や、外交においても経済合理主義的な国家理性を貫徹させたことによって、〝我国は「天職」としてアジア諸国を支配する〟というたぐいの、倫理的合理化を拒否することになったところ国際外交観[11]などは特に面白い論点であるが、それらの検討は他の機会に譲ることとする。

さて、理論家としての田口の評価をめぐっては、彼の文明史または開化史をどう意味づけ、どう史学史上に位置づけるかという問題と、スミス流の正統派自由経済学を信奉し普及に努めた事実を経済史学上どう把握するかという問題があった。まず戦前の田口評価を概観する。史論に関しては、大正五年に「明治時代における文明史的歴史が日本開化小史に始まる」云々の溢美の辞が同書再刷に際して黒板勝美によって序に記されている。しかし白柳秀湖によれば、この再刷の頃から「当時の楽屋評」は粉本論争[12]を派生させていた。そしてその「浅猿《あさま》しい粉本種本の詮議」は昭和三年刊行の『鼎軒田口卯吉全集』（以下『全集』と略す）にも現れるのであった。つまり、社会政策学派の一人福田徳三の「解説」は、白柳が要約するように、バックル論、ギゾー論に気を取られて「鼎軒の『日本開化小史』の脊椎ともいうべき哲学、すなわち、彼が一つの哲学を本として、歴史を見るといふ新しい型を開いた功績に関しては一言半句も費して居ぬ[13]」といわれる。「一言半句」とは少々大げさすぎるが、つまり福田は田口が文明史または開化史に込めていた歴史意識を把捉し損なったのである。この点、後述する森戸辰男の評価を例外として、戦前、史論の内在的な評価は十分なされなかったのである。

経済学史においては田口が『自由交易日本経済論』（明治一一年一月刊行）によってわが国に正統派自由経済学を紹介ししかも最後までその信奉者であったことの希少性を特筆すると同時に、それがわが国経済事情の具体的問題に対しては「非現実的」であったことを指摘するという二点において、陸羯南の『近時政論考』（明治二三年）以来、大内兵衛、住谷悦治に至るまで異口同音に言及されてきた(14)。

この田口の理論活動における「非現実性」の側面を注視して、これ故に理論家田口自体を軽く評価する傾向は、戦前に限っていえば、とりわけ「社会政策学派」の学者に強かったといえよう。今、社会政策学派の目で捕らえた田口論を河合栄治郎の『明治思想史の一断面――金井延を中心として――』によって一瞥しておこう。河合はこの本で、明治二〇年頃までを支配した「自由主義、個人主義、自然主義（これは〝自然科学的に事物を眺める見方〟の意――引用者）」の潮流が退いて、代わって「国民主義、国家主義、理想主義」が時代を風靡してゆく過程(15)として明治思想史を論じた。このうち前者を代表するオピニオン・リーダーとして田口卯吉を挙げていた。そして特に「経済法則」の絶対性を信奉する田口の立場を問題にし、「若し田口氏の如く考えるならば、かゝる厳然たる法則の支配する経済社会に、国家の政策の入る余地がない(16)」という。またさらに史論家田口が、実は生きた歴史を把握できない理論家であったと論じ、「歴史を読み歴史を書いたと云うことと、歴史意識を有してゐたこととは同一ではない(17)」と言葉鋭く論難したのであった。

現実の経済問題に対して柔軟かつ有効に政策論的に対応しえないことをもって田口を空虚な理論家、非現実主義者と看なす社会政策学派型の見解や、そもそも田口の存在そのものを忘却するかに見えた大正・昭和期の論壇に対して、森戸辰男が雑誌『我等』昭和二年六月号に掲載した論文は挑戦的な反撃を試みたものであったといえよう。

この論文「文明史家並『社会改良』論者としての田口鼎軒」は、田口の理論活動を評価する上で画期的な位置を占める作品であったと思われる。

社会政策学派式の「非現実主義者」田口という烙印に対して、森戸は経済理論ではなく田口の文明史論をもって反駁を加える。マルキシズムの影響を濃厚に漂わせた森戸の分析は実際以上に田口を唯物論的に解釈し、また昭和二年頃の問題を田口の中に読み込みすぎた嫌いはあるが、田口の立場を「向上的ブルジョワジーのイデオロギー」と規定した上で、[18]何よりも田口の文明論や社会論が封建社会の遺風の存続を望んだ道徳主義的権威主義を解体する清掃事業として機能したことを評価する。この点で田口は、封建制遺制の打破に意欲を燃やすアクチャルな歴史意識に富んだ人物だったのであり、一種の「社会改良」論者に他ならなかったと見たのである。また、権力国家を無視して「商業共和国」を唱導するという「宛然クロパトキンのパン略取の一節を」想起させる「無政府主義と境を接する此の如き反政治的文明観に導く経済的進歩の強調」に対してさえ、決して空想的非現実的な漫語であったのではなく「封建の遺物たる政治的特権階級に対する思想戦」としての意味を有していたと読み込んでみせたのであった。[19]こうして森戸は田口に再発見の光を当て、彼の理論の中に「多くの多産的な思想の萌芽を」読み取ることの必要性を強調したのであった。明治前半期に及ぼした田口の理論活動の現実的、政治的意味を初めて評価した点でこの森戸論文は戦前において政治思想史的視角を最も強く提示したものであった。その他、田口の歴史論が一つの哲学、つまり「人間の生存慾、すなはち自己保存の発展を」本として「歴史を説明しようとした驚くべき活用の才」によって書かれた点に着目したのは白柳秀湖だけであった。[20]

戦後においては、伊豆公夫が、森戸とほぼ共通する問題関心によって、田口の史論を史学史上の画期的労作として位置づけた。[21]つまり伊豆はマルクス主義史学の観点から、田口の史論の唯物史観的な側面を強調し、封建制イデオロギーを打破する輝かしい機能をそこに読み取った。この観点を踏まえた上で、家永三郎は「国史」と呼ばれる「官学アカデミズム」の系譜に対する「文明史—民間史学—マルクス主義史学」という「民間学派」の系列を設定して、ヨリ精密な論証をもって田口を後者の「文明史」の中に位置づけた。[22] また「社会学」者田口の在野性と近代性を指摘したのも家永であった。[23] なお、家永の議論に対しては、鼎軒も含めた明治初期の「文明史学」の中には、後年のマルクス主義史学の貧困な歴史意識に較べられぬほどの、豊かな歴史意識と可能性が含まれていたではないかという橋川文三の疑問が発せられている。[24]

さらに、政治思想史的視点からの指摘として、『明六雑誌』創刊号の巻頭で「動《やや》もすればかの欧州諸国と比較することの多かる中に、終には彼の文明を羨み我が不開化を歎じ……」と紹介されたような「開国」後のわが思想界の自信喪失の時代にあって、『日本開化小史』も亦『文明論之概略』等と同様の思想的意味をもっていたことを、津田左右吉が軽く触れており、[25] 丸山眞男は精緻に論及した。[26] 即ち「文明の普遍性」に達する進化の過程が日本には日本なりに「内発的」にあったことを挙証することによって「のしか丶るように眼前にそ丶り立つ西欧文明の高壁の前に立って」「福沢と同じく田口は田口なりに、この現実に面して日本国と日本人の主体的独立を実証する課題を文明史の方法のなかでも貫こうとした課題意識を有していたことを指摘したのは丸山眞男であった。[27] しかし同時に丸山は「有機体的『内発性』の論理の明白なきざし」を読み取って、そこに明治後期にわが国の思想界に漸次明確な様相を現してくる「ロマン的な有機体論の内発性」の小さな芽があることを見ていた。[28]

以上大急ぎで眺めてきた理論家田口に関する諸観点については、必要に応じて以下の行論の中で問題にすることにする。私は、田口の一見非現実的とも見える理論活動に対して、それを彼の人間観や社会観一般の総体の中に置いてみながら、第一には抽象化された理論レベルにおいて政治思想史的な何らかの意味が認められるのではないかと想定してみて、また第二にはその理論が当時のわが国の具体的現実に対して何らかの政治意識、歴史意識の発露であったと考えてみながら検討を進めてゆく。その際、田口の価値イメージと思考様式の特色の二点を中心に展開するが、その前に最小限田口卯吉の半生について紹介しておこう。

田口卯吉が生まれた安政二（一八五五）年は突如来航した黒船の脅威の下に日米和親条約が締結された翌年に当たる。徳川幕府がいよいよ瓦解への道を走り始めた頃であった。そして田口の没年明治三八年（一九〇五）は、国を挙げて日露戦争を遂行していた最中であり、わが「大日本帝国」が国際的にもやっと安定した地位を確立せんとしていた時であった。つまり、この「近代国家」の急成長期に田口は生涯を送ったのであった。しかも卯吉少年が満一三歳の時には、自らも後に「我が戊辰の変は仏国革命より大なる変遷を誘発したり[29]」と認めていた明治維新という単に政体のみならず文化も習俗も一変せる国家体制のトータルな非連続的変動を体験していたのである。われわれは明治初期の華々しい田口の言論活動の動機を窺うためにも、この維新の前と後における田口の生活の差異という点にだけ限定して田口の生涯を眺めておくことにしよう。

田口家は徳川家幕臣であり、代々徒士組（目白九番組）に所属していた。卯吉の祖父慎左衛門（?—一八四〇）は、昌平坂学問所儒官佐藤一斎の長子でありながら放縦にして学問嫌いであったために田口家に入婿したといわれる、いわば曰く付きの人物であった。この祖父の言行は組仲間との間に絶えざる不和を惹起し、家計を悪化させたという。祖父には男児なく、娘町子が婿養子を迎えるが、不運なことに婿にも、後婿にもほどなく先立たれている。卯吉はこの町子と後婿樫郎の間に生まれた子であったが、この実父も卯吉六歳の折に事故死した。以来母と老母と卯吉達との家庭には赤貧洗うがごとき状態が続いた。幕臣とはいえ下層武士として最底に近い生活程度であったようだ。卯吉は慶応二年「御徒士見習」として幕府に出仕したが、間もなく徳川幕府が倒れたので職業制度としての徳川幕藩体制が卯吉に与えたものはほとんどなかった。むしろ後年卯吉はこの幕藩体制下の下層士族としての日常生活、特に「交際」の風習を苦々しく回想していた点が注目される。曰く「幕府の末、御徒組屋鋪の風習ほど忌はしきものはなかりとはや。組頭同役などの交際は、志あるもの一日も得耐えぬほどのものにして……」と。また「斯る組屋鋪の中にありて女一人にて老母と小児とを携へ、貧困の家を継ぎ、組頭などと交際し、余を生長せしめられしはゝの心労のほどいか斗りならん」と回顧する。(30) 閉鎖的で成員が固定しお互いを熟知している運命共同体的小集団がそこにはある。日常交際する仲間は職業上の競争者でもあり、上司は生活全般に干渉しうる恣意的権力を独占する主体でもあった。しかも武士としての体面や格式が事ごとに問われるという煩瑣さが絶えず問題を複雑にするという「弊習鬱結」した生活がそこにはあった。

田口卯吉はあの『日本開化小史』の中においても主君であった徳川氏に対する批判は注意深く避け、むしろ弁護していたのであるけれど、さりとて徳川家に対して懐旧の情を感じるには余りにも若少だったのであり、深い忠誠心を示すには余りにも幕藩体制の既得権益にあずかる度合も少なすぎたのであった。(31) 後に「平民社会」を宣揚し、「貴族社会」を断然拒否したことの動機には、この幕藩体制の腐敗した習俗に対する苦々しい経験が大いに作用していたと思われる。つまり明治維新とそれに続く文明開化への努力はこのような旧徳川体制内部にあった人間によっても担われていたのであった。

明治維新を迎えて田口家の家計はついに破綻し、一家離散に追い込まれた。しかし卯吉個人に関する限り、ここで「不平士族」に転化したわけではなかった。むしろ逆であって、この時初めて形骸化し鬱結していた社会制度から自由を得たのであった。その時田口は新たに「修学」を目指す野心的な青年となって自らの人生を歩み始めていた。この目的のためには、再度徳川氏に仕えることも、大蔵省の官吏になることも躊躇することなく、主体的、目的合理的な進路選択を行っていったのであった。(32) 特に明治五—七年大蔵省翻訳局上等生徒となっていた時に、後の理論活動の基となる経済学や開化史を研究していたと推定される。明治七年同省の十一等出仕として翻訳に従事することになったが、旧幕臣にとって官吏は愉快な職場ではなかったようである。「三度まで紙幣頭に逆らひしことあり、為に五年間奉職せしかども位一級にも進まざりき[33]」という有様であった。田口は新政府の中を自由に遊泳するには少なからず旧社会からの規制を受けていたのである。かくして『日本開化小史』巻之一を出版した明治一一年には官海遊泳から身を引いた。そしてここに民間にあって多彩に活動する「改革者流」が生まれたのであった。

最後に一言付け加えておこう。河合栄治郎は新旧両世界を体験した田口をば、「過去の日本と断絶しようとしながら、彼等は善き意味に於て日本人であり、其の性格に於て日本の古武士であった。口に和魂洋才を唱へずして、身自らに於て洋才を配するに和魂を以てした。此の点が明治後半期の洋学者と彼等とが区別される特徴である。彼等は洋学を活用しながら、学に対する真摯な態度や、思想に対する節操の堅さに於て、凛然たる男らしさを所持してゐた[34]」と評した。確かに在野的「改革者流」を貫くためには、単なる新政府に対する反撥心だけでは不十分であり、「節操の堅さ」や「凛然たる男らしさ」などの徳が必要であったし、田口の中にはこれらの徳が確固として備わっていたことも判然としている。その点右の田口評は当たっている。野にあることによって「古武士」のような戦国武士のエトスが甦ったとでもいうべきであろうか。しかしまた、われわれは彼の「節操の堅さ」や満々たる自信を秘めた「男らしさ」を単に徳の問題、あるいはパーソナリティー論のみに解消してしまってもいけないであろう。田口が明治維新という巨大な体験を経ながら身に付けた価値意識や人間認識や世界観、そしてここから生まれた理論に対する信奉、および彼の思考様式の特質と、彼の人生態度とは深く結合していたことをわれわれは、次節以下で見てゆかねばならない。

二　「保生避死」と「平民社会」

経世家田口卯吉の多彩な活動の基底をなしたものとしての、その諸活動の動機づけをなしたものとしての彼の価値範疇、価値の根本イメージを田口の経済論や文明史論の中に探り、その政治思想的な特色を検討することがこの節における目的である。その際、田口の用いた二つの言説「保生避死」と「平民社会」を取り上げ、彼の人間観、社会観を考察してみる。

田口卯吉は揮毫を求められた際、好んで「生財有大道」の字句を選んだという。周知の通り『日本開化小史』や『自由交易日本経済論』に代表される文明史論や経済論の中において、田口卯吉が並々ならぬ関心を注いだ問題の一つは、「貨財」を増殖し、人民を公正で豊かな生活に導くというテーマであった。

田口の理論活動に横たわる価値イメージの探究をわれわれは差し当たりこの「貨財」のあたりから始めることとしよう。しかしこのような財産の畜積に対する積極的な評価とそれの理論的考察ということだけであれば、すでに幕末の思想家（例えば本多利明や佐藤信淵の富国強兵論）の中にも現れていたのであるが、田口の場合、「貨財」の周辺には常に「生存」「保生避死」「私利心」「人欲」「自愛」「労働」「平民社会」等の言葉が内的連関性をもって結び付けられていたところに、「隔世の新らしさ」があったといえる。端的にいうならば、殖財は国家の経綸のためになされるのではない、先ずもって「私」の生存のための必要事として規定されたのである。しかもそのことこそが実は真の経世済民の学の基をなすと説かれたのであるから、徳川身分制社会の教学イデオロギーに親しんでいた人々の金銭観、財産観に大きな衝撃を与えるに十分であったといえよう。

この点、田口の「貨財」「富」の定義のうちには単なる貨幣・財産以上の広い意味が含まれていたことにわれわれは注意しなければならない。つまり「貨財」の一層奥には人間の「生存」という価値が一心同体のものとして据えられていたという意味である。田口がこれを人間行動の原動因と看なして「保生避死」と称していたことはよく知られている。田口の理論活動を支える論証以前の前提がここにあったのであり、またこれが田口における価値の根本範疇を示したものであった。さてこの「保生避死」の実質的内容と、ここからいかにして社会理論を演繹していったかという点は興味ある論点であり以下で考察することとするが、その前に今少し詳しく田口のいう財貨の概念を眺めておこう。

鼎軒は「富」を「メンタル・サイアンス」の対象である、とした(35)。「メンタル・サイアンス」とは現代語に直すならば、差し当たり「知識科学」とでもいうべきものである。つまり、道徳学を適用しようとする論者に対しては「学問《サイアンス》」である点を強調し、無機科学的に把握しようとする者に対しては「メンタル」つまり「人間知識」をもって応酬するのであった。

明治の実業界では、例えば渋沢栄一が大真面目で「論語算盤説」や「義利両全」説を唱えて心服者を集めていたところからもわかるように、いわゆる「道徳経済合一主義」（長幸男）(36)は歓迎されていた。身分制社会を支配していた金銭蔑視の意識と習慣が残存する世間で、巨大な畜財活動を開始した渋沢らにとっては営利行為の道徳主義的合理化の動機が強く作用していたといえよう。しかしこの種の儒教の転釈によって金儲けを合理化する態度と、田口の財産観とは最も縁遠いものであった。田口は「富」を道徳学から峻別した。

「富」は人間が現象させた「事実」なのである以上それに対しては「自然の理法を説き明かす」「学問《サイアンス》」を適用すべきである。「聖人の教、賢人の訓、孔子の教、耶蘇の教とか」、は「斯《こ》うしろの、ああしろの」と説いた「教」「訓言」、つまり当為規範であるから、「サイアンス」の領域たる経済学からは追放されねばならぬ、と主張したのであった(37)。このように田口において「貨財」概念は「サイアンス」の対象として非道徳化され、またそれによって人間の道具としての性格をヨリ高めたのであった。

しかしまた、田口の「貨財」増殖に対する関心は、あの「殖産興業」という明治国家の産業保護政策のスローガンに応答しながら、とにかく絶対量としての貨財の増殖、すなわち資本の原始的畜積、に腐心し、同時にその過程で「私腹」を肥やしていった「政商」型富豪の財貨に対する関心とも、異質なものであった。田口の「富」（財貨）はもっと身近な「私」の「生存」に発する関心であり、いわゆる「下から」のものであった。そして「富」は「サイアンス」の対象となったものの、まだ非人格的な対象物として人間から独立分離した客観的事実になってはいなかったのである。これが「フキシカル」ではなく「メンタル・サイアンス」と称する所以であった。そして西欧経済学者と田口との分岐点もここに由来していた。「欧州の経済学士は富を以て唯貨物にのみ用ゆべき語なりと釈義し[38]」たのに反対した田口の定義ははるかに広い。彼は「富」を「人為の現象」則ち人間が手を下す全活動に対して認める、つまり「凡て人の労作考究する所必ず宇内に現象を生ず[39]」るものである以上、単に金銭財物のみならず、「物質の形状」にも「無形」の畜積にも「富」を見出すのであった。だから時には「現象の畜積」を「現象の富[40]」とさえ呼んでいた。このようにあくまでも人間活動と密接に結び付けて、人間論の枠内に「富」を位置づけていたのであった。

この「私」の生存から発し、人間から分離していないもの、また「下から」のものという点では田口の財産観は西周のそれと親近性を有していたといえる。かつて家永三郎は『人生三宝説』の中において西周が説いた「第一ニ健康《マメ》、第二ニ智識《チエ》、第三ニ富有《トミ》」という範疇と田口との間に「史的唯物論の傾向」という共通性を読み取ろうとしていた[41]けれども、むしろ西の「富有《トミ》」と田口の「貸財」との間には財産というものを「マメ・チエ」との同系列に並べておいて、諸個人の日常生活の手段と密着したところの概念として把握した点においてヨリ根元的な連関が存在していたのであった。この側面は『学問のすゝめ』や「被仰出書」に見られる財産観とも一脈通じており、明治啓蒙思想に共有されていたものといえるのではあるまいか。田口の「富」を非人格的な「貨物」と結び付けすぎる時、家永説のような誤解は生じたのである。確かに儒教教学イデオロギーとの比較においていうならば、それは唯物論に近づいているには相違ないけれども、ヨリ重要な点は、「富」をあくまでも「生存」と密着させながら人間論の枠中に留めて理解していたことであった。したがって絶対量としての財貨の蓄積をひたすら図るという考えは田口には生じなかった。また啓蒙思想家の中でも福沢諭吉は「文明」を抽象的精神的なものと具体的器具制度とに分けて、後者はあくまでも人間の利用する非人格的な道具にすぎず、前者の前には「虚飾」にすぎぬことを認めた。だから経済に対して福沢は「人力を以て徒に人間の需要を増し、衣食住の虚飾を多くするの意[42]」と露骨に語っていたのであるが、「富」を人間と直結させした田口にはこの種の見方はまったく見られない。彼において「貨財」は「虚飾」ではなく、人間活動を表象する「実質」、さらにはそれを可能とするメカニズムを備えた「開化社会」の実態の表象そのものであった。

結局、田口において「貨財」は非道徳化され「サイアンス」の対象とされていたけれども、まだ人間から分離した疎外物として規定されてはいなかった。これ故に、伝統的習俗に見られた金銭に対するパリア的蔑視からも、あるいはまたその裏返しとしての道徳的粉飾からも自由であるとともに、「政商」のごとくマモンへの惑溺にも陥ることのない健康さを保ち、田口は財産を客体化しつつ同時に人間の生存を支える「実質」として定立しえたのであった。明治以来の大日本帝国の資本主義活動が一方では富に対して道義的イデオロギーをもって粉飾を行いながら、他方では富の非人格化を推進させる同時進行的過程であったことを想起するならば、「私」的「生存」を「下から」支える手段としての非遺徳的な「富」を定義づけたことの意味はきわめて稀な、そして貴重なものであったといえよう。

さて本論に戻ろう。田口は人間をどう規定したか。田口は経済学を構築するに際して人間の本性を「欲望人」として次のように説明してみせた、「経済学者から人間を見たところでは、人間といふものは利己心で成立ったもので、セルフ・インタレストの固まりだと斯う見るのである。……欲望を持つて居るものである、飯を食ひたいという考、水を飲みたいといふ考、着物を着たいといふ考を持つて居るものである[43]」と。これは儒教教学に接していた人々にとって目から鱗が落ちるような定義の仕方であったといえよう。そしてこの欲望のうちで最も基本的なものを田口は「生を保ち死を避くる」欲求であるとし、人間の諸活動、則ち「人為の現象」の究極的動因をここに遡らせたのであった。『日本開化小史』の論じたことの一つは、人類史の始まる「人間初代の時」においても「保生避死」だけはいかなる人間の中にも、いわばアプリオリな「天性」として普遍的に存在していた反応であり[44]、歴史が進化し種々の異質的文化形態を開示していく場合でも人間はこの「保生避死」原理から足を離す訳にはいかないのであり、実は「保生避死」の多様な存在類型として歴史の進化の諸タイプが存在している、とすることであった。あたかもいかなる進化段階の植物にも炭酸同化作用が共通であるようなものである。田口の立論はこの「保生避死」の上に立てられたのであり、総てはここから出発した。なお、田口はこの「保生避死」を語る場合には、詳しくは第三節で紹介するように、それが人間存在の根本に存在する「事実」であることを強調し、あくまでも功利主義的、実証主義的に把握していたのであって、そこに「善悪曲直」のごとき道徳的判断を混入させることを戒めていた。しかし、そのような「事実」に対する絶対的な尊重の態度を示したこと自体が田口の内面を支配していた一つの価値認識を表していた。人間性に関するこのような客観的事実性を強調したということは、裏返せばこの事実を無視しておいて「教則」「訓言」等の当為規範道徳を押し付けることの欺瞞性に対する強烈な否定の精神が働いていたからである。ここに徳川幕藩体制臨終期の鬱結した士族社会の生活体験が活かされていたと考えられる。

田口が「教」「訓言」の中にイデオロギーの臭みを嗅ぎ取り、その虚偽を暴露するのにいかに熱心であったかは、すでに伊豆公夫も論じていた通りである[45]。例えば「孝」や「悌」の徳目に対しては「天の孝や悌の素と此私利心と同一なり[46]」というのであり、「忠義の教」については「忠義の教何故に利益ありし乎、是れ則ち当時の制度は封建制度にして君臣の関係を以て社会を立つる折柄なれば、忠義の教は最も之を維持するに適せばなり[47]」と声を張る。今や田口は「教則」道徳それ自体の存在に対して懐疑的になっていた。いかに有徳で飾られた人間行動といえども一皮むけばエゴイズムに発しているにすぎず、教条・徳目というものは統治者などそれを使用する者にとって利益があるから使用するという功利的判断にかなった代物に過ぎないことを暴露して止まない田口であった。この点田口もまた他の啓蒙思想家同様、封建遺制の除去に戦闘的に参加していたのであった。

田口は「人為の現象」を分析していってついに「保生避死」という究極動因にまで辿り着いた。それはいかにも「数学的の脳髄」（山路愛山）[48]と呼ばれた田口に相応しい理論的営為であった。そしてこの理論的営為によって、徳川幕藩体制という身分制社会を突破する体験の中から、たとえいかにバタくさい理論に負うことが大きかったとはいえ、国家、社会の基礎を「利己的人間」にまで解体することが実現可能となったのであった。田口はここで従来の「教則」と呼ばれる砂のような基礎に代えていかなる条件下でも揺るぎなき人間性の本質「保生避死」、この堅牢な基盤の上に「社会」を組み立てようとした。曰く「社会の立つは教則に因りて立つにあらず人民生存に因りて立つなり。君主諸侯にして其民の生存を害せんには、不忠不義の名を侵すも反旗を揚ぐるものあるは社会の理なり。……故に此教則は人民生存に勝つ能はず[49]」と。つまり「教則」が「生存」に及ばないというのが「社会の大理」である、人間界に貫徹する客観的法則であるということを自明の真理として断然と主張したのであった。

このように田口の思考様式では「社会」は「生存」という人間性の上に「構築」されるものとして観念されるというよりも、むしろ実証的法則の示すところにしたがって「生存」の原則に忠実なる状態にまで「社会」を「復元」するという発想形式を取っていた。この「生存」に絶対の優位を認め、一人の「私」の「生存」のためには君主に反逆するも法則、「理」の導くところであるとする認識は、社会を一大有機体と看なしてその一部の人間の犠牲を要求する社会観（例えば加藤弘之のそれ）のたぐいとは絶対に対立する論理構造を備えていたことは明らかであろう。「教則」を否定し「生存」の上に人間理解を求めたことによって田口は、内容としては封建教学が押し付けていた徳目主義的人間規定からの脱皮と、思考論理としては人間本性を経験観察に由らないで形而上学的に解釈する思惟形式からの解放を得たのであった[50]。

人間をこのように経験的実証主義的、脱道徳論的に規定し、そこに発見された「保生避死」を欲求する「利己的人間」を提示することは、繰り返しになるが、時代画期的なことであったし、同時代人にとってはショッキングな事柄であった。しかし田口は当時非難を浴びたように[51]、これをもって直ちにエゴイズムの恣意的な奔流を必然的現象として許容し、その結果政治的、社会的アナキーをもたらすことを承認していたわけではなかった。田口は田口なりに「エゴイズムの制度化」の問題に取り組んでいた点を見逃してはならない。その理論とは「保生避死」に始まって「貨財」の増殖を企て「平民社会」の秩序を確立する筋道を取るが、ここには古典派経済学、なかでもアダム・スミスの影響が強く働いていたと思われる。スミス同様田口もまたエゴイズムを心理学的事実として捉えた上で、政治を極小化し経済を中軸とした社会モデルを想定したのであった。

今いちいち典拠を挙げることは省略するが諸論の中で田口が語っていたことはこうである。即ち、「保生避死」を欲求する人間とは「私利心」の主体であり「自愛の拡大」を求めて行動するものである、その「自愛の拡大」とは「貨財」の増殖という経済活動に他ならず、これは「労働」によってのみ実現される。そして「労働」の公正さが保障された社会制度が「平民社会」と呼ばれ、その実在性は当為必然的なものとして想定されていたのであった。このような田口の社会論の行論形式の特色と問題点を政治学的に以下で検討することにするが、その前に彼が提示した「平民社会」および究極的な社会の理想状態について述べておこう。

「平民社会」は「貴族社会」の対立概念として設定されていたものであったが、その区別の指標は「労働」の様態に置かれていた。つまり「平民社会」という場合には、⑴労働当事者が自己の労働に対応した公正な所有が保障されている社会、⑵社会の指導者を正当化する根拠を労働から由来させる社会、⑶平民の需要が推進力になって社会が進歩していく社会、などの内容が念頭に置かれていたが、なかでも強調されたのが第一点であった。「労働するものをして其産物を得せしめ、労せざるものをして財を得るなからしむるの制を立つるは、社会永遠の目的とせざるべからざるなり[53]」と語る。あるいはまた「蓋し人の生まる、や果して平等なるや否や、余敢て之を言はざるなり。然れども吾人の自ら労して作る所は、必ず他人の有にあらざるは理の見易きものなり。故に若し社会の組織をして完全ならしめば、其開化の度に於てこそ高底あるべしと雖も、社会必ず自ら労せずして他人の労に拠りて逸楽するの人なかるべきなり、余今仮りに之を称して平等と云う[54]」と述べ、さらにまた「蓋し人の生る、や果して自由なるや否や余得て知らざる也。然れども人間社会、幸福の存する所は人々自ら其労に因りて衣食して而して妄りに其産を奪はれざるにあるや知るべきなり[55]」と論じた。実証主義者田口にとっては「自由」や「平等」が果たして自明の権利として存在しているか否かといった形而上学的設問自体には興味がなかった、むしろこの問題を実証的に眺めるならば「天の人を生ずる稟賦同じからず[56]」という事実を認めざるをえなかったのであったが、しかし人が自ら労働してつくったものは他人の有に帰する理屈は認められないということだけは、明々白々な真理であると思われたのであった。この事実が保障されるのが「平民社会」であった。田口の人間観、社会観に秘められていた正義感がここに表明されている。つまり彼の価値の根本範疇が、図らずもこの実証主義者の口から「永遠の目的」として、当為命題として語られていたのであった。それは当為規範命題というよりもいわば当為法則命題とでも称すべき形式のものであった。

なお、田口はこの「平民社会」の具体的イメージを徳川社会の体験から導出していたと考えられる。『日本開化之性質』の中で鼎軒は徳川社会を労働主体が公正に遇されなかった社会とした。そこでは「労せざる者」が統治支配層を構成し、有閑人たちが「漢学」「和歌」「多妻多妾」「幇間絃妓の類」に溺れ、他方労する者は「下民の末に於ては妻なく児なく、終生労役して而して飢餓を免がれざる」状態に置かれている。つまり典型的な「貴族開化社会」を見出していたのであった[57]。「平民社会」を性急に唱導したのはこれに対する反撥に由来していた。なぜなら明治の今日においても、「日本の人民をして累々乎として喪家の狗の如き[58]」みじめな姿に陥れたのが徳川「貴族開化」であったからであり、この余韻が「日本の政事に浸染」して維新の革命を「最も恐るべき貴族の開化」に逆転させることを警戒していた[59]からである。この一つを取り上げても田口の言論活動は歴史意識に富んでいたことがわかるであろう。

さらに田口はこの「平民社会」の極まったところに、人間社会のあるべき状態、「社会正状《ママ》の状態」を次のごとくイメージしていた。曰く「利害得失の他人に関せざる以上は、善にも悪にも非ず。見よ見よ商人を以て善人とは云ふまじ、農業を以て悪業とは評すまじ、而して社会の最も務むべきは、此善とも悪とも評せざる所業に存するなり[60]」と。また曰く「人々善を為さず、人々悪を為さず、善悪正邪の教長く跡を人間社会に絶たん、人間社会たるもの宜しく此の如くなるべし、是れが人間社会の正状と称する所也[61]」と。「教則」を排して人間を心理学的事実に基づく「私利心」の持主と規定することから始まって、この実証的事実法則を完全に制度化させようとした田口の当為法則命題の帰結がこれであった。エゴイズムを出発点としながら人類の無記《イノセント》の状態に達するこのオプティミスティックな社会観は田口の用いた行論の特質を象徴するものであった。

ここで田口の社会論の行論形式の特質と問題点を検討しておこう。最大の特質であり問題点であるのは田口の理論が右に見たようにオプティミスティックな社会論であったということである。かつてホッブズは、人間を「自己保存の本能」と「予見能力」とを備えた存在と規定し、その故に人類に不断の恐怖心と闘争状態が付きまとわざるをえない悲惨な状況を想定し、ここから強力な国家論を構築した。ところが田口では同様の「保生避死」から出発しながら楽天的な社会論が結論されただけで、国家論は描かれなかった。これは田口が人間の予見能力を無視していたからではない、彼もまた「想像力」の作用を歴史の中に描写していたことは『日本開化小史』を読めば明らかである。しかも、田口はポスト進化論の時代の人間であって生存競争概念をも視野に収めていたのである。それにもかかわらずオプティミスティックな結論に達したのはなぜか。われわれはその理由を、田口がスミス流の自由経済学に負うていたこと、特に社会の最小単位を単独人に置いたこと、労働価値説、進歩史観などに依拠したこと、また消極的には政治学や政治権力観が欠落していたところに求めうると思う。

第一に「経済学」の根本を説明した時、「詰り経済学といふものは人の自愛心、自利心、自ら利するといふ事を根拠にして立つて居るものであります。此自利心と云ふものを修身の基礎とまで経済学は論じないが、経済上に現はれて居るところの総ての現象には、人が自分を利するといふ事が根拠になって居ります[62]」と田口は語った。これはわが国でも学としての経済学が道徳学から独立する第一歩を踏み出したことを意味していたが、また同時に田口においては「利己的人間」の分析がもっぱら「経済学」によって行なわれることを意味していた。田口の「経済学」は前述したように西欧経済学者の定義よりも広義であって、「貨物」のみならず「人為の現象」全てを対象とするものであったから、政治現象もまたこの経済学の範囲に内包されてしまうのであった。事実田口は「凡そ人類の世に発成《ママ》せしもの皆経済現象なり。政事々務亦た人為の所発に属するものなれば、経済現象の一部たらざるを得ず[63]」といっていた。さてこのことは、田口の「経済学」が政治学を内包するまでに政治化する可能性を与えたが、また同時に政治的諸現象がすべて経済学の中に解消され、非政治化されてしまう可能性をも生んだ。そして田口の場合は、明らかに後者の経過を辿ったのであった。

それを典型的に象徴する一文を示そう、曰く「エコノミーの社会から言へば……人間社会は競争で成立つて居る、故にエコノミック経済学といふものは利己心に成立つて居る。……饑ゑて食を求め、渇して飲を求むるといふ考のある人を利己心ある人、則ち需要を持つて居る人、それが則ちエコノミック・メンである[64]」（傍点は引用者）と。つまり人間社会には競争があり、飢餓を満たそうとする利己心の闘争があることを是認するにもかかわらず、それらは「則ち需要」の問題に、いい換えれば非政治的なスマートな経済問題に置き換えられてしまうのであった。この点でも田口が祖述したのが政治を極小化し経済を極大化するスミス流経済学であったことを忘れてはならない。

次に田口が社会の最小単位として一人の「単独人」を想定していたことも、オプティミスティックな社会観を成立される一要因となった。彼はロビンソン・クルーソーのごとく、単独人が自然外界に対して労働をなす時に「人為の現象」は発生すると考え、[65]これを人間の社会活動の最小モデルと考えたのである。つまりここではいわゆる「自然との代謝過程[66]」が想定されていた。複数人による人間関係が前提となるゾーン・ポリティコーンの人間定義はなされず、単独人ホモ・エコノミクスの人間が規定される。したがってここでは人間の共同体的側面が掌握されないことは勿論、人間対人間が対決する闘争的側面すらも十分には理解されない。つまりヨリ大きな社会集団といえども単独者が量的に多数集合したものにすぎないからである。田口も「分業」とか「競争」とかの存在は認めていた。しかしそれも横の人間との競合関連に着目したわけではなく自己のゴールを追う上での隣コースに出現した競走者のごときものにすぎない。なぜならば人間の行動は究極的には単独人にとっては「利害得失の他人に関せざる以上は、善にも悪にも非ず」と看なされた――つまり煮詰めれば自己以外は物であろうと人間であろうと彼の「生存」にとってはすべて対象化されたる材料、「自然」として出現する――からである。ここには人間関係調整の学たる政治学は不必要なのである。こうして紛争は対人闘争にではなく対自然競争に読み換えられ、それは価値判断を超えた「経済の大理」すなわち需給と価格との自動調整される市場の法則か、「養成の地」すなわち進化論的に見た環境に対する適者生存の歴史的決済手段によって決着をつけられることになったのであった。

　また、労働価値説を信奉していたことも彼の社会論が悲観主義に傾かない原因の一つであった。「富とは何ぞや、日本の人民労力して産する所の者皆是なり[67]」として「富」が「労働」に由来することを示した田口は、さらに人間を規定して「それ人の世にあるや、自ら労して衣食住を作る者也[68]」とする「生産人」を公理として設定した。この「生産人」の規定がある故に、先の「単独人」モデルも成立しえたのはいうまでもない。しかもこの「労働」によって田口は「想像力」の問題すらも克服したのであった。「人心」すなわち人間の想像力が、労働生産と結び付けば、「外物を制せんとする機能」に転じ「平民開化」を促進するが、もし結び付かなければ富を浪費する「情」となり「みやび男、優さ男、色ごのみの男」等による「貴族開化」を帰結させてしまう[69]、したがって生産労働を公正に保持することを先ず実行しておけば「想像力」は開化の障害とはならなくなってしまうと考えたのである。

今一つ田口にオプティミスティックな社会観を可能にさせたものとして進歩に信頼を寄せた田口の歴史観を挙げておこう。田口の開化史が「ヨーロッパを開化に導いた動因と歴史発展の法則が、基本的には開国までの日本にも貫いていることを挙証しようと[70]」して執筆されたものであることはすでに先学によって指摘されたのであり、田口は『日本開化小史』においてはっきりと「凡そ開化の進歩するは社会の性なることを知るべし[71]」と述べている。だがここでこの進歩史観が社会論の楽天性を保証したと直ちに結論づけるつもりではない。わが国の歴史が本当に進歩しているかどうかは、田口自身がこの本で確認してみたがっていた――いい換えればそれほどまでに不確かで信じにくい――事項であった以上、そこから即座に楽観性は導かれないからである。

しかし田口がその論証過程で次のような議論をしていたことは十分に注目されよう。即ち、田口は歴史の中に単線的で常に上向きの進歩の法則を検証していたわけではない。確かに巨視的にいえば歴史は進歩しているといえるけれども、微視的に見た時には進歩と退歩とが交錯しており、内部に発生する闘争や波潤の契機の実在を見逃していなかった。ここで重要なことは、田口が経済学では闘争を「競争」に解消していたのに比し、史論中ではこの「波瀾」を積極的に評価していたことである。「足利氏委世の浅ましき有様よりして、徳川氏の燦爛たる開化を発せり[72]」という逆説を歴史に読み取り、また「社会の自療性」と題した一種の史論の中では社会内部に自発的に下から起こる「波瀾」こそが社会を「貴族開化」の堕落から自療させる力であることを認めていた[73]。このことと先にも紹介した「君主諸侯にして其民の生存を害せんには、不忠不義の名を侵すも反旗を揚ぐるものあるは社会の理なり」という言葉を並べてみよう。田口は明らかに「平民開化」を促進する歴史の進歩の動因が、自己の「生存」を自らの手で入手しようとする「波瀾」によって、この個人の主体的活動によって、生まれてくることを認識していたことがわかってくる。つまり「波瀾」が起こる必然性まで考慮するならば、「波瀾」こそが「平民社会」へと歴史を近づける推進力であることになる、したがって「波瀾」あるいは闘争は「平民社会」の秩序に対する非合理的な撹乱要因としてではなく、逆に「平民社会」の到来に対する必然的かつ楽観的な見通しを保障する要素たりえたのである。一言でいえば、「平民社会」論では、――少なくとも平民社会が成立するまでの時期では――「波瀾の制度化」が理論上出来ていたのである。この柔構造の史観が楽天的な社会論を可能にしていた。

以上、オプティミスティックな社会論を可能にさせた田口の理論上の理由について論じてきた。しかし、またこのオプティミズムこそが田口における政治意識の不在という問題点をなすものでもあったのであるまいか。このことを次に触れる。

まず、「保生避死」から始まった田口の功利主義的判断における衝動《パッション》と利害《インタレスト》の問題がある。人間性を「保生避死」の心理学的規定にまで遡らせた場合、各自の「生存」は各自の手において、その判断も手段も、選択され決定されることとなるから、そこには政治的アナーキーの到来が予想されることとなる。森戸辰男が「宛然クロパトキン」を田口から連想したのも偶然ならぬことであった。ここに功利主義にまつわる最大の難問、秩序論理構築の問題が生じる。その時、快楽は計量可能であるとするのがベンサムらの解答であった[74]。確かに、平静で制度化された社会では、エゴイズムにまつわる功利的判断も計算可能な利害問題として登場し、ヨリ経済的な問題となる。しかし状況化した不安定な社会では、それは主観化され生々しい衝動の問題となり、その限りでヨリ政治的色彩を帯びる。あのフランス革命の中に「豚の如き大衆」を発見して身震いしたエドモンド・バークが功利主義に対して批判的であったのは、この衝動と利害との対抗関係をそこに見出していたからであった[75]。田口の場合、「惻隠の情」などの言葉を使って衝動の側面を問題にしたこともわずかにはある。しかし圧倒的にエゴイズムは計算可能な対象に還元されて理解されていた。この経済合理主義的な利害打算を闘争や波瀾の中にも貫徹する原理として捉える発想は、場合によっては熱狂して非合理的になった主張に対して有効な政治判断を可能にする。例えば日露開戦時の世論に現れたロマンチックなジンゴイズムに対して、田口がわが国の利害という国家理性を貫いた場合等[76]がそれである。しかしまた、高度に流動化した政治状況に対しては、政治の論理を持ち合せぬが故に、無力となるという限界をもっていたと考えられる。人間の非合理性を理解しないことは常に両面的に機能するのである。

田口の政治観は「政事上の区画」と「経済上の区画」を峻別した上で前者の後者に対する干渉を排することを[77]最大眼目とした、いわゆる政治を極小に経済を極大にする、典型的な自由経済論者の見方であった。つまり妨害の妨害としての政治の役割を強調したのである。しかも興味深いのは、歴史の中にこの政治の縮小と経済の拡大が実現されてきたと考えていたことである。政治権域はかつて「生殺与奪の大権」を握っていたが、「郡」「諸侯」「国」へと統治領域が拡大するに反比例して、政治権力は「実に減縮せしなり」とされる。他方、経済権域は「五大州は悉く経済上の共和国」に成長したという[78]のである。田口は「箇《ママ》人主義にして万国社会主義[79]」なる経済秩序をそこに認め、「国家」を理論から退場させた。この見解はリアリズムを欠いている。確かに政治的単位が拡大することは同時に非政治的部門をその中に生んだには違いないが、巨視的に見れば政治制度は桁違いに強力になっていたはずである。また政治が経済や宗教から分離することは、権力装置として一層と専門純化されることを意味していたから、そのことをもって権力の消滅と考えるのは誤解であった。あの西欧列強が虎視眈々と東洋諸国に食指を伸ばしていた時代に、このような楽天的見解をなぜ田口は信じ続けていたのであろうか。この点は後述する彼の法則観の問題と関わっているが、ここでは次の指摘だけを行っておこう。

一つには田口のヨーロッパに対する危機感が、わが国の「文明」に対して敏感に働いたが、その「政治」に対しては鈍感であったからではないかと思わしめるが、多分そうではなかったろう。田口もまたわが国の独立を第一に憂うあの屈強な明治のナショナリストの一人であった[80]。むしろ屈強なナショナリストでありながら西欧文明の普遍性を信奉している田口が直面した矛盾がここに現れていたというべきであろう。田口にとっては、明治政府が経済に干渉して保護貿易政策（田口のいう「マルカンティズム」[81]）を取ることに反対すること、経済を非政治化することこそが、パラドクシカルにも十分に自覚されたる政治的、そして国家論的主張だったのである。これによって「労働」の公正を制度化した「平民社会」がヨリ実現し、それによってわが国の独立も強化されうると考えていたからである。「抑も自由交易論は、決して国家を無視せず。……其論を以て国家に利ありと信ずればこそ、其国に行ふべしとは論ずるものなり[82]」と田口は自己の立場を表明した。しかし、その時信奉した自由交易論に従うならば「国亡ぼ《ママ》るも経済学は之を憂へず[83]」といわざるをえないのでもあった。しかも田口はこの二命題を形骸化することなしに信念としていたのも事実であった。ここに田口の矛盾があった。もっともこの矛盾は、もし日本が自由経済学によって立国しえたならば解消していた矛盾であるが、現実のわが国は「市民社会」の成熟を待てずに強大な大日本帝国へと成長していったのであるから、田口の抱えた矛盾は解決されることがなかった。ここに田口の言動を、悲劇的、ないしは戯画的悲劇にした原因があった。このために具体的政治現実に面するごとに田口は自己の理論の上にも、政治判断の上にも苦慮を背負い込まねばならなくなるのであった。

以上で「保生避死」から「平民社会」に至る行論の中に田口の価値範疇を探りながら、その特色と問題点を追求する試みを打ち切る。ところで「生産労働」を基軸概念にしながらエゴイズムと社会制度とを統合した田口の理論構想は、ちょうど当時のわが国が対面していた課題——長き身分制社会の習俗制度から蝉脱して「近代国家」を形成するために、その基盤たるべき「生産力」を造出すること——と対応していたといえるであろう。もし「近代化」、「資本主義化」の経済的側面が「社会的剰余労働が生産者以外の経済外的努力によって収奪消費されるのではなく生産者自身（生産を中心とした流通、分配にたずさわる諸階層を含む）によって消費、蓄積され、そのことによって、生産者が富裕になり、畜積された剰余を生産それ自体の拡大のために投入することができる体制[84]」を建設することとして定義できるならば、「平民社会」に示された田口の構想はまさに「近代的」、「資本主義的」なものであった。

しかし政治思想史的に見て一層興味深い問題は、この「生産労働」を軸としてエゴイズムと社会制度を統合した田口の試みが、従来からの共同体的人間関係およびその議論を、「利己的人間」にまで解体したものであったこと、およびその利己人をもって田口は田口なりに「エゴイズムの制度化」を行ったことであった。前者の問題はその理論的認識にまで達しなかったとしても明治の世間に実態として出現したのであったが、なかでも後者の点は以後放置されっぱなしであったことを想起されたい。

周知の通り明治二〇年代に成立を見たわが「天皇制国家」の中においては、個人のエゴイズムに対する正当な認識も合理的な制度化もついに実現されることがなかった。このために近代日本におけるエゴイズムは常に問題的存在をなしていたのである。つまり一方ではエゴイズムの問題は「国民道徳論」「淳風美俗」などの教学イデオロギーによって隠微なる存在に押しやられていた。攻撃用語としての「利己主義者」のレッテルはこのような官製風俗が〈常識〉として生活を支配していた状況においては、各人の内面的動揺を誘う絶好の手段となる。だから国家権力はこの言葉を最大限に利用し、濫用して個人の権利意識を内面から撃破しながら「滅私奉公」という巨大なエネルギーを調達しえたのであった。他方、エゴに居直ったのが「欲望自然主義」であった。しかしこれに関しても、よく知られるように、居直りながらも、当人が成功し出世の階段を昇り始めるにしたがって「お国のために」のスローガンをもって倫理的装飾を施していったのであり、国家の側も実はこの私利追求活動を黙認、あるいは支援することによって大日本帝国運転の動力と要員を確保してきたのであった。しかし、この種の「実業の日本」の中にも「エゴイズムの制度化」が実現していたとはいい難い。むしろルールなき「世渡り」の様相（例えば内田魯庵の『社会百面相』明治三四年を見よ）はアナーキーを招来する危機を常に国家に感じさせていたのであった。

このような近代日本のエゴイズムの状況を考えてみる時、田口卯吉がその中で、明治維新という、欲望が教学から解放され、習俗は瓦解して価値体系の巨大な空白が生じて、人間の生存や実存の問題が関心の対象となるという空前の時代体験を背景としながら、たとえいかに舶来理論を借用したとはいえ、またたとえいかに現実政治に対する感覚が欠けていたとはいえ、素朴ながらも理論レベルにおいて「エゴイズムの制度化」を試みた努力は、貴重なものであった。明治初期には存在していたこの種の問題提起は明治国家の中でほどなく消散していった問題であった。さて次にわれわれはこの田口の理論に現れた思惟形式の特色を検討しなければならない。

三　「有物有則」（物有れば則《そく》有り）

ここでは経世家田口卯吉の諸活動の根底に横たわっていた価値の根本範疇の問題と並んで、今一つ思考様式の根本範疇の問題として田口の発想や思考の独自性について取り上げてみたい。

田口の発想の基本様式は出世代表作『日本開化小史』や『自由交易日本経済論』などの初期の著作に十分鮮明に現れており、その後も変わらなかったから、その特色を摘出することは比較的容易である。したがって、すでに、例えば山路愛山が「玲瓏なる理解力」「解剖的組織的の天才」「何物をも見遁さざる敏捷」「真面目」「自信」「精細」と紹介し、また「田口君の史論に関し大欠点と覚ゆるは彼れの人物に重きを置かざることなり。彼れの史論は余りに因果づくめなり」と適評を下しているがごときである。[85]ここではこれら思考様式の独自性を整理しながらその意味を考えることを試みる。

ところで明治一〇年代における田口の著作は思想史上明六社系の啓蒙主義思潮の延長系列の上に位置づけられるものであり、[86]また後には『将来之日本』や『新日本之青年』を提げて華々しく東京の言論界に登場する明治二〇年前後の若き徳富蘇峰が続いていたといえよう。しかし明六社同人の中でも福沢諭吉と田口卯吉とでは、その課題意識は非常に近接していたにもかかわらず、思考の資質は明らかに異なっていたといわねばならない。二人の言動の動機を忖度してみるならば、当時にあってはともに身分制社会の旧習俗や儒教教学の古株が潜かに新社会内に再生せんとする兆を嗅ぎつけ、かつ峻拒する点にかけてはほとんど肉体的な鋭さを示していたのであり、特に明治一〇年代後半の徳育強化、つまりかの「官製習俗」の定着を強く警戒して論陣を張っていたのであり、双方ともに個人の独立の意義を強調していたのであり、また各人に「実業」を奨励し、結果として「近代国家」の基盤をなす「生産力」を全人民から導出させようとした点で「ネーション」の認識を下地として発言していたのである。

しかし、それにもかかわらず両人の思考様式は対照的であった。福沢の背景には天賦人権説を唱えるがごとき近代自然法思想[87]の契機が見られるのであり、終局的に「文明」の問題は、人間の「精神」あるいは人民という複合体に現れる「社会の気風」「世論」が核心をなしているとされた。他方田口の発想は功利主義的人間規定から出発し、記述的実証主義の論理に終始する。したがって同じ「生存」問題を扱いながらも福沢ではそれが権利にまで概念化されるのに対し、田口では功利主義的真理として把握されるに留まる。前者には構成論理的な国家論の洞察があるが、後者では実証記述的な社会論がすべてである。また、「開化」とは、田口においては、前述した通り、「精神」ではなく、具体的現象、事物の中に現実化した現象として掌握された。端的に両人の発想の差異を象徴するのは福沢が「文明論とは精神発達の議論なり」の一文で『文明論之概略』緒言冒頭を飾ったのに対して、田口が『日本開化小史』の文頭を「人は生れながらにして神威を解するものにあらず」と始めた事実である。田口においては、一切の超現象的事象を否定せんとする熱意から文章活動が始まっていた。

むしろ明六社同人の中では津田真道や西周が、人間の根底にあって絶対的に人間を規定するものとしての赤裸々な人欲を前提にした功利主義的人間観から出発した点で田口卯吉と共通していたといえる[88]。また続く世代としては若き徳富蘇峰が、歴史の進歩を法則として信じ、マンチェスター主義を普遍的原理として信仰する態度を取ったことの中に、田口の与えたであろうかなり強度の影響を想わしめるものがある。[89] しかし蘇峰のように、本質的に政治好きなジャーリストにとっての言論は、しばしば時勢の動向との相関的関係にすぎない。このいわゆる時代の一足先をゆく「制度通過型」の「秀才」[90] にとっての言論や法則は、時代の必要に応じて脱ぎ更えられる着物であった。こうして「国家的な温度」に応じ「温度調節に長じ、決して風邪をひくことのない思想家」[91] として蘇峰は長寿を全うしえたのであった。これに較べると田口は、世界には原理や法則が実在するという主知主義的な法則観を、生涯信じ続けた理論に対する節操の人であった。この思考様式の一貫性の故に、現実生活との離反は大きく、しばしば悲劇的ないし戯画的印象を与えることとなった。しかし、鼎軒田口卯吉がいわれるように多彩な活動を諸領域で行い、「変化の多き生涯」を送った人物であったにもかかわらず、われわれが彼に対して、やや単純にして朗らかで一徹な人物像を統一的に描きうる理由の一つは、この法則観に対する節操という思考様式の一貫性に負うところが大きいと思われる。田口に顕著なのは心理学的人間規定、功利主義、進化論等の傾向であり、一口でいえば、無文学的にして親自然科学法則的な色調であった。この明治期最大の「自由」交易論者を支えていたものは、ルソーやJ・S・ミルの自由理論ではなく、バックル[92] やアダム・スミスの、自然科学に影響されたところの実証科学の論理であった。では以下において田口の思考様式の特質を一層具体的に眺めることとする。

さて、田口卯吉は「学問」というものを次のように説明してみせている。「学問と云ふものは詰り此宇宙間に物があって其則がある、所謂『有物有則』と云ふ所から学問が起ると云ふことを簡単に極《き》めて宜からうと思ふです。単に『有物』と云ふ丈けでも学問はありません。然し完全なる学問と云ふものは『有則』と云ふ処に起ります。故に学問は有物有則と云ふ此二ツの性質で有《も》って居ると斯う云ふて宜からふと思ふ。でそれ故に此学問と云ふものは宇宙間と共に生ずるものである、……『ユニベルス』の中には此自然の則がある、――法則がある。それで学問と云ふものは人間世界に成立つ」[93]と。即ち、田口は「ユニベルス」の中では、物の有るところには、すべて例外なく因果法則があること、その法則（田口はこれを「理」と呼ぶ）を人間は必ず認識しうるものであることを、絶対的に確信していた。したがって、田口にとっての「学問」とは「有物」領域を対象として、それ以外の領域を対象から排除して、この「有物」領域内の自然的現象に貫通している「有則」を検出し、実証する作業に他ならなかった。このように宇宙間の全ての事象には――自然にも、人事にも、社会にも――「理」、法則が貫徹していると考えることが田口においては論証以前の大前提をなしていたのであり、彼の思考様式の根本範疇をなしていたのである。

鼎軒田口卯吉の言論を構成していたものは、「保生避死」を願う功利主義的人間がつくる「平民社会」という価値の根本範疇と、「有物有則」を信念とする主知的な思考論理の根本範疇であった。そして彼の発言は、「仮説の世界から事実世界へ」と移行していた一九世紀西欧の動向を反映していたであって、そこには実証主義的な事実の検証と、発生論的な事実解釈の色彩が強く、ホッブズのごとき社会契約説や、アダム・スミスのような「神の意志」を想定した理論構成は見られなかった。

また逆からいえば田口の思考様式の根本範疇をなした自然法則観は、いわば外界に対して「理解し易い、意味に充ちた自然の秩序」を想定していることにおいてオプティミスティックなものであったから、かのヨーロッパ一七世紀の思想界の巨人たちのように眼前に重くのしかかる灰色の現実に対抗して構成的理論を構築せねばならなかったわけではなく、自然と人間の現実を、即ち事実の世界を解釈すれば十分なのであった[94]。田口には構成原理的に秩序を思考する可能性は少なく、むしろ発生論理的に解釈する傾向が強かった。

田口の二大出世作のうち、『日本開化小史』においては「開化史論体」を用いて人間界の発生論的解釈を行い、『自由交易日本経済論』においては「経済の理」が貫徹していることを実証的事実として弁論しようとしていた、と考えることができる。つまり、後者では人間の欲望の調整はマーケットにおける需給問題として価格の中に合理的に決算されると見る「経済の理」を信じ、それが人事現象に例外なく適合していることを終生疑わなかった。また前者では、一九世紀ヨーロッパの常識であった科学的歴史観[95]の足跡を印して、スペンサーやバックルに学んだ方法を用いつつ、先引用の通り、わが国の中に歴史的発展の法則が貫いていることを「挙証」しようとしたのであった。ところでその際用いられたのが「開化史論体」という歴史記述の方法（これは開化の内容を指す実態概念ではなく記述用の方法概念であることを田口は強く断っていた）である。これは「雑沓繽紛」たる歴史的諸現象の中にも「其ノ状態ノ本ヅク所ヲ究尽スル[96]」ために、科学的な因果法則、すなわち「議論を交えずして単に事件と事件との関係[97]」を説明する論体であった。

さて、このような主知主義的認識論の上に立ち、宇宙内に「有物有則」の存在することを信ずるという思考様式、ないし性癖を保持する田口卯吉にとって、自らに課せられた理論的課題とは次の二つであったと思われる。すなわち第一に、「物」「現象」の中に内在する「則」「理」を析出し認識することであり、第二には、一たび「則」や「理」が発見された時には次には人間の方が謙虚にそれに適合すべきこと、つまり文字通りの合「理」を尽くすことであった。いい換えればそれは迷妄、慣習、誤謬によって「理」の作用を妨害しないことであり、ヨリ積極的には「理」機能に相応しい人間界のシステムを形成することであった。この時の思惟形式は、一言でいえば、「事実的世界そのものの普遍的秩序と法則性[98]」を探求するところの「『実証的』精神と『合理的』精神との新しい同盟[99]」であったといえよう。かつて愛山が評した田口における「解剖的組織的の天才」は、この現象の分析と再編成の操作過程を踏んで取り組むに相応しい素質であったと思われる。またこの側面は「全体を具体的な個物に分解して観察し、それに共通する現象を推論により法則化[100]」する方法論に立つ功利主義者ベンサムの法則観と一致していることが歴然とわかる。

ただし、鼎軒田口卯吉の思想、言論が必ずしもこの思考様式から十分豊かな実りを挙げていたとは思えない。それは認識の方法論として実証主義に依って立つことは、必ずしも常に旺盛な好奇心によって実証を試みる「実験的精神」（福沢）の持主たることを要しないからである。「この数学的の脳髄」の主は、日常生活を織成す人間行動の様々な諸相に興味を注ぐ観察者ではなかった。田口が実証的法則だと認知したもののほとんどは、実は西欧文明の成果を鵜呑みにしたものであったといえよう。この貧困な「実験的精神」と過度なまでの理論癖によって、田口は自ら次第に現実遊離と時代感覚喪失とを促進させてしまったことは事実であろう。すなわち空虚な理想主義者といわれることになった原因の一つは彼の思考様式の特色から由来していたのである。

ではここで、本節の主題に立ち戻り、田口の唱えていた「理」「則」の内容と属性を眺めることにする。田口の信奉した法則観は、『読自由之理』（明治一〇年）においてその原型を現していた。「夫れ理とは何ぞや。天の定むる処か人の唱ふる処か。……知るべし、夫の理なるものは静然不動にして万有に捗り、終古に通じ、人間の行為言説を以て之を左右する能はざる事を」[101]と定義する。すなわち、「理」、法則とは、まず時間的空間的に永遠で普遍的なものであり、人力を以て歪曲不可能な客観的絶対性を備えたものなのである。しかしこれだけであれば、伝統儒学の中で論じられてきた理気論における理の属性との判別は困難であろう。この点、次にわれわれは、田口が法則を「有物有則」と規定したこと、つまりあくまでも「物」に即しながら、「則」を検証していたこと、を想起せねばならない。ここにこそ田口の法則観の近代性があったのである。

したがって事柄はすべて「我官能の達し得る境界」内つまり「顕界」、「有物界」内の現象に限定されるのであって、「宇宙間より先きの御話しになると、仏の云ふ真如無差別或はスペンサーの云ふ不可知世界になつて来ましたならば、是は学問以外法則以外である」[102]。法則は、一切の形而上学的対象を排除した上で、「物」や「現象」の中から普遍性を抽象されて出現するものなのである。だから実例として引照されるのは、必ずや牛薫《ニュートン》の「重力の理」と斯密斯《スミス》の「経済の理」であった。しかも、この「経済の理」も極めて自然科学法則に近いものとして理解されていたことは次の発言でも明らかである。「此エコノミック・ロー、経済の理といふものは、是は人間の性質の変らぬ中は始終一つである。……此ローを私は便宜の為めにナチュラル・ローと云ふ、則ち自然の理と仮りにいひます。此の自然の理は常に人間社会に存在して居るので、流行り廃りと云ふことはないのである。恰も天体に引力の理法が行はれて、始終動いて居ると同一である(103)」と。このように「理」は自然科学的法則に近づいた属性として認識されたのであり、またそれが人間界の中にも冷厳に貫徹していなければならぬものとして理解されたのであった。

したがってこのために従来儒教において理の範疇に加えられていた仁・義・孝などに対しては次のような態度でもって立ち向かうこととなった。曰く、「昔者、孔孟の徒仁義を唱へてより唐土の学者之を信ずるもの多し。然れども、未だ嘗て仁義を以て理なりと云しものあるを聞かざるなり」。「若し之を理と云はば、総ての人君は天性仁ならざるべからず。総ての人臣は悉く義ならざるべからず(104)」と。無論田口は仁や義が天理と称されてきた経過を知らないわけではない、しかし今やそれをきっぱりと「非理」として退けたのである。その論法は、旧来いわれた天理とは当為規範を意味する範疇であり、田口のいう自然科学的なモノサシで人間現象を見る立場からする時、到底その普遍性を主張できない、「非理」に当たるということであった。つまり明らかに「理」概念の意味転換の結果なのである。先に私は田口が儒教的徳目主義的および形而上学的解釈としての人間像を否定したことを論じたが、ちょうどそのこととパラレルな関係として、思考様式においても「理」を形而上学的規範から独立分離せしめ、実証主義的な自然法則概念として定立することから出発していたことを、ここに知るのである。

なお、ここで興味深いのは、この仁・義の形而上学的規範性を批判した論理でもって、同時に、当時ヨーロッパから受容されたばかりの「自由」という近代自然法思想の観念をも退治したことである。すなわち、「熟《つらつ》ら自由の自性を察するに、決して理に非らざるなり、人間一個の訓言なり」、「若し、人民自由なるの理あらば、凡ての人民何ぞ常に自由ならざる。苟《いやしく》も人間の自由なる、事物の地上に落つるが如く、人民の自由なる事、需要供給の物価を浮沈するが如きに非らざるよりは、決して此を理と云ふべからず[105]」と。こうして明六社の中では儒教道徳的、観念論的傾向の強かった中村敬宇が、J・S・ミルの *ON LIBERTY* をこともあろうに『自由之理』と題して訳出したことに異議を挟むのであった[106]。福沢諭吉が「自由・同等」の概念を貫きえたのは、彼は「但し同等とは有様の等しさを云ふに有ず、権理通義の等しきを云ふなり[107]」と述べていたように、それらを注意深く事実次元から峻別し、「権理通義」という規範次元に抽象することによって普遍性と結合しえたからであった。しかるに実証主義者田口の思考様式では、加藤弘之の論理と等しく、普遍性は事実の次元にのみ内在するものと考えられていたから、これら近代自然法的規範は否認されてしまったのである。

　では仁・義や自由が「理」の範疇に入らないのであれば、一体それらは田口においてどう意味づけられ、位置づけられていたのだろうか。「重力の理」のごとく客観的普遍的存在が実証されない以上、それらを「訓言」と呼び、「教則《モラル・コード》」と称するのが田口の立場であった。しかしまた、その存在理由が全面否定されたわけでもなかった。なぜならば、「教則の発する素より其社会を維持するの目的に成るなり」とされ、例外なく存在する「社会の一現象」として認識されていたからである[108]。「教則」はしたがって、そのもの自体としては普遍的価値を内在させているものではなく、あくまでも政治的、社会的イデオロギーとして存在しているものである。しかし、全く存在の必要性を否定されたわけでもない、田口にとってはまさにそうしたイデオロギーとしての機能と存在意義とを承認されていたのである[109]。ただし、もしこの「教則」レベルの観念を普遍的規範とすることがあるならば、それは直ちに虚偽を内包することとなる。「教則は人民生存に勝つ能はず」とする「社会の大理」に悖ることになるとして警戒を怠らなかったのである。

　以上眺めてきた「理」にまつわる田口の法則観の特色をここで整理しておこう。まず、田口の思考様式を支配した前提として、フィクションを否定する認識方法があったことが指摘できよう。功利主義者には、例えばベンサムのように、正義とか自然権とかを目して「具体的個物以外のものは虚構にすぎない[110]」と看なすがごとき否定的態度が見受けられるが、これは田口にも共通していた。仁、義、自由を「教則」とよんだ時、田口はそれらが普遍的に実在しないものであって、作為的な虚構であることを語っていたのである。単にそれのみでない、すべての規範概念がフィクションなのである。「蓋し正と云ひ邪と云ひ、善と云ひ悪と云ふ、曲と云ひ、直と云ひ、権利と云ひ義務と云ふが如きは、皆人間社会に於ひて想像したる一種の仮論のみ、天理必ずしも、然るにあらざるなり[111]」という。こうして、正邪も曲直も権利義務も人間が勝手に作り出した価値基準であり、その点で「一種の仮論」、擬制《フィクション》にすぎないことが明らかにされ、「天理」に対しては相対的な価値にすぎないとされたのである。福沢のフィクションの認識とは正反対に、田口にとってフィクションはフィクションの故に第二義的な存在、擬制とされ、虚構とされた。こうして、規範価値は事象に関する客観法則（天理）の下位概念となった。ヨリ一般化していえば、ここにおいて当為は事実に従属することになった。また、規範概念は普遍的真理性を語る用語ではなくして、社会通念を操作するイデオロギーとして解釈されたのであった。

先に第二節において、田口における「富」「貨財」というものが、功利主義的人間規定と結び付いてあくまでも人間の「生存」「自愛」の問題と一体化しており、そこでは人間は「富」の主体として存在するものであることを見た。しかるにここでは、まったく対照的に、実証主義的立場に立って「有物有則」の思考様式を徹底させたことの故に、かえって人間が超越普遍的な当為規範を指針とすることによって日常生活を目的合理的に支配し操作する主体者たりうる可能性が消えてしまった。あるいはまた宇宙に摂理や偉大な人格が実在していることを確信することによって、その恩寵に応えて生きようとする人間も現れないこと、が帰結されてくるのであった。一言でいえば、「物」が主体を無限に圧倒し去る可能性が生まれたのである。

次に田口の法則観の特色をもう一つ挙げるならば、自然法則と社会法則とが易々と連続していて区別し難い点であろう。今、この連続性から派生する効果を考察しておきたい。

　第一に、この連続性の故に社会法則も自然法則のごとく万古不変のものとして絶対化されていった。このために、例えば「国亡ぼる《ママ》も経済学は之を憂えず、人死するも経済学は之を悲まず。学問は素と宇宙の現象に就いて論ずる（寧ろ説明する）ものなり、何ぞ人事に関して喜憂せんや」[112]という発言すら導き出された。この絶対化によって、上述のごとく法則、「理」が機能する有効領域から人間、人事が欠落し、「物」が主体を圧倒し去る効果が招来されうるであろう。しかし反面、他ならぬこの種の絶対化こそが社会法則における法則機能を強化することになった。絶対化される度合が強まるにしたがって、法則は自らに対する例外の存在を減少させ、普遍性を主張することとなるからである。するとこの時には、ちょうど「自然科学は可能的必然性を目指す」[113]（ジンメル）と指摘された場合と同じ効果が社会法則に関しても存在しうることとなる。つまり、絶対化された社会法則は普遍性を帯びるために、それはいかなる時代、いかなる場所にいる人間に対しても適用されるものであり、事実においてあらゆる条件下の人間にも内在し、潜在しているはずであるとされてくる。したがってこの法則の実在性を認識した人間は、人間界に対してこの「可能的必然性」の問題を普及するという「操作」が可能になるのである。

　では、この種の法則をその対象たる人間という現実に対して適用していけばいかなることが発生するか。法則は普遍性を主張するが故に、あらゆる人間に対して規制力を発揮するという驚くべき効果が生ずる。すなわち、この時、事実の普遍化として抽象化されたはずの社会法則が、実際には例外を許さない強力な規範となって現実に対して作用するのである。田口にはこのたぐいの普遍性遍在の論法を用いた人事問題、時事問題に対する発言が多い。曰く「夫婦同権は果して人類に適せば日本の人民従つて之にも化すべし。民撰議員は果して人民の気性に基かば野蛮の人民亦之を建つるに至るべし。夫の蒸気力や機械や欧人に適せるものは必ず日本人に適すべし。均しく是れ人なり、此の民に適せるものは必ず彼の民に適せざるの理なし」[114]（傍点は引用者）と。あるいは内地雑居論に関しては、

「願くは今にして居留地の区画を除き内地雑居を許し、之をして利害を同ふし痛癢を一にせしめ(115)」んと唱えた。つまり利と害とを共通条件下にさらすことによって、外国人も日本人も差別なく放置すれば、普遍的法則の導くところにしたがって整理されるのであるから、騒ぎ立てること自体が無用だというのである。ところで、この客観法則が強力な規範に転化する際に、例えば「夫《か》の蒸気力や機械や欧人に適せるものは必ず日本人に適すべし」という際に、意味を重複させるために使用されたのが助動詞「べし(116)」であった。この「べし」には、必然の「べし」と当為の「べし」とが混淆していると思われる。ここが特色でもあり問題点でもあった。

このように法則を絶対化し、普遍化する論法に前提となっていることは、社会法則は人間そのものに関する事実から抽象されたる真理であるから、それが人類全体を対象として普及されることは本質的に福音であるということである。さてここで、この田口の思考様式から生ずる注目すべき効果としてわれわれは次のことを指摘しうるであろう。すなわち、明治期を通じて一貫した自由交易論者であり地租増徴論者であり続けた鼎軒田口卯吉を支えていたものは、狭量な国家意識であるよりは、むしろこの人類一般に対して共通する法則の普遍性に対する楽天的な信頼であったという事実である。先にも紹介したように田口もまたわが国の独立を願う屈強なるナショナリストの一人であった。しかし、その独立はあくまでも普遍的に人類に貫かれている「理」に則してなされねばならぬし、またその時のみ真に可能になるとする普遍的法則に対する信頼が大前提をなしていたと考えられる。この時代に、またその後の時代にはなおさら、人間や社会や国家をこのような法則観の立場に立って捉えた理論家、思想家は数少なく、ましてその主知主義的法則観思考を生涯貫徹させた人物はなお稀であった。

さてここに、法則認識とその現実への適用との、いい換えれば認識と実践との次元の落差の間隙を突いて、事実法則の真只中に当為規範が浸入することとなった。だが田口自身はこの問題にはまったく無自覚であった。この事実を象徴するのが助動詞「べし」における必然と当為の両義性であった。彼によれば人間に関する最も基本的な

「大理」は「保生避死」であったといえよう。しかしこの事実認識命題が次に「教則は人民生存に勝つ能はず」という定式によって実践命題として主張された時には、もはや、単なる事実法則に留らず権利規範としての内容を帯びてきていたといえよう、しかし田口は規範を「仮論」と看なし普遍性を認めなかったことから、「生存」は最後まで「生存権」に高められることもなかったのである。しかし、ここに、事実主義者であり世俗家である田口が、当時の「現実主義者」たちからは「理想主義者」と呼ばれることとなった原因があったことは確かである。

さて、自然法則と社会法則の連続から派生する第二の効果は、第一のそれとは逆説的であるが、法則そのものの空虚化および瓦解の可能性が高まることである。なぜならば、社会法則が自然法則を模して絶対化されればされるほど、それが具体的現実に適用された場合、緊張は高まり、摩擦係数は累乗されてくるからである。現実世界はとうてい単純な法則をもって律しきれない矛盾と例外、多様と特殊の雑居する場であるから、社会法則は絶えず現実から変容を迫られるのであり、田口のごとき主知的宇宙観の持主は、自己の信念体系を脅かされる危機に対面することになる。

事実田口の唱導していた「経済の理」に対しては、わが国に歴史学派経済学が定着することに比例して各方面から空論とする声が上がった。鼎軒はそんな中で生涯、孤塁を保守したのであった。また歴史法則に関しても、この時間系に生起する「雑沓繽紛」たる諸事象を前にしてほどなく普遍的法則律の定式化を断念することとなった(117)。しかしこれは「法則」を厳格に自然法則的に規定する姿勢を貫いたからこそ、つまり知的誠実性の故にこそ、訪れた結論であることを忘れてはならない。つまり、ここで評価しなければならないことは、このように個々の法則に対する態度には変動や後退があったけれども、具体的法則を信仰することと思考様式としての法則観信奉とは違うのであって、田口の思考様式には合理主義的世界解釈、主知主義的社会認識を求める「法則観」信奉の性癖が貫かれていたということである。では次に、少し廻り道をして以下で法則と現実の符合関係について補足しておこう。

揺るぎなき法則観信奉者田口にとって、理論と現象の不一致が露呈した場合には、それは理論の側の不完全に由来するとするのが彼の思考様式から帰結されるところの基本的態度であって、不一致によって宇宙的規模の絶対性を誇る法則律に対する確信が動揺することはなかった。「其言に曰く、理論は然れども実際に於ては然るを得ずと。而して何を以て然るを得ざるやと問へば、即ち曰く国の事情異なればなり、曰く時と場合異なればなりと。此の如くば多読と雖も実は無学と相異なるなきなり。夫れ原因あれば結果を生ずるは真理の争ふべからざる者なり。故に理論と実際とは符合せざるべからず、理論の実際に適せざるは、其理論未だ完全ならざるなり。然らば則ち論者は何故に其理論を完全にするを勉めずして国の事情若くは時と場合と云ふが如き漠然たる言語を言ひて其の説明を曖昧にせんとするや[118]」と論じたのであった。

ところで理論と現実、法則と現象が完全には符合しないということは、神ならぬ人間理性にとっては常に付きまとう制約なのである。この意味では限定を伴わないような万能法則はそもそもありえないのであって、およそ自己の限界領域を設定しえない法則とは法則にあらずしてドグマに他ならないというテーゼが成り立つであろう。したがって法則について重要なのは、この種の法則の限界性、不完全性に対してのわれわれの取るべき態度である。田口の場合、まずいえることは、理論と現実が一致しない時に、理論一般を否認しにかかるいわゆる実感信仰的な主観的態度とは最も縁遠いものであったということである。

だが理論と現実が符合せねばならぬという前提を受け入れた場合でも、その際の「符合」の内容は様々である。例えば、これは田口が拒絶した態度であるが、目前に出現した状況に対応して法則内容を自在に伸縮按配することによって「符合」を実現する無原則的オポチュニズムの立場もありうる。これは法則科学の権威のみを恣意的に利用することに他ならず、オポチュニスト的策士による恣意的「符合」は法則を政治の下女に貶める。他方逆に、ある法則を絶対化して現実や現象の方をその法則に合致するように曲げるという「符合」、即ち教条主義的一致もありうる。われわれの疑問は、あの西欧列強が虎視眈々とわが国の市場をねらっていた時代に、あけっぴろげな自由経済論を固守して譲らなかったというところから、田口はこの法則に対する教条主義者ではなかったかという点にある。

しかしこれに関しても、私は田口が教条主義者ではなかったと考えている。この点に関しては、そもそも、いかなる法則といえども法則である限り、現実に対する機能・作用・効果はドグマ的である、ということを第二のテーゼとしていえると思う。法則のレギュラリティーのしからしむるところである。したがって「法則」と「教条」の区別は実はその外部に与える機能からだけでは判定できないのである。法則を法則たらしめるのはその内部に貫かれている科学的手続きにある。いい換えれば論理整合的な理論性とか、現象との検証の正当な手続き、それに適用可能領域の限定によって、確実性と精緻度を伴った恒常的規則性を有することであろう。ところで田口が指向していた法則律は、その中身が今日から見ていかに単純素朴な代物だったとはいえ、絶対的ドグマではないのであって、科学的法則であった。つまり田口の眼目としていたのはある具体的な法則を絶対視することではなく、世界や宇宙を主知主義的な法則的認識で整理しようとしたことである。いい換えればそのような思考様式の持主だったからドグマではなく法則を関心の対象としていたと考えられるのである。確かに田口は性急に法則の応用領域を全人類に拡大しようとしたためにドグマ的傾向を示したのであったが、根本的には科学者であったと思われる。「歴史は科学に非ず」とする懐疑を認めるに至ったのも科学的検証の問題に誠実に取り組んでいた証拠となろう。したがってまた、その場合でも法則観信奉の思考様式は貫徹していたといえる。

先に田口の思考様式からは、法則が人間を運命づけ、「物」が主体を圧倒する可能性が生まれることを述べた。次にここでは彼の歴史論を材料にしてこの難問に対する取り組み方を検討しておきたい。

ところで社会法則と自然法則を同質的に看なし、法則を絶対化する田口の発想様式を激しく批判したのが、前述した河合栄治郎であった。河合はいう、「宇宙の根本を物質だとする唯物論、我々の認識は感覚より成立するとい ふ経験論、我々は快楽のみにより必然的に動くと云ふ快楽主義、快楽の総和が善であると云ふ功利主義、……殊に此の思想は因果必然の関係であらゆることを説明し、自由意志を認める余地がないから、凡そ道徳なるものが存在し得ない。利己心から利他心が成長したと云ふ説明は、既に多くの人によって反駁されているように、到底成立し得るものではない。……」[119]と。確かに河合がここで突いた、田口の経済法則からは意志の自由が脱落し主体性の欠如が帰結されるのではないかという指摘は、本質的な問題提起であった。田口卯吉と瀧本誠一との論争もこの問題を中心に発生したのであった。[120]しかし、われわれはこの理由だけから田口を空虚な理論家、非現実主義者として葬ってしまうならば、田口の貴重な多くの努力を見逃すことになろう。明治二五年一二月、東京帝国大学教授金井延が「ボアソナード氏の経済論を評す」を発表した時に始まるとされるドイツ歴史学派経済学のわが国への採用は、やがてわが国経済学の主流を形成することとなった。この立場からすればイギリス流の正統派経済学を頑固に信奉する田口の姿は時代離れしたものに映じたであろう。しかし明治の日本には、特に初期には、社会政策学派が考えていた以上の可能性と課題が渦巻いていたと思われる。これに対して、詳しくは第四節で扱うが、田口のように客観的法則科学的態度を貫く方がヨリ生きた「歴史意識」に適っていたのではないか。森戸辰男もいうような主体的役割があったのではないか、さらに推測を進めれば、それに賭けた田口を喜劇役者に仕立ててしまったあの性急な時代の方にこそ根本的な錯倒があったのではなかろうかと思われるからである。

田口の思考様式は疑いなく、客観法則性が主体的人間を抹消させる可能性を含んでいた。福沢諭吉のように、現実からのある種の断絶を伴ったところに価値根拠を置くことによって、かえって現世は手段として理解され、科学は自然を操作する道具として認識されていた場合とは異なって、田口の場合、信奉すべき普遍性は現実内在的にのみ存在していたのであるから、現実は徹底した手段、操作対象となることはなかった。しかしながら田口は決して、客観法則が人間主体を圧倒することをもってよしとしたり、あるいは必然的運命と諦めたのではなかったことを記憶せねばならない。

人間の全実存の存亡が関わる維新の変革期を体験していた田口にとっての人間理解は一片の「法則の暴政《チラニー》」を放任するには余りに豊かであり、トータルなものであった。そもそも「保生避死」という生々しい人間規定から田口の立論は始まっていたではないか。したがって端的に問題を整理すれば、この「保生避死」という根本的価値範疇と「有物有則」という根本的思考範疇とがどう整理されたかということが浮かび上がる。人間をマクロ的に大量観察した時に検出される法則律によって果たして人間は主体性を奪われるものなのか。田口は自己の理論の中に人間の主体性は生かされると考えていたのか、あるいはそこにジレンマを見ていたのかという点も判定が非常にむつかしいのであるが、興味ある点である。

さて田口が唱えていた「経済の理」や「開化の理」の法則、特に「開化の理」においては法則と人間主体とのジレンマが意識されていた。つまり田口の経済論においては人間性の問題はすべて、人間利害をマーケットで調整するという万能薬でもって論理破産なくまとめられてしまったのに対し、歴史論においては歴史を動かす動因としての人間の有する非合理的な動機づけを認めねばならなかったからである。田口の『日本開化小史』において興味深い点は、一方では「開化の理」の貫かれていることを説明しながら、他方同時にそこに功利主義的人間が顔を出し、その利己的、主体的な活躍によって歴史記述に精彩を添えていることであった。

別な見方をすれば田口の歴史記述の中には「保生避死」という価値の根本範疇と「有物有則」という思考様式の根本範疇とが総合されていたといえる。田口が歴史の中に「文明化の普遍性と必然性」（丸山眞男）つまり「社会の進歩の理」が貫かれていると主張することと、その歴史は「保生避死」を願う人民が「平民社会」に向かって主体的に奮闘してきた過程であったと主張することとは必ずしも常に矛盾することではない。人間の主体的行動を組み込んだ歴史の法則学を説明する立場もありうるのであるし、その時、田口の価値観と思考様式は総合されうるからである。

しかし、田口が実際に事実の世界に則して現象の中に内在する文明化の法則を発生論的に挙証しようとすればするほど陥ったのが、他ならぬ事実実証主義者であるが故に一層冷厳に、彼の眼前に横たわるわが国の「後進的」事実とのジレンマであり、文明化のモデルとしての西欧を受容せんとする時に立ちはだかる「外発性」という要因の問題であった。この問題を強引に解釈しようとして、時には文明化の普遍性とわが国の内発性とのコジツケ式の接合が試みられた。例えば服装の比較において、ヨーロッパにおける「平民開化」の代表たる労働者の服装が「ヅボン・チョッキ・マンテル」であるが、これはわが江戸の町人が着用したる「股引・腹掛け・手ツコ・袢纏及び常衣」の進化形態なのであって、連続性がそこに存在するというたぐいの解説[121]すら試みられた。だが、この論法が行き詰まることは必然であった。

そしてこの時、この難問を切り抜ける論理として田口が苦渋の末に編出したものが「外発性」因子、「後進性」要因に対するいわば「便利効用の選択」という考え方であったと思われる。しかもこの「便利効用の選択」という原理は、決して「内発性」に抵触するものではないとされた。むしろ田口の発想法に則していうならば、彼が「内発性」に執着していたからこそ、「外発性」因子をも何とか「内発性」の文脈の中で解釈しようとして、必死で発見したのが「選択」という論理であったといえる。というのは「便利効用の選択」という判断の中には人間の主体的な自由意志があるからである。この主体的選択の契機をくぐることによって、たとえ起源が外国にあるものでも選択当事者にとっては内在的意味を有することとなり、何らそれは「内発性」と対立するものではない、とするのが田口の辿り着いた解釈であった。さらに田口は、全ての文明は、実は、この選択による模倣に負うていると反撃すらしていた。例えばワットの蒸気機関は、発明者ワット以外の利用者においては全員「便利効用の選択」を通じて自己内在化されたものであって、東洋人のみがそれに対して「外発性」の故をもってこだわる理由は存在しないというのである。あるいはまた、「西洋今日の開化は今日の人の発明せしものにあらず、皆な数百年来遺伝蓄積のものなれば、今日の西洋人皆な之を模倣したるものなり、我日本人にして之を模倣するも何の卑屈か之あらんや」[122]と声を張った。だからまた、「吾人が今日鉄道汽船其他万般の利器を用ひんと欲するものは、其西洋に用ひらるゝ為に用ひんと欲するものにあらずして、余輩平民一般の便利なるが為に用ひんと欲する」[123]のであるとする印象深い言葉が語られることになったのである。

ここに至って「文明」の問題は「西洋」という地理上の出自主義的実体論から自立して、それを使用しようとする人間にとっての便利効用を満たすか否かという基準で選択される事柄となった。万人によって選択されることがその名に値する普遍的文明とされたのである。ここには「文明」概念に対するいかにも普遍法則主義者田口らしい普遍主義的認識が現れている。『将来之日本』、『あゝ国民之友生れたり』における蘇峰が、(1)利害合理性による判断、(2)西欧化を平民主義の問題にした、ということが先学によって分析されているが[124]、この蘇峰の先駆をなしたのが田口鼎軒であったことがここに明らかとなる。すなわち、「文明」とは西洋対東洋の問題ではなく、それを「便利効用の選択」という功利的基準によって万人が選び取る問題となる。そして万人が選択するとは、他ならぬ「貴族開化」ではなく「平民開化」を推進する問題になるのである。ここに開国後間もないわが国の立つべき判断を補して、こだわらずに外国文化を受容する道が開かれた。文明に関しても普遍的法則性の実在することを前提とした田口の対外文明観の健康さがここに示されている。

このような選択の契機を踏まえた上での内発的発展を考えた田口の歴史は、逆からいえば、その内部に主体的選択を集積した過程であったとも考えられる。この点、確かに、『日本開化小史』や『日本開化之性質』を眺めただけでも田口の歴史記述には単純に整理し難い複雑さが見られる。そこでは内発性のロジックが唱えられているのは[125]確かである。しかし、歴史を有機体に例えていた場合でも、それは、C・ブラッカー女史がいうような[126]（人体をモデルにしたような）旧い有機体説ではなかったと思われる。田口が語っていたのは生存競争と自然淘汰という進化論を前提にした上での有機体説であって、彼の歴史説明の中には、前述の繰り返しになるが、巨視的視点に立つ大量観察的な客観法則と微視的視点に立つ功利主義的人間が演ずる主体的行動とがモザイクのように混在していた。例えば、「社会事物の整然として一列をなして進行するは社会の理なりと雖も、其細目に就きて査察せば、未だ必ずしも小遅速なくんばあらず[127]」といい、また「社会は常に連綿として一統の勢力を表示すると雖も、其内部の組織を分析すれば常に同一なる波瀾を存することなり[128]」と語っていた。このように歴史を正の勾配を備えた一直線的発展と考えたわけでは決してなく、「小遅速」「退歩」「波瀾」の契機を見逃さなかったのであり、ある意味では視点を巨視と微視に自由に移行させて現象を捕らえようとする史眼の豊かさをもっていたのである。

　しかしまたこの「波瀾」は「常に同一なる波瀾」とも称されていた。つまり、歴史発展を微分すると「波瀾」が現れたが、その「波瀾」を今一度微分すると人間のこの主体的活動の中にも「同一」なるレギュラリティーが貫徹していることを田口は考えていたのである。それは何か、曰く「然らば則ち社会に行はるゝ外部の勢力は、封建にせよ、郡県にせよ、専制にせよ、立憲にせよ、家柄にせよ、長にせよ、平等を求むるの大勢力は常に其間に行はるゝこと照々として明かなるべし[129]」と。すなわち、「平等」を切望する動機であった、いい換えれば「保生避死」の保障を獲得せんとする全人類共通の心理的事実であった。この心理的事実が根本にあって、それが環境との適合性（「養成の理[130]」）と蓋然的選別（「偶中の理[131]」）という非情な進化論的あるいは生態学的決済を経つつ、歴史が織りなされると見ていたと考えられる。

　これらを通じて明らかにいえることは、歴史論における「保生避死」の価値観と、主知的な客観法則を信頼する思考様式との組み合せであり、価値範疇と法則論の融合ということではなかろうか。また「進化」と「進歩」の混同であった。つまり進化論を踏まえた田口には、「保生」を欲求する人間が下剋上という闘争を起こすことを認識する眼があった。しかし同時にその闘争は「平民社会」へ達する「進歩」の道程であると考えるオプティミズムが含まれていた。そして田口が想定していた文明化の状態とは「平民開化」という「保生」の均衡状態であった(132)。その実現は微視的に見れば各自が生存を求める主体的行動に負うとされたが、巨視的には、ちょうど坂の上に不安定に置かれた大きな岩が落ち着き先を求めてひとりでに落ちるところまで落ちて止まるような、必然運動のオプティミスティックなプロセスとも見られていたのではなかろうか。この田口における主体性と法則必然性との未分化ないし融合は、日本語における倫理的当為の「べし」と事実上の必然の「べし」の、あるいは主体運動の「自《みずか》ら」と自然運動の「自《おのずか》ら」の意味の相互浸潤的重複の中に象徴されているように思われてくる。

さて、「有物有則」の法則観のその後の経過であるが、「経済の理」は終生保持された。しかしその法則律としての純粋性を守るためには次第に「政事」という法則外領域、法則の治外法権区域を設定していかねばならず、ここに法則適用領域を限定する中で純粋培養を守ったのであった。「歴史の理」の方は功利的人間の活動の多様性の故についに法則科学としては破産を宣告され、個別科学の道をとっていったのであった。しかし、世界と人間に対する主知主義的、合理主義的、法則主義的認識を試みる思考様式は田口卯吉の中から失われることはなかったのであった。

四　結びにかえて

最後に、明治一〇年代を中心として大体日清戦争頃までの、活動前半期における田口卯吉の理論活動の有していたであろう同時代的意味について一、二簡単に触れることをもって結びとしたい。

何よりもまず銘記してかからねばならないことは、今日ではほとんど忘れられた思想家になりかかっているこの鼎軒田口卯吉が、明治期前半の言論界においては、河合栄治郎も前述のごとく紹介しているように、オピニオン・リーダー格の重立ちであったことである。田口の文章と思想に惹かれて、無名時代の徳富蘇峰が上京の折に面会に行ったり、さらには蘇峰を一躍有名にした『将来之日本』[133]は、まず田口に原稿を見せて田口の経済雑誌社から出版されたものであった、という事情の中にも当時の田口の社会的地位が窺われる。その他若き日の山路愛山や福田徳三らも田口の著述に感激した読者であったことが知られている[134]。このようにこの時期の田口の名声と影響力は強大だったのであり、決して空論を唱える理想主義者としてあしらわれるような存在ではなかった。彼が主宰していた『東京経済雑誌』がその掲載記事のために三度（明治一三年一二月、一五年八月、一七年六月）も発行停止処分を受けていることも、当時の田口の現実的歴史意識に富んだ時代批判の態度、および言論界での影響力の大きさを傍証していると思う[135]。

このような田口の活動を支えていた背後には、繰り返すように、人間現象は「保生避死」を大原則とすると見る価値の根本範疇と宇宙間における法則律の貫徹を確信するという主知主義的な思考様式の根本範疇が存在していた。同時代の大多数の者が日本への回帰を図ってロマン主義的非合理主義に転じ、あるいは政治優位主義に傾く中にあって、生涯田口がこの立場を崩さなかったことは、それ自体例外的なことであった。しかしながら、このような一貫した姿勢の果たす具体的な意味は明治一〇年代と三〇年代とでは相当違っていた。時勢とその思想家のよって立つ定見が大幅に隔った時に生ずる効果（逆効果）は、偉大な預言者におけるように張り詰めた強い緊張対立の意識を生み出す可能性と同時に、逆にかえって現実と対決する感覚を麻痺させてしまうからである。この点で晩年よりも明治一〇年代の方が田口にとっては思想家として経世家としてヨリ充実した時代であったと思う。後になるにしたがって田口の議論は空転した響きを周囲に与え、苦渋に満ちた悲劇的喜劇役者の舞台を演じさせられたのである。

さて田口の定見と現実との緊張関係は、過去からの現実、西欧からの現実、未来からの現実との間に発生した。第一に、森戸辰男や伊豆公夫が指摘したごとく田口の理論活動の任務は身分制社会遺制の清掃という、過去と結び付いた現実に対する戦いであった。これに対しては前述したごとく、新しい人間解釈と実証主義法則観とを武器にして「訓言」「教則」を撃破することで目覚しい成果を挙げた。

第二に、圧倒的な高さでそそり立つ「西欧文明の高壁」という、丸山眞男も指摘した、海の向こうからの西欧という現実に立ち向かう任務があった。これに応答したのが田口がいう文明の「普遍性」の概念であった。これによって問題は地理的出自決定論に陥り易い西洋対東洋の図式に代わって「貴族開化」対「平民開化」の形式に置き換えられた。つまりわが国内部における内在的な問題として掌握することが可能になったのである。[136] 蘇峰の「平民主義」もこのパターンを引き継いだものであった。そして第三に、やがて確立しようとしていた天皇制国家の予兆という未来から訪れようとする現実に対して防戦する最もポリティカルで現実的な任務があった。

われわれは『日本開化小史』と同時期に刊行された歴史論の中に吉岡徳明の『開化本論』（明治一〇年）もあったことを見落としてはならない。『文明論之概略』批判を意図して書かれたというこの著作の中で、吉岡は儒教と国体論とを組み合せた史論を用いて、つまり新たなる「教則」を用いて、近代自然法思想を排撃していたが、その際使用した方法と思考様式は田口卯吉のそれと正面から対立していた、というよりむしろ田口が否定しようと取り組んでいた論法がそこにあった。

例えば吉岡は、「現前ノ事跡ヨリ見レバ、物有テ然ル後ニ倫アルニ似タレドモ、倫理ハ事物ノ先ニ在テ、事物ハ其理ノ如ク発見スル者ナリ」[137] と語った。そして、このたぐいの論理を用いつつ吉岡が論証せんと目論んでいたことは、神勅ならびに伝統カリスマの担い手としての統治者天皇を正当化することであった。すなわち曰く、「天祖天神コノ天理ニ則テ、君臣ノ天極ヲ立テ、豊葦原ノ瑞穂ノ国ハ吾子孫君主ト坐スベキ地ナリ、宝祚天壌ト与ニ窮リ無シト宣給ヘリ。然シヨリ以来其宗家ノ皇統ハ一系連綿今ニ厳然トシテ吾皇国ニ存在セリ。ソノ庶子眷属ハ漸々宇内ニ蕃息シテ三千余万ノ臣民トナリ、外蕃諸国ノ人類トナレリ」と。この吉岡の思考方法と、田口が「人は生れながらにして神威を解するものにあらず、宗教を信ずるものにあらず」との定義をもって『日本開化小史』の執筆を開始した実証主義的な姿勢とは何と対照的なことか。[138]

第一に、吉岡においては「物」の次元と「倫」の次元とが同一視され、さらにまた「理」と「倫」とが連続していたのに対し、田口においては物、現象の次元と「教則」の次元を峻別すること、および「理」を現象、事実に則した法則律として規定することが課題だったのである。また第二に、プライオリティーの設定が逆であった。吉岡は「倫」を優位させ「物」に及んだのに対し、田口は「有物」から「有則」に達したのである。しかしこの時、実証主義者田口の方が文明の普遍性に対する視野を獲得したのに対して、倫理（「倫」イコール「理」）主義者吉岡の方がかえって実体論に足をすくわれ、西欧コンプレックスを裏返したような文明の中心を日本に据えた地理的出自決定論の特殊主義《パティキュラリズム》に陥っていたことは皮肉といわねばなるまい。

さて、この吉岡式論理に対する田口の論理の衝突は、現実の次元においても、天皇制国家体制がその神話と制度を社会内部に定着させてゆく過程でいく度か発生した。『東京経済雑誌』上において田口が下した諸批判、例えば「東洋学芸雑誌を読む」と題された井上哲次郎の学問観批判（明治一五年一月）、加藤弘之の『人権新説』批判（明治一五年一一―一二月）あるいはまた、久米邦武の「神道ハ祭天ノ古俗」を自分の雑誌『史海』に転載し世論を沸騰させてしまったこと（明治二五年）等である。しかし、教育勅語というこの時期に国家によって布告された至大の神話、最大の「教則」に対しては、不思議にも何の発言も発見できない。今ここでは田口の『人権新説』批判を取り上げてその批判の様式を紹介しておきたい。[139][140]

「加藤弘之氏著人権新説を読む」の小論文は多分に当時新聞発表されていた馬場辰猪の加藤説批判（これを後に単行本にまとめたのが有名な『天賦人権論』である）からの影響を思わしめる文章であるが、[141] その中で田口は馬場のような近代自然法の立場に対しては留保を置きながらも、馬場に劣らず強調した批判点は、加藤弘之が人倫概念と実証法則とを混同し、恣意的に進化論を利用して議論を立てている点であった。曰く「加藤氏が優勝劣敗の中にも邪悪なるものと良正なるものとあるを喋々するを発見するを得たり」「若し優勝劣敗にして邪悪なるものあらば、是れ優勝劣敗にあらずして劣勝優敗にあらずや[142]」と。また加藤が進化論を政治の現状分析に誠実に適用するのであれば、今日「優生学」的事実として民権論者が勢を得ている事実を事実として認めるべきであろう。それなのに「其事実の社会に顕るゝを喜ばざる」は何故かと痛烈に切り返す[143]。結局、この学界の重鎮加藤弘之にとっての進化論とは何か、「彼《かの》進化主義なる自然の大法は恰も民権論者のみを攻撃するの一利刃たるが如く思惟せしめたるは、流石は現代の社会に処して巧みなる適用と云ふべきなり[144]」と看なさざるをえない。すなわち「学術」の権威利用して武装しつつ、その実、時代迎合的な政治的イデオロギーとして進化論を使用しているのではないかと田口は糾弾したのであった。

このように田口は自らの思考様式の延長として、加藤と同じ進化論的実証主義の土俵に立って、加藤説を批判したのであった。もし進化論を信奉するのであれば、あくまでも実証的事実に対して忠実に思考すべきである、しかるに加藤は、事実に良悪邪正を交えて平然としているのではないか。それは第一に「学術」に対する冒涜に当たるし、第二に「保生」と「自愛」の拡大を求める「平民」進化の真理に対する抑圧である、として加藤を許せなかったのである。

ここにも、田口が明治一〇年代に実証主義的法則観を保持していたことの実質的意味が、歴史意識に溢れており、また客観法則に埋没してしまわない主体性に支えられていたものであったことが証明されているであろう。橋川文三の言葉を使うならば、「あらゆる身分的・伝統的共同体意識は、天皇制官僚システムの『閉された』世界に易々と解体再編成されていった。そこでは本来の個体意識は、『国体』という擬制的普遍者を媒介として、一種の歴史意識に結晶してゆくことになった」[145]といわれる状況の進行する時間であった近代日本歴史の渦の中にあって、あくまでも「利己的人間」としての「私」から出発し、安易に個体意識を埋没させることなく「平民社会」の到達を求めつつ、加藤弘之のごとき明治国家のイデオローグに対抗していた鼎軒田口卯吉の、この民間史家としての実証主義的法則観は、同時代に対する強い対抗《カウンター》歴史意識に満ちていたのであった。

注

以下の各注においては次の省略様式を用いる。

＊『全集』は『鼎軒田口卯吉全集』全八巻、昭和三年版を指す。

＊『東経』明二二・二・一は明治二二年二月一日発行の『東京経済雑誌』を指す。

＊『伝記』は鹽島仁吉著『鼎軒田口先生伝』明治四五年版を指す。

＊発行元、出版年は特に必要がない限り記さない。

(1) 福沢諭吉『学問のすゝめ』第四編「学者の職分を論ず」(岩波文庫、第二二刷、昭和四二年)参照。

(2) 同書、四六頁。

(3) 同書、五六頁。

(4) 鳥谷部春汀「故田口鼎軒」(『東経』明三八・五・二七、二〇―二一頁)。

(5) 島田三郎「経済策巻頭に書す」(『全集』第三巻、八一頁)。なお山路愛山は田口の短所として「其自信に強きが為めに往々独断に流るゝことあり」という点を挙げている(山路愛山「明治文学史」『史論集』みすず書房編、所収四二七頁)。「奇狂」の風評はこの「自信」と少なからず開通していたのである。

(6) しかしこの点に対して島田三郎は、「田口は学者たるべく余りに政事家であり、政事家たるべく余りに学者であった」と評したという、嘉治隆一「田口卯吉」（『三代言論人集』第五巻所収）より再引用。だがこれは、学者田口の中にも「政事家」が生きており、政事家田口の中にも「学者」がいたと解釈することもできる。この種の視野の複合性は、専門化、分業化の進行に対応して知性もパースナリティーも断片化していく時代（明治三〇年代であろうか？）以前に存在していたところの、トータルな世界像を持ったトータルな人物像をしのばせる。

（7）明治一〇年には、沼間守一の嚶鳴社の創立発起人の一人に加わっていた。また明治一二年、イギリスの『エコノミスト』に匹敵する経済雑誌をわが国でも刊行するという大抱負をもって、渋沢栄二、益田孝らの援助によって、経済雑誌社を創立、ジャーナリストとして自立した。以後死ぬまで『東京経済雑誌』の執筆、発行に従事した。

（8）実業家としては、株式取引所重役、両毛鉄道を発案し建設するなどの経歴がある。さらに非常に不評を買った事業としては、植民地を発見する目的で船を仕立てて南洋諸島に出掛けた試みがある、奇行と評された。また「経済学協会」を起こし、経済界の諸問題の解釈分析に経済知識を用いる場を設けた。彼の行った事業は彼の信奉していた経済学の実践演習の領域内に位置づけられる。逆にいうならば田口における経済学とは経世の学であったわけである。

（9）田口は赤字を覚悟の上で日本史の基礎資料を出版した。それによって『群書類従』、『国史大系』（正・続）『徳川実紀』、『続徳川実紀』等の膨大な史料が活字になり、その恩恵は今日にまで及んでいる。その他『大日本人名辞書』『泰西政事類』も製作された。多忙な諸活動の中でこの種の労と精緻とを要する史料保存に本格的な関心を寄せていたことは彼のパースナリティーの不思議な一面をなしている。なお、出版事業に関しては、昭和女子大編『近代文学研究叢書』第八巻「田口卯吉」の項に簡潔にして能筆な紹介がある。

（10）東京府会議員を明治一三―二三年の間に経験。第三回総選挙（明治二七年三月）で東京八区から衆議院議員に選出され、以後終身議席を失わなかった。他に東京市会議員も務めた。党派色は、人的にはヨリ改進党と親しく、主張としてはヨリ自由党に近かった。第二次伊藤内閣の際、一時進歩党（松方）に所属していた他は、中立または小会派を通した。小会派とは、一時、院内に「帝国財政革新会」を組織したことを指し、これは国庫財源の正常化を推進させるための結社であった。つまり議員としての田口は経済合理主義的判断を基準に立てており、ロマン主義や道学モラリズムの要素から遠く隔っていたことの一端がここにも窺われる。田口の議員歴、党派歴、議会活動については、『伝記』五一―八七頁参照。

（11）田口卯吉「対外国是」（『全集』第五巻）。

（12）この粉本論争は『日本開化小史』が新井白石、あるいはバックル、ギゾーのどれを祖述したか等を詮索したものである。白柳秀湖「明治の史論家」『明治史論集（一）』〈明治文学全集〉七七、筑摩書房、昭和九年）。黒板勝美「解説」〈全集〉第一

巻）。福田徳三「解説」〈全集〉第二巻）。
（13）白柳秀湖、同論文、四三三頁。
（14）陸羯南『近時政論考』明治二三年（『羯南文録』一一二頁）。本庄栄治郎『日本経済思想史研究』一七〇頁以下。野村兼太郎「明治初期経済史研究」、昭和一二年（慶応大学経済史学編『明治初期経済史概説』）。瀧本誠一『経済史研究』昭和五年、三五頁以下。矢島祐利・野村兼太郎編『明治文化史』第五巻、学術編、昭和二九年、五四四頁以下。住谷悦治『日本経済学史』昭和三三年、一二九頁以下。大内兵衛「解説」〈全集〉第五巻および第六巻）、および同著『経済学五十年』三三頁以下、二一四頁。
（15）河合栄治郎『明治思想史の一断面——金井延を中心として——』日本評論社版、昭和一六年、七—八頁。田口と「政策学派」との対立は、田口が明治二四年の職工条例の制定を必要なしとした時から起こった。ドイツ留学によって得た社会政策学の知識をわが国にて実行しようとした若き金井延らの前に立ちはだかった「正面の相手」は正統派経済学者田口だったわけである。つまり明治二〇年代以後の経済政策をめぐる同時代的競争者として金井らは田口を目したのであり、この立場から田口の論説を全面否定しようとしたのである。同書一七二—一七四頁参照。
（16）同書、二〇〇頁。
（17）同書、二〇〇—二〇一頁。しかしこの河合の指摘は、田口の議論に現実性があるかないかという問題を別にして、田口の開化史論の文体に対しては半ば当然に出てくる批判と思われる。この論理学に長けた「数学的の脳髄」には「詩人的の識認」（いずれも愛山の評による、前掲論文）が欠けており、「人間くさい」歴史をそこに望みえなかったからである。
（18）森戸辰男「文明史家並『社会改良』論者としての田口鼎軒」（『我等』第九巻第五号、昭和二年六月、一〇〇頁）。
（19）同書、一一六頁。
（20）白柳秀湖、前掲論文、四三四頁。
（21）伊豆公夫『日本史学史』昭和二一年。
（22）家永三郎『現代史学史批判』昭和二二年。同『日本の近代史学』昭和三二年。同「啓蒙史学」（松島栄一編『明治史論集（一）』〈明治文学全集〉七七、一九六五年、筑摩書房、所収）。
（23）家永三郎『近代精神とその限界』。
（24）橋川文三「歴史意識の問題」（『近代化と伝統』〈近代日本思想史講座〉第七巻、筑摩書房）。
（25）津田左右吉「福沢・西・田口——その思想に関する一考察」昭和二六年（『文学に現はれたる国民思想の研究』第五巻、付録四）。

(26)　丸山眞男「近代日本における思想史的方法の形成」（南原繁先生古稀記念『政治思想における西欧と日本』（下）、昭和三六年）。

(27)　同書、二八二頁。

(28)　同書、二八三―八四頁。

(29)　田口卯吉「変遷の大勢」（〈全集〉第二巻、五二九頁）。

(30)　田口卯吉「自叙伝」（〈全集〉第八巻、八三頁）。

(31)　徳川家に対する田口の忠誠観を他の旧幕臣出身ジャーナリストと比較してみると、栗本鋤雲（一八二二年生）や成島柳北（一八三七年生）の強固な忠誠心とは全然異なった、遥かに自由なものであった。むしろ島田三郎（一八五二年生）と類似しており、世代として旧い忠誠観から自由な位置に属していたといえる。沼間守一（一八三九年生）や乙骨太郎乙（生年不明）らは、世代としても忠誠心の程度としても、その中間に所属していた。勝海舟に対して示す態度が旧幕臣の忠誠観識別の指標の一つになるが、栗本鋤雲などは勝に遇うたびに「よくも平気で俺の顔を見られるな」といったという。

田口は勝の大器振りを激賞して、西郷、大久保と並べて三傑とした。「伯の人物他に異る所以は其意見世人に超越し」とする一方、幕府に対しては「徳川氏の倒るゝは命なり、民は苦しむべからざるなり」といい切っている。もっとも徳川家自身に対しては、開国に至るまでの政治的過程を適切に決断することによって流血を見ない変革を遂げさせた功をもって、『日本開化小史』の中で賞讃している。このように徳川氏の英断を新文明の創出と連関させて評価することによって、田口は自己の忠誠心の分裂を回避したのであった。

ともかく田口の意識は新時代に向かっていたのであり、旧い忠誠観に殉ずることを形骸的と感じ、新しい価値観によって実質的に判断を下す世代に生まれていた。戊辰戦争の時、彰義隊参加を申し出たが、幼年の故をもって義兄に止められたことはあったけれども、この事件をもって熱列な忠臣と見る見方（嘉治隆一）を私は取らない。しかし忠誠観が自由であったとはいえ、福地桜痴（一八四一年生）のように政府の御用記者になる場合とは区別される。福地の薩長論に対しては田口は批判的であった。

旧幕臣の忠誠観については、大田原在文『十大先覚記者伝』、津田左右吉「君臣関係を基礎とする道義観念」（『文学に現はれたる国民思想の研究』第五巻）参照。田口の忠誠観については他に、「勝海舟伯」（『全集』第八巻）、『伝記』、および嘉治隆一の前掲論文参照。

(32) 例えば義兄木村熊二宛の次の書簡は田口が動乱期に工夫した修学戦術をよく示してくれる、「東京修学相願候処、……種々細故有り、一先差留相成、就而は種々熟考仕候処、林氏は固と英医を兼ね知る者に非ず、されば英医を兼学ぶ事難し、……今日之計先ず当学校〔徳川氏学官林硯海が静岡に引上げた徳川氏の下で開いていた静岡病院学校のことで田口はそこに在籍していた——引用者〕に出、三四等の官位を得、得而後東出せん末晩也。且林氏を脱する此挙に在りと存し……」と（明治四年三月二六日付、『全集』第八巻、五八八頁）。またこのためには母姉のみとなってしまう田口家を残してやがて単身上京する決断も下す。「我家を離る、家兄の意に悖る万々、陳謝すべき様なし、但々憐察を懇布す」（アメリカ留学中の木村熊二宛明治六年六月五日付け書簡『全集』第八巻、五九〇頁）。
なお、田口の主たる修学履歴は次のごとくであった。

　幼年期、経書素読。

　明治二年、沼津小学校。

　明治二—三年頃、沼津兵学校で孫氏と仏式体操。乙骨塾で乙骨太郎乙から英語。中根塾で中根香亭より漢文。

　明治三—四年、静岡病院学校。

　明治四年、共立学舎（尺振八につく）。

　明治五—七年、大蔵省翻訳局上等生徒。
(33) 田口卯吉「自叙伝」（『全集』第八巻、八五頁）。
(34) 河合栄治郎、前掲書、三五八—三五九頁。
(35) 田口卯吉「経済学の定義」（『全集』第三巻、三一八頁以下）
(36) 長幸男「解説」（『実業の思想』〈現代日本思想史大系〉一一、筑摩書房、一九—二五頁）。
(37) 田口卯吉、前掲論文三一九頁。
(38) 田口卯吉『自由交易日本経済論』（『全集』第三巻、七頁）。
(39) 同書、五頁。
(40) 同書、七頁。
(41) 家永三郎『近代精神とその限界』二二八—二三〇頁。
(42) 福沢諭吉『文明論之概略』（岩波文庫、第二二刷、昭和四一年）、五一頁。
(43) 田口卯吉「経済学は心理的科学なり」（『全集』第三巻　三八九頁）。

(44)「人間初代の時に当て、多く接する能はず、多く試る能はず、其心豈能く長ずべけんや。然りと雖も生を保ち死を避くるは、智の広狭を云はず、情の高卑を論ぜず、総ての動物に通じて違はざるの天性なり」（田口卯吉『日本開化小史』岩波文庫、第二四刷、昭和四一年、二四頁）。

(45) 伊豆公夫、前掲書、二一〇―二一一、二二九―二三〇頁等。

(46) 田口卯吉『日本開化小史』三五頁。

(47) 同書、一九八頁。

(48) 山路愛山、前掲論文、四二二頁。

(49) 田口卯吉『続経済策』（『全集』第三巻、一二一頁）。

(50) このことは近代ヨーロッパにおける人間解釈の歴史的展開が次のごとく整理されていたことを想起させる。「『道徳情操論』の中でアダム・スミスが受け入れた人間解釈の一つの系統は、ベイコンに始まり、ホッブス、ロック、ヒュームを経てハートリィの連想心理学を媒介として一九世紀のベンタム、ミルの功利主義に流れてゆくところの、人間の利己的本性に関する学説であるといわれる。これらの立場に共通するところは、人間本性を、中世以来の伝統たる形而上学的解釈から切り離し、これを改めて心理学の基礎の上に組み立て、またそこから人間の社会的行動の準則や徳目を考察して行こうとする立場である。人間の本性としての『利己心』seif-interest、『自愛心』self-love 等がこれ故にこの立場にとっては、重要な地位を占めてゐた」（大河内一男『経済思想史』（上）六三―六四頁）。

そして事実においても田口は経済論をアダム・スミスに、史論をスペンサーやバックルら「功利主義の思想的系列」に負うていたのであった。

(51)「私利心」を堂々と肯定してみせる田口の人間観に対しては、同時代人から多くのの詰問がなされたが、特に宗教家と国家主義者とからの非難が強かったという。これに対しては「個人主義とか或いは自愛とかいふ事はどうしても世の中に評判が宜しくない」ことをボヤキながら、これが「人事」、「社会」の「基礎」を成す「真理」であるという信念に導かれて一歩も妥協することがなかった（田口卯吉「自愛」明治三〇年、『全集』第八巻）。

(52) アダム・スミスの人間観については、大河内一男『スミスとリスト』（昭和二九年改訂版）九―一三、六〇―六七頁、および前編の第二章。

(53) 田口卯吉『日本開化之性質』（『全集』第二巻、一三七頁）。

(54) 同書、一二六頁。

(55) 同書、一三一頁。
(56) 田口卯吉『自由交易日本経済論』(『全集』第三巻、一四頁)。
(57) 田口卯吉『日本開化之性質』(『全集』第二巻、一三二―一三四頁)。
(58) 同書、一三二頁。
(59) 田口卯吉「誰れか社会改良を以て至難の業なりと云ふ」(『全集』第二巻、五一九頁)。
(60) 田口卯吉『日本開化小史』五三頁。
(61) 同書、一〇一頁
(62) 田口卯吉「自愛」(『全集』第八巻、四六頁)。
(63) 田口卯吉「経済世界」(『全集』第三巻、一四六頁)。
(64) 田口卯吉「経済学は心理的科学なり」(『全集』第三巻、三八九頁)。
(65) 「若し人一人を以て其欲する所を労作し其好む所を講究するも、人為の現像は必ず宇内に発すべし」(『自由交易日本経済論』(『全集』第三巻、七頁)。
(66) 福田歓一「政治哲学としての社会契約論」(南原繁先生古希記念『政治学における西欧と日本』(上) 三三一頁。
(67) 田口卯吉『自由交易日本経済論』(『全集』第三巻、一五頁)。
(68) 田口卯吉「経済学は何をする学問なるか」(『全集』第三巻、二〇一頁)。
(69) 田口卯吉『日本開化小史』一〇三―一〇五頁。および四一頁。
　なお田口はこの想像力と生産の因果関係について次のような公式を立てて整理を試みていた。曰く「物質的の現象が斯く進歩したるが故に、心理の現像が斯く進歩したり、心理的の現象が斯く退歩したるが故に、物質的の現象が斯く退歩したりと云ふ体裁」(「史癖は佳癖」明治二四年、『全集』第一巻、六七頁)。即ち、歴史の進歩の契機は「物質」つまり剰余価値から、退歩の契機は「心理」から、つまり想像力を浪費するところから、始まると見ていたのは興味深い。しかし本文にも述べたように「心理」――たとえいかに機械論的にせよ――にも歴史を進退させる能力を田口は認めていたのであるから、伊豆公夫のように田口の観念論を無視することは誤解であろう(伊豆公夫、前掲書、一〇七―一〇九、一一五、一一七、一三二頁)。
(70) 丸山眞男、前掲論文、二七八頁。
(71) 田口卯吉『日本開化小史』一九三頁。
(72) 同書、一八九頁。

(73) 田口卯吉「社会の自療性」(『全集』第三巻、一三三―一三七頁)。
(74) 関嘉彦「ベンサムとミルの社会思想」(『ベンサム・J・S・ミル』〈世界の名著〉三八、中央公論社、二七頁)。
(75) 「バークは人間の衝動(passions)がしばしば人間の利害計算(interests)を圧倒することを示して、まえもって堅牢な功利主義的保塁を破壊するのである」(Alfred Coban, *EDMUND BURKE and the Revolt against the Eighteenth Century*, 1929, p. 78)。
(76) 田口卯吉「対外国是」(『全集』第五巻)
(77) 田口卯吉「商業共和国」(『全集』第三巻、一三八頁)。
(78) 田口卯吉「経済世界」(『全集』第三巻、一四五頁)。
(79) 田口卯吉「経済学は心理的科学なり」(『全集』第三巻、三九〇頁)。
(80) 「自由交易を行ふも、決して国体に害なし、余輩自由交易論を主張すと雖も、若し万一の事あらば、鈍しとも此筆、狭しとも此紙を以て、日本帝国の名誉を守らんずる覚悟なり」(田口卯吉「自由交易論」『全集』第三巻、一九三頁)。
(81) 例えば『経済論』(『全集』第三巻)に見える。
(82) 田口卯吉「自由交易は国家を無視せず」(『全集』第三巻、二七四頁)。
(83) 田口卯吉「学問の性質」(『全集』第三巻、一一七頁)。
(84) 長幸男、前掲書、一二頁。
(85) 山路愛山「明治文学史」(山路愛山『史論集』四二二―四三一頁)。
(86) 服部之総「史家としての蘇峰・三叉・愛山」(『服部之総著作集』第六巻、評論社)、および丸山眞男「近代日本における思想史的方法の形成」参照。
(87) ここでは明治啓蒙期に摂取された限りにおいての「近代自然法思想」を扱う。自然法と進化論的実証主義の一般的連関は重要な問題点であると思われるが、私の能力を超えた設問であるのでここでは扱わないこととする。
(88) この点に関しては、松本三之介「啓蒙思想の展開」(橋川文三・松本三之介編『近代日本政治思想史1』〈近代日本思想史大系〉三、有斐閣、一五五―一五七頁)参照。
(89) この問題に関する詳細な考察は、植手通有「解題」(『徳富蘇峰集』〈明治文学全集〉三四、筑摩書房)参照。
(90) 藤田省三「昭和八年を中心とする転向の状況」(思想の科学研究会編『共同研究転向』上巻、四六頁)。
(91) 久野収・鶴見俊輔『現代日本の思想』岩波新書、一八六頁。

(92)　バックルの *History of Civilization in England*（1857）は明治八年八月、翻訳局述、印書局印行『伯克爾氏英国開化史経論』として訳出された 翻訳者は大島貞益。この時期には田口も大蔵省翻訳局に在職していた。

(93)　田口卯吉「歴史は科学に非ず」（『全集』第一巻、七―八頁）。

(94)　「理解し易い、意味に充ちた自然の秩序としての自然法則という概念は、つねに世界をオプティミスティックに価値判断することの表現であって、この価値判断が近代的国家理論の根本問題〔社会契約説にまつわる問題を指す――引用者〕を消滅させるのである」（F・ボルケナウ著／水田洋他訳『封建的世界像から市民的世界像へ』三八一頁）。

(95)　「歴史は科学になることができる（またそうでなければならない）という命題は、一九世紀では一つの常識であった。しかし、『科学』という言葉を自然科学を意味するという風に解釈して、歴史はこの特殊な意味での科学に転換しうるかどうかを自問した人々の数は多くはない」（I・バーリン著／河合秀和訳『ハリねずみと狐』二八頁）といわれている。『日本開化小史』を見ればわかるように、出発点の田口は歴史の中に、「定式化することが可能」な「真の歴史法則を発見」（同じくI・バーリン）しようとしていた点で、明らかに自然科学風に歴史を考えようとしていた。まもなくこの意図は放棄されるのであったが。

(96)　『日本開化小史』一二一頁。なおこの表現は、福沢諭吉『文明論之概略』諸言にて語られている「此紛擾雑駁の際に就て条理の紊れざるものを求めんとすること」の字句を想起させる。ここから出発しながら福沢は「文明の気風」を求め、田口は客観的歴史法則を探るという差異を帰結させたことは興味深い。

(97)　田口卯吉「歴史概論」（『全集』第一巻、四頁）。この中で田口は従来からの歴史叙述法について次のような見解を語っていた。「紀伝体」や「編年体」は羅列的に「有物」に関する記述を行うのみであって問題にならない。「史論体」はその点、「有則」にまで考察が及んだことにおいて評価できるが、しかしそこでの考察は「善悪」、「異端正統」などのおよそ非科学的な主観的基準を用いている点で不十分であると批判し、ひたすら客観的に因果法則を説明するところの「開化史論体」には及ばないとした。ただし「苟も史理を明断せし体」であれば「開化史論体」の範疇に入るものとされていたから、この記述方法は、文明・未開のどの歴史段階にも適用できるし、また、バックル、ギゾーのみならず往昔の東洋の史論にも該当例は存在するとも主張していた。

(98)　E・カッシラー著／中野好之訳『啓蒙主義の哲学』八頁。

(99)　同書、九頁。

(100)　関嘉彦「ベンサムとミルの社会思想」〈世界の名著〉三八、中央公論社、一二六頁）。

(101) 田口卯吉「読自由之理」(『全集』第五巻、七六頁)。

(102) 田口卯吉「歴史は科学に非ず」(『全集』第一巻、八頁)。

(103) 田口卯吉「経済学は心理的科学なり」(『全集』第三巻、三八八頁)。

(104) 「読自由之理」(『全集』第五巻、七七頁)。

(105) 同書、七六頁。

(106) なお、明六社同人においても「理」の理解の仕方は様々であった。例えば、福沢諭吉は本文中で紹介したように、近代自然法思想に近い「天理」を奉ずるに対し、中村敬宇の場合はミルの「自由」に対しても政治的ではおよそないところの倫理的な意味で「自由之理」を想定していた(中村「自由之理序」『明治啓蒙思想集』〈明治文学全集〉三、筑摩書房、二八七頁)。また田口と最も親近性を示す「理」概念は西周のそれであったと思われる。田口同様西周も「理」を「宗儒諸賢哲」のごとくに使用することを否定する。そして「理とは事物両ッながら各々其性を有する際に成立するの関係にして一事一物の中に存するに非るなり」と定義している。すなわち、「事物」をその対象領域としつつも、その本有概念としてではなく関係概念であるとした点において、田口以上に厳密に規定されていた(西周「理の字の説」(『西周全集』第一巻、五九八頁))。

(107) 福沢諭吉『学問のすゝめ』前掲、岩波文庫、一二二頁。

(108) 田口卯吉「社会に大理あり」(『全集』第三巻、一二〇頁)。

(109) 例えば「天賦人権説」に対して田口は次のようにいう、「夫の天賦人権説の社会に発する亦た偶然ならんや。余輩の見る所を以てするに其説の社会に発するは、彼の正邪曲直の論の社会に発すると同一の理なるのみ。余輩は氏と同じく権利の生れながらにして人に存するを信ぜざるなり。然れども此説の世人に信ぜられ長く勢力を社会に保つ所以のもの、必ず其然る所以の理なかるべからず。……之を他の論説に比すれば、最も社会に害なくして人民の権利を伸張せしむるものならざるべからざるなり。……蓋し人民の権利を安全に進捗し君主を危殆ならしむることなく社会を擾乱することなく、国家をして安全に自由幸福の地位に達せしむるは、天賦人権の説最も便利なる一武器と云はざる可らず」と(「加藤弘之氏著人権新説を読む」『全集』第五巻、一六三—一六四頁、なお傍点は引用者)。すなわち学術説レベルでの「天賦人権説」は否認するのであるが、事実上それが「世人に信じられ長く勢力」を有している点において、また田口が望んでいる「自由幸福の地位」の到来を、最も効率的にもたらす「武器」として、いい換えればイデオロギー機能に着目して、それを是認していたのである。

(110) 関嘉彦、前掲論文、二六頁。ただしベンサムが常にフィクションの有意味性を否定していたのではない。ベンサムはむしろフィクション概念の社会科学的用法の開祖であったとされる(*Ogden The Theory of Fiction* 参照)。

(111) 田口卯吉「加藤弘之氏人権新説を読む」（前掲書、一六二頁）。

(112) 田口卯吉「学問の性質」（『全集』第三巻、一一七頁）。

(113) 「自然科学は可能的必然性を目指し、宗教は必然的可能性を目指す」（G・ジンメル著／清水幾多郎訳『断想』岩波文庫版、一九頁）。

(114) 田口卯吉「経済論」（『全集』第三巻、一四頁）。

(115) 田口卯吉「内地雑居論」（『全集』第五巻、八三頁）。

(116) 助動詞「べし」の多義性の思想的問題性については、松沢弘陽「民主社会主義の人びと」（思想の科学研究会編『共同研究転向』下巻、二六八頁）参照。

(117) 田口は明治二八年、「歴史は科学に非ず」と題する演説を行って、突然、歴史は法則科学として成立しないという。その理由として第一に、歴史上の事実は普遍性を有しないこと、つまり日本に起こったことが同時に世界に施しえないこと。第二に「歴史上の事実と云ふものは順序が立ってゐない」こと、第三に歴史事件の因果性は複雑であって細詳を尽くせないこと、を挙げた。これは従来説の大幅な変更であった。しかし田口がここで歴史一般を認識対象から外したのではない。歴史は一般的法則では論じつくせない「高尚な事実が現われている」と語って、「有物」の方向に研究方法を集中していった。つまり記述学に還ったのであったが、それは田口の歴史認識が深化したことを意味するに他ならなかった。しかしここにおいて田口理論が、歴史の固有性、個別性の論理と文明論の普遍性の主張との間の亀裂を生じたことは確かである（「歴史は科学に非ず」『全集』第一巻所収）。

(118) 田口卯吉「歴史経済論に就て」（『全集』第三巻、三三〇頁）。

(119) 河合栄治郎、前掲『明治思想史の一断面——金井延を中心として——』八八頁。

(120) この論争における田口卯吉の意見は『全集』第三巻参照。瀧本誠一の立場は、例えば「経済史の研究について」（瀧本誠一『経済史研究』所収）を見よ。

(121) 田口卯吉『日本開化之性質』（『全集』第二巻、一二七頁）。

(122) 田口卯吉「西洋と日本」（『全集』第二巻、五二二頁）。

(123) 同所。

(124) 松本三之介「解説」（『中央公論』創業八〇年記念号『明治・大正・昭和三代名論文集』昭和四〇年一一月、二九五頁）。

(125) 「蓋し此等の進歩は嘗て政府の保護に因らず、又嘗て外国開化の助けを藉らず、全く日本社会の内に於て自ら進みし者なり」（『日本開化小史』一八九頁）。
(126) C. Blacker, *The Japanese Enlightenment*, p. 93.
(127) 『日本開化小史』一八九頁。
(128) 田口卯吉『続経済策』（『全集』第三巻、一三四頁）。
(129) 同書、二二五頁。
(130) 『自由交易日本経済論』（『全集』第三巻、五三—五四頁）。
(131) 田口卯吉「社会に大理あり」（『全集』第三巻、一一三頁）。
(132) 「労働社会の有様平均に進歩したる開化は社会の最も完全なるものにして、人世の最も幸福なるものなるべし」（『日本開化之性質』『全集』第二巻、一二六頁）。ここで田口がいった「完全」とは理想的なという意味よりも、制度として最も安定した形態であること、という力学的意味と思われる。その状態が同時に「幸福」であるという価値判断に連続しているところに啓蒙期の文明論者らしいオプティミズムが見られる。
(133) 徳富猪一郎『蘇峰自伝』中央公論社、昭和一〇年、一七六—一七八、二一五—二一六頁。
(134) 山路愛山「余が文章に裨益せし書籍」（雑誌『文章世界』第一巻第五号、明治三九年七月一五日）。福田徳三「解説」（『全集』第二巻、四頁）。
(135) この他にも田口が変名で時事批判を載せたために、肥塚龍に筆禍のトバッチリが及ぶ事件などもあった（朝日新聞社編『明治大正史』第一巻、言論編、四三頁以下、および七四頁参照）。
(136) 『日本開化小史』の読者が西洋文明コンプレックスを払拭する上で大きな自信を与えられていた事実は黒板勝美も指摘するところであった。曰く「我が国民はこの書によりて始めて我が国に於ける建国以来の文明が如何なる特質を有し如何なる発展をなせしかを知ることを得たるのみならず、間接に若しくは無意識に、学問に対する博士の態度に学ぶところ少からず、ここに一大自覚を喚び起して学問を為す意識一変し来り、我が国に誇るべき歴史あり文明あり、必ずしも欧米諸国の下にあらざるを覚り、翻訳模倣以上に我が国の新文明を樹立せざるべからざるを反省せしめたる程明治時代の国民を啓発したるは、多く之を日本開化小史に帰せざるべからざる也」と。黒板勝美「序言」『日本開化小史』再版、大正六年、経済雑誌社、一三—一四頁。
(137) 吉岡徳明『開化本論』（『文明開化編』〈明治文化全集〉第二四巻、三〇一頁）。
(138) 同所。

(139) 田口は久米論文を転載する際に、神道家の反論を挑発し、さらには沸騰した世論に対して痛撃を試みた。この事情は尾佐竹猛「神道は祭天の古俗解題」（『思想編』〈明治文化全集〉第二三巻、二四―二五頁）参照。

(140) これは議論を皇室にまで徹底させないという田口の意識的、政治的配慮によると思われる。加藤弘之を皮肉りながら田口はかつて次のように語ったことがある、「余輩曩きに加藤弘之氏が人権新説を著し、進化主義を現時の社会に適用し、優勝劣敗の真理に拠りて大に世の妄想論者を攻撃せんとするの企ありと聞き、心私《ひそか》に危みて曰く、嗚呼先生も亦一学士なるかな、何ぞ其の世の時態に顧慮せずして擅まに真理を吐露するの卒直なるや。若し擅まに此《かく》の如き主義を説き、更に社会の事情に顧みざるに於ては我皇室を如何。我皇室の日本に君臨せらるゝこと茲に二千五百有余年、人民敢て非望の念を抱くなし、是れ実に皇位の神孫にましますことを信じ君権を以て踰ゆべからざるの限外にありと為せしに因るなり。然るに今ま之に説くに天賦の権利の妄想なる所以を以てし、人間の祖先は凡て猿猴なるを以てし、社会の状勢は常に智に富み力に富むもの、其権力を弄するの実あるを以てせば、其れ幾何ぞ莽操懿卓の我国に接踵せざるや。嗚呼進化主義の如き之を以て学術上の一論として説くは可なり、未だ我国に於て一政論として説くべからざるなり。然るに今ま氏之を政論として論ぜんとす。何ぞ真理の為めに其身を顧みざるの甚しきやと。然るに此回其書を得るに及びて稍々《やや》此事の杞憂に属せしを知るなり。云々……」と（「加藤弘之氏著人権新説を読む」『全集』第五巻、一五六頁、傍点は引用者）。

このように田口も田口なりに「学術」と「政治」とを区別して発言を使い分けていた。そして学術論を超えて政治論として進化論を宣布することを留保させていたのが「皇室」問題であったことがわかる。田口の立つ学術論としての進化論からいえば、「皇室の神話」も「天賦の権利」もともに「教則」に所属する事柄であって「法則」ではない。したがって論理的には否認されるはずであるのに、双方の存在は是認されていた。むしろ厳しく否認したのは加藤弘之が客観的絶対性を属性とする進化論の権威を恣意的に利用しつつ自由民権運動を批判し天皇専制の地盤を築こうとした点であった。これは田口には、多分イギリスをモデルにした「君民共治」社会のイメージがあり、非政治部分としての皇室を残存させつつ、「天賦の人権」説の社会的勢力を利用しつつ、彼らの主張の内実を実現していくことが結局、「社会を擾乱することなく」「平民開化」を実現する最短道程となるであろうとするリアリスティックな判断がなされていたためと思われる（なお、本章の注(109)の引用を参照のこと）。

(141) 西田長寿の調査によれば、馬場辰猪の「読加藤弘之君人権新説」は『朝野新聞』に明治一五年一一月一七日から一二月三日まで一一回にわたって連載されたのに対し、田口の「加藤弘之氏著人権新説を読む」は『東経』誌上に明治一五年一一月二五日から一二月九日まで三回にわたって連載された（西田長寿「解題」『自由民権編』〈明治文化全集〉第二巻、六六頁参照）。

また田口はこの中で馬場論文を「最も正確なる理論に拠りて十分に論弁せられたり」（『全集』第五巻、一六四頁）と評価していた。

(142) 田口卯吉「加藤弘之氏著人権新説を読む」（『全集』第五巻、一五八―一五九頁）。
(143) 同論文、一五七頁。
(144) 同所。
(145) 橋川文三「歴史意識の問題」（『近代化と伝統』〈近代日本思想史講座〉第七巻、六八頁）。

第五章　明治十四年の政変と福沢諭吉

福沢諭吉は自分の言論活動の使命について、『文明論之概略』を書いた一八七五（明治八）年前後の数年を境に、破壊の時代から新秩序始造の時代に転じたと語る。後半では一貫して、維新革命を安着地させるレボリューション・セツルメントの実現を説いた。大前提として薩長政府の主導権を認めつつも彼らには「頑陋」を戒め、民権派には「粗暴」をたしなめ、官民相持ちによる国民国家秩序の始造を教導した。モデルはイギリス議院内閣制と非政治領域における活発な市民社会であった。

その福沢を突如、不意打ちしたのが明治十四年の政変であった。これで政府内から大隈重信と慶応閥の追放がなされ、明治国家の秩序構想はプロシア型憲法体制の下、天皇制国家と臣民社会という路線に定まった。客観的にみれば福沢もこの大陰謀の犠牲者であり深い手傷を負ったが、主観的には意図的にこの政変を過小評価してみせ、官民調和の国民国家秩序構想を説き続けたのであった。結果的にはそれが、福沢構想を天皇制国家の中に霧消させる悲運の原因となったと思われる。

一　はじめに

二一世紀は辛巳年で幕を開けた。この二周前、つまり一二〇年前の辛巳年、一八八一年が「明治十四年の政変」の年であった。今日から見れば、それは薩長藩閥政府とプロシア風憲法構想が合体し、いわゆる天皇制国家体制（明治憲法体制下の国家と臣民社会）が懐妊された時であった。ペリー来航から二八年目、大政奉還からは一五年目に当たる。その頃まで予測外の臨機応変の連続として進行した維新の変動は「成行き革命」ともいわれる。景気よく破壊はするものの建設すべき確たる設計図のない「手さぐり革命」「走りながら考える革命」の航路であった。やがてさしもの混沌にも体制制度化のコースが用意され、秩序化に向けた凝固が始まる。この《時勢の転機》が明治十四年の政変であった。もっともこの時出された勅諭では国会開設は約束されたが、憲法に関しては「立憲ノ政体」「立国ノ体」の文言はあるものの何の具体的言及もなされなかったのであるが。しかし日本歴史上空前の非連続に終止符を打ち、曲がりなりにも基本法の体系、「国是」の方向性が定まったのがこの政変においてであった。したがって一八八一年は明治維新史の一大画期であった。尾佐竹猛によって唱えられた時代画期性は今日では定説といえよう（尾佐竹猛、一九三〇）。一言付け加えればこの政変を機につくられた天皇制国家体制には統帥権問題などの欠陥も多く、その六〇年後の辛巳年（一九四一）には太平洋戦争の勃発を見、帝国は破綻に帰したのでもあった。

本章はこの明治十四年の政変と福沢諭吉の関係を問うものである。客観的に見れば福沢諭吉の人生、そして言論活動は明治十四年の政変によって甚大な影響（傷）を受けた。しかし主観的にはその傷を軽く捕らえて見せ、笑いとばして見せる風が彼には見えた。この落差のもつ意味を考察してみることが本章のねらいの一つである。福沢は同時代人として最も早く鋭利な明治維新論を語っていた史論家であるにもかかわらず、その福沢からも見落とされ、他の同時代人からも注目されず、長らく明治十四年の政変の時代画期性は気付かれることがなかった。そして政変を過小評価した姿勢によってその後の福沢の言論活動が、「大本願」とした国民国家の形成と、現実に進行する天皇制国家とのズレにきちんと対応できなくなったのではないかと考えている。言葉は悪いが、すでに天皇制国家が種づけられていたのに近代国民国家を誕生させようとしたのが福沢であった。この点について遠山茂樹が「明治一四年以前の天皇制は、まだ弱く如何様にも変えることができるかに見えた。だから福沢は権力を甘く評価し、それを利用しようとし、結局は裏切られた。天皇制は動揺を重ねながら、年とともに強さを加えた。しかし福沢は、権力を利用する執着を断ちきれなかったばかりか、いよいよ深みにはまった」（遠山茂樹、一九七〇、二七七）と指摘したことは意味深長である。

ただ一言付け加えておくと遠山茂樹が、福沢の言論が進歩的立場から後退する画期を、明治十四年の政変の「大きなショック」に求め、「この年をもって、変化の画期と考えたい」（同書、二四五）としたことに、私は半分同意するが、半分は同意しない。変化時期の考察は別稿（伊藤彌彦、一九九九、一六八以下）に譲るとして、本章では政変ショックにもかかわらず福沢の言説は一貫性を保ち、変わらなかったし、本人もそういう態度を保とうとしたことを以下で明らかにしたいと思う。これは福沢の言論が変化しなかったと論じるのではない。時代を呼吸し時代に影響を与える発言を学者の義務と考えていた福沢であるから状況に応じて変化していった。それにもかかわらず個々の発言を一貫して動機づける世論指導の目的が存在していたことを跡づけたいと本章では考えている。

明治十四年の政変そのものに関する詳しい説明は省略する。士族民権が平民民権に拡大し、国会開設を求める人心が全国規模で高揚し、藩閥政府が存亡の危機を感じ始めた頃、岩倉具視、伊藤博文、井上毅らが計画し、実施し、みごとに成功したヘゲモニー回復のクーデターが明治十四年の政変劇であった。それは北海道開拓使官有物払下げ事件で日本列島が白熱して政府攻撃に出るというピンチをチャンスに変えた大逆転劇であった。官有物払下げを中止するとともに一〇年後の国会開設を約束する勅諭を宣布し、民権勢そして人民を歓喜させ、その裏ではプロシア風憲法を国是にする路線を定め、参議大隈重信と大隈系列の主に慶応義塾出身官僚ら三八名を政府から追放して伊藤博文らがイニシアチブを確立した事件であった。これは危殆に瀕していた政府側が土俵際で放った見事な《うっちゃり》であり、しかも民権側がその敗北に気づくのはかなり後のことであった。

時代背景説明をもう一点加えておくと、幕末からの激しい体制変革期の人心に流行していた言説に「攘夷」と「公議輿論」があった。これらは明治以後も人心を捕らえ、魅き付けた観念であって「走りながら考える変革」をソフト・ランディングさせる時の国是に盛り込まれる必要があったものである。攘夷は明治以後、対外的独立という切実な課題の中で自己主張を続けた。公議輿論は、幕末、門閥世襲人事を批判し適材適所の人材登用を可能にする議論として青年を魅了するとともに、西洋の議会制を導入する窓口となった言説である。明治以後も政治参加つまりは国会開設を要求する絶好の言説として人心を魅了し結集させたのである。幕末明治の流動期を安全に着地させるためには公議輿論を国是の中に制度化することが新政府においても不可欠であった。

二　福沢諭吉を怒らせた二人の門下生——林正明と九鬼隆一

ところで明治十四年の政変前後の頃、福沢諭吉を激怒させた二人の門下生がいた。まずはその憤りぶりを紹介しよう。一人目は熊本出身、かつて開設したばかりの福沢諭吉塾に五人目に入塾した門弟で、文久三年から藩命で西洋留学する明治二年までの六年間を福沢に親炙した経歴の主、林正明に対しての立腹である。「或は彼より来るも此方より拒むべき者あり、例ば林正明の如し、御含置被下度《くだされたく》、この前交詢社員を募る時にも、塾の人の不注意にて正明へ案内いたし候抔、誠に言語道断なる不行届、此度はケ様漠然たる取計なき様御注意可被下候。人を悪むは宜敷からざる事とは乍申《もうしながら》、不埒者には夫れ相応の罰を以て懲らしめずしては不叶《かなわず》、彼が如きは畢生其罪を免し難し。御含置被下候」（八〇・一一・一六、宛先不明書簡、全集⑰四一三）。発足後間もない交詢社の二四名の常議員の一人に林正明が選出されたことを知って爆発したのである。言葉づかいも「相応の罰を以て懲らしめ」る、「不埒者」と、憎しみの感情露わである。林は慶応義塾の後、明治五（一八七二）年七月まで米英に留学生活を送り、帰国直後から司法省、太政官（翻訳局）、大蔵省に奉職し一八七六（明治九）年一二月現在在籍したことが知られている。この四年五カ月間に著書二冊、翻訳・訳述書一〇冊、草稿二冊を残していることにも相当できる人物であったことがわかる。林は在官中に政論雑誌の刊行を手がけ、やがて辞官して共同社社長となり、『近事評論』『扶桑新誌』の発行を続けた。両誌は、明治一六年に明治政府の行った新聞紙条例改正による巨額の出版保証金を積むことができず、廃刊に追い込まれるまで続いた。またこの間、西園寺公望が計画した『東洋自由新聞』に協力して、記者を務めたこともあった。要するに林は自由党系の民権論者として論陣を張ったのである（林正明に関しては水野公寿、一九六九、一九八一、一九九〇／坂井達朗、一九八五）。問題は『近事評論』『扶桑新誌』が行った福沢諭吉の言論と行動に対する痛烈な風刺にあった。福沢の民権勢に批判的な態度、さらには明治政府に接近する態度に対して、両誌はあたかも内部情報を得たかのような絶妙のタイミングで、鋭く揶揄する無著名またはペンネームの記事を間歇的に登場させた。その内容は後述するが福沢の痛いところをボリボリ掻いたために福沢を立腹させたのである。いわば林正明は福沢左派の逸脱者であった。

　二人目は九鬼隆一である。九鬼に対する福沢の怒りはもっと厳しく執拗であり、何通もの手紙が残っている。例えば一八八四（明治一七）年駐米公使に決まった九鬼は過去の忘恩を忘れたかのように久々に福沢邸に顔を出した。福沢は早速アメリカ留学中の息子らに接近を警告する手紙を出し、お目付役の村井保固にもそれを念を押す。その中でこう書く。九鬼の出処進退は「随分反覆鉄面皮」であって「己が利害こゝに去れば旧誼を棄ること敝履の如く」である。「唯交際の一芸にて今日まで立身したる」人物であって、武器はそれしかないので「時としては反覆表裏、人間交際の徳誼を破る」者であるとして不信感を露わにする（八四・九・一一、村井保固宛書簡、全集⑰六九〇）。あるいはこんなものもある。「唯今交詢社へ参り名簿取調候処、何ぞ計らん既に〔九鬼隆一に〕案内状を出して、先方より承諾参会の返書さえ来り居るを見たり。……実に残念の次第、何とも致方は無之候。……衆人中に一の隆一あるも座上に犬ころの居るが如し、邪魔にも何にもならず候得共、苟《いやしく》も老生の名を以て之に案内したりと申ては……。自身の心に忘れざるものを、案内状の誤出にて忘れたるが如く見ゆるは、如何にも残念至極……」（九六・一一・一五、岡本貞烋宛書簡、全集⑱七一〇―七一一）と悔しがることひとしおである。これを見ると生涯許してはならぬ者と見なしていたのがわかる。養子として三田藩家老の後嗣となり、若き日には福沢家に入りびたり、満一九歳の若さで文部官僚となり、「三田の文部省」と称された福沢諭吉と連絡を取り合って、飛ぶ鳥を落とす勢いで開明的文教政策を進めていた九鬼隆一であったが、「教育令」の失敗を理由に田中不二麿が左遷されるや、九鬼も突如復古論者に転じ文部行政を保守化させて師匠福沢を裏切ったばかりか、明治十四年の政変でも政府側について福沢家スパイの行動を取ったといわれる。慶応出身者にもかかわらず政変後も唯一政府内に残留したのであった（高橋眞司、一九八二）。九鬼隆一は第一に変節者であり、そして右傾化した文部省・政府に身売りした福沢右派の逸脱者であった。この両者への怒りに福沢諭吉と明治十四年の政変との関わりが暗示されている。それを解明するためには、当時の福沢諭吉が構想していた秩序観について説明しなければならない。

三　秩序の始造・官民の矯正

福沢諭吉はしばしば「社会の雁奴《がんど》」という言葉で、自分の社会的任務について語った。雁奴とは天空高く翔ぶガンの群の先頭にあって編隊を誘導する役である。世間の人々と呼吸をともにしながら、一歩彼らに先んじて先導する役割を意味する。しかもそれを在野の言論人という立場を印象づけながら行おうとした。その時「扨身《さて》に叶う仕事は三寸の舌、一本の筆より外に何もないから、……筆を弄び、種々様々の事を書き散らしたのが西洋事情以後の著訳です」（『福翁自伝』全集⑦二五九）というように、福沢が武器としたものはひとえにペンの力、著述物であった。そして少なくとも文明開化期の前半生までは、そのペンは旧俗旧物破壊に華々しい威力を発揮した。

さて社会の雁奴には、第一に言論人は先導者であらねばならぬとする使命感、第二に社会に影響力を与える場所に自己を置いて活動する意味が込められている。

福沢が批判し軽蔑したのは、言論界に相当の地位を占めて、あたかも時勢をリードするかに見えて、実は時勢に追従している言論人の姿勢であった。世の学者論客、新聞記者、論客弁士の中には、似非《エセ》言論人の活動が目立つではないかと次のようにいう、「唯流行に従うに汲々するのみにして、之を矯正し之を始造するの一段に至ては漠然として忘るゝが如きの一奇談なり。……天下の公議輿論に従うとて、得々喋々、唯世間の風潮に戻らざるを以て無上の目的と為す其趣は、……誠に頼母しからず」と。それでは言論の指導者ではなく実は流行に埋没する大衆と同じである、「愚俗の婦女子が当世の流行に熱心して衣裳を装う者に等しきのみ」と手厳しい（「掃除破壊と建置経営」全集⑳二四四―二四五）。なお一言注釈を付け加えれば、ここにいう公議輿論を福沢は、通常の政治学的言語として使うのではなく「例えば服飾の流行」まで含めた「天下衆人の多数にて是認する所の主義」と広義に使用していた。

さて彼の認識で興味深いのは、この種の公議輿論を、「元と人間世界の人為に出たるものにして、決して天然に非ず」（全集⑳二四三）と看なし、「人為性」を強調していたことである。人為であるからこそ言論を発する知識人の責任が問われる。「学者の職分」は自覚的に公議輿論、流行を「矯正」したり、「始造」することに置かれる。曰く「学者の職分として常に人事の前途に眼を注ぎ、時に随て此流行を矯正し又或は新に流行を始造するの工風なかる可らず」（全集⑳二四四、傍点は引用者）と。

また福沢は自らを絶対安全な対岸において、世間に崇高な真理をご託宣して事足れりとする言論人ではなかった。あくまでも世間の人と呼吸をともにしながら、彼らに一歩先んじて影響を与えようとした。それはこちら岸に身を置きながら、現実に可能な選択肢の中からよりベターなものを選ぶという政治的センスを必要とする仕事であった。限りなく現実妥協的でありながら、「大本願」を忘れることなくその実現にあくまでも忠実たらんとする難題に挑戦した言論人であったといえよう。

ところで社会に影響を与えようとする以上、官に接近することも、反対に接近しすぎて官に影響されることも起こりうる。危うい吊り橋を左右に揺れながら、バランスを取って歩いた。遠山茂樹は「彼は官にもあらず民にもあらざる中間の立場に立つことを常に口にしていた。その中間の立場は、官と民との対抗の推移の中で、それを敏感に反映しつつ動揺しつづけた。……とくに情勢にたいし積極的にはたらきかけようとする主体的意欲が強ければ強いほど、情勢への見とおし如何によって不断に影響をうけざるをえなかった」（遠山前掲、二五）と、福沢の立場を絶妙な表現で描いていた。

本章で特に指摘したいのは、このような言論人福沢諭吉が、自分の言論活動の役割について、明治初年代後半のある時期を境に、前後二段に区分けして意味づけていたことである。この区分は一八八四年の筆と見られる文章にも、晩年の「福澤全集諸言」の中にも一貫していた。前者では「建置経営の主義」といい、後者では「調和」という言葉を遡及させて使用するという微妙な意識の変化は認められるものの、時代区分すること自体に変化はない。つまり自分が一段目で始造しようとしたのが破壊の時代であり、二段目で始造しようとしたのが秩序づくりの時代であった、とする意識である。そして注目すべきは明治十四年の政変の前後をもって非連続とも、まして変説とは決して言わなかったことである。

区分の時期に関しては、「明治八、九年の頃」（「掃除破壊と建置経営」全集⑳二四九、『時事大勢論』全集⑤二三八）あるいは「明治七、八年の頃」（「福澤全集諸言」全集①六〇）と書く。その内容については「我輩の思想に於て其方向を二段に分て見る可きものあり。蓋し初時は掃除破壊の主義にして、第二段は建置経営の主義なり」（全集⑳二四八）の一文にいちばん明瞭に示されている。

第一段の華々しい破壊の時代の世論指導については、『学問のすゝめ』を想起すれば多くの説明は要らないであろう。ただ福沢諭吉はこの世論指導を「始造」という言葉で表現していたことに注目しておこう、「民権の自由独立の宿説を益《ますます》天下に明にして同主義の人を作り、封建門閥の旧套を脱して新に民権の公議輿論を始造せんことに勉め、……」（全集⑳二四八）と。

さて本章の関心は二段目の建置経営ないし調和の方にある。破壊の後には新しい国家体制を建置しその建てられた明治国家を経営しなければならない。その方向に世論を「始造」し、あるいは「矯正」することが学者の職分であると福沢はいう。そしてこの世論指導の目的を破壊から建置にいつ切り換えたかの説明で、いちばん古く遡るのが「明治七、八年の頃」であった。福沢の思想の変化がいつ起こったかについては諸説があり（遠山前掲、二四四以下参照）、遠山茂樹は「その画期を（明治）一四（一八八一）年に見る」（同上、二五八）ことは前述した。改革を支援する漸進主義から、急進を抑えるための漸進主義になったという。私も別稿で一八七九（明治一二）年から一八八二（明治一五）年の間に起こった大きな、ゆっくりした旋回について論じた（伊藤前掲、一七〇以下）。しかし本章では、秩序の始造の観点に立てば福沢の時期区分の主張には一貫性が見られること論じ、その変化しない部分に光を当てることを課題とする。福沢の自己意識としては、明治十四年の政変以前の時期に、破壊から建置へ目的を変換した、と自覚されていたことが注目される。晩年に書かれた「福澤全集諸言」には思い違いによる間違いも多く、こと秩序に関する事柄では時間を前倒しにし勝ちであったけれども、福沢の著作を年代別に並べて「建置」の視角から整理してみれば一八七四（明治七）年転機説もありえなくもない。

ただ一八七四（明治七）年という年には次の点を考えると意外の感も起こる。というのは、啓蒙・文明開化ブームによって言論界が繚乱と花開いた百花斉放の年、そして福沢の言論においても激しい旧俗破壊の年であったからである。『明六雑誌』の刊行はこの年に始まった。「民撰議院設立の建白」もこの年に出され、ことに佐賀の乱鎮定後からはいわゆる士族民権、言論を武器にした藩閥政府攻撃が開始された。福沢も、まず「学者職分論」（『学問のすゝめ』四編）を刊行して官に就く洋学者たちと論争し、赤穂義士の忠誠観を疑問視して物議をかもし（同書、六編）、さらには楠公権助論を展開したために生命をねらわれたのがこの年であった（同書、七編）。旧俗旧価値観に大胆な挑戦をしていたからである。

それなのになぜこの年が建置の年の始まりなのか。その答えは『文明論之概略』にある。「明治七、八年の頃に至りては世態漸く定まりて人の思案も漸く熟する時なれば、此時に当り西洋文明の概略を記して世人に示し」（「福澤全集諸言」全集①六〇、傍点は引用者）と記する晩年の回顧の、少なくとも傍点を付した一行だけは事実であった。『文明論之概略』の起筆が一八七四年二月八日であり、書き終えて発売されたのが翌年八月二〇日であったからである。つまり福沢は一方で儒教的忠誠観の破壊作業を行いながら、他方では秩序建置に向けての世論指導に取りかかっていたのである。

一八七四年以後で一八八一年の「明治十四年の政変」以前の時期における主たる作品は、『文明論之概略』（一八七五・八）、「学者安心論」（七六・四）、『分権論』（七七・一一）、『通俗民権論』（七八・九）、『通俗国権論』（七八・九）、『通俗国権論二編』（七九・三）、『民情一新』（七九・八）、『国会論』（七九・八）、『時事小言』（八一・九）等である。そしてそれらの中に福沢の「建置経営の主義」を「始造」しようとした意図を窺い知ることができる。

福沢の作品の中で最も哲学的、理論的作品であるといわれている『文明論之概略』は、西洋文明を紹介しながら近代国家および生活社会の秩序構成原理を宣教した作品といえるのではないか。「福沢は『憂国の学者』として、国民国家の確立という緊急の課題をとりあげて、『衆論』に直接に働きかけようとした」（松沢弘陽、一九九五、三八七）といわれるように本書は、世論に国民国家の建設を訴えた作品であった。

「学者安心論」は、「改進の学者流と政府との間に不和あるは何ぞや」（全集④二二六）と問題提起した上で、両者が距離を置くことで共存する工夫「互に相遠ざかりて相近づく法」（全集④二二七）などの議論を展開した。民権論の高揚という秩序撹乱要因を心配して書かれたのである。続く著作の執筆動機ついては、晩年の回想で「分権論、〔通俗〕民権論、〔通俗〕国権論、時事小言の如きは、官民調和の必要を根本にして間接直接に綴りたるものなり」（全集①六二）と説明したように、国家および社会の調和的秩序構築を意図したものであった。

『分権論』では眼前に出現した士族の反乱を特に意識していた。国の秩序形成をさまたげる撹乱要因を列挙する。封建旧守派の士族さらには学校熱の下に育った人材を取り巻く就職難と青年の政治化「進むに席なく、退くに座なし。知字は憂患の始まり」（全集④二五九）、奢侈の害、外国人内地雑居などである。その後で、「日本国の盛衰興敗の原因たる士族の方向を一にして、改進者流も守旧者流も同一様の道に進むの一法」（全集④二六三）を提案する。具体的には地方分権によって士族の政治参加を認めて不平士族を落ち着かせることを論じた。なおここでの「士族」は身分概念としてではなく、「天下の事を心頭に掛る者」という機能概念として規定し、必ずしも士族層に限定されていない。「国の良材」とも呼んでいた。この『分権論』や後の『国会論』『時事小言』では、トクヴィルを下敷きにして「政権」と「治権」あるいは「政体」と「政務」の区別を強調した。ガバメントとアドミニストレーションの区別を指す。これは国会開設によって政体つまり政府の仕組みが議院内閣制になったとしても、政務つまり「政府の事務」は連続することを伝えて、行政権つまり主要官職を独占していた薩長閥を安心させる工夫でもあった。こうして「彼は国会開設の目的を政体上の変革に限定し、政体上の変革を、もっぱら執政者の交替の方法に集中する」（遠山前掲、一五〇）。

『通俗民権論』と『通俗国権論』を同時に出版したのは、福沢が「大本願」とした国民国家の実現には、政府の他に人民が政治参加（民権）するとともに政治的責任を負うことを説きたいからであった。「通俗」の二字を冠したことが示すように「俗間の人」に解説するための書であった。『文明論之概略』で構想した国民国家の原則を易しく説いたものともいえよう。

続く『民情一新』と『国会論』では具体的な秩序構想として政体論を展開した。モデルとされたのはイギリスの議院内閣制である。ところで『民情一新』を前著『文明論之概略』と連結させる時、文明論議のテーマが浮上する点がよく論じられてきたが、『民情一新』を後著『国会論』と並列する時に浮上するのは政体論議である。ここに福沢が構想した維新体制、いわば明治維新を安定秩序にソフト・ランディングさせるためのレボリューション・セツルメント構想があったことは次節で説明する。ペリー来航に始まった「旧物破壊、新物輸入の大活劇」（全集①三）にそろそろ幕を引き、民権と国権の調和した国家体制をこれで実現しようとしたのである。

ところがこの『国会論』を公刊すると、世間は福沢の思惑を超える読み方をした。民権勢を焚きつける文章として流布したのである。『福翁自伝』に書かれた有名な次の一節はその時の福沢の戸惑い、狼狽を示している。「不思議なる哉、凡そ二、三ヶ月も経つと、東京市中の諸新聞は無論、田舎の方にも段々議論が喧しくなつて来て、遂には例の地方の有志者が国会開設請願なんて東京に出て来るような騒ぎになって来た……。物数寄《ものずき》な政治論を吐て、図らずも天下の大騒ぎになって、サァ留めどころがない、恰も秋の枯野に自分が火を付けて自分で当惑するやうなものだと、少し怖くなりました」（全集⑦二四七―二四八）。世論を破壊の主義から建置経営の主義に、官民協同して国民国家体制の建設に誘導しようと目論んで出版したにもかかわらず、『国会論』は予想に反して民権勢への力強い援軍として受け取られた。官民の騒乱を静めるよりも拡げたのである。事態を深刻に捉え、その責任を感じた者の発言である。以前私はこの発言を自分のペンの力を過大評価した発言であると考えていたが（伊藤前掲、二〇六）、むしろ自己のペンの失敗を語ったと見るべきだと考え直している。

そして『国会論』での世論誘導の失敗を修正する目的で書かれたのが『時事小言』であった。「『時事小言』は、『国会論』出版当初から予定していた続編に当たるのであるが、『福翁自伝』にいう『図らずも』という結果を引き出してしまったことの補正という論調がつよくうち出されたものであった」（遠山前掲、一四八）。『時事小言』はわざわざ「緒言」をつけて、「其目的は唯時事を語て時勢を変ずるに在るのみ」（全集⑤九九）と断る。目前の時勢を矯正するための時事論であるとしたことに何よりもそれは示されている。『文明論之概略』や『民情一新』が原理論として文明国の秩序構想を論じようとしたのに対して『時事小言』は世論対策型の時事論の性格がきわめて強い作品であった。そしてこの著作以降、官民に妥協と調和をうながす論調が濃厚になる。

『時事小言』の内容は次のようなものであろう。後の明治十四年の政変後の官民調和論と違って、あくまでも国会開設によって「政権交代の制度化」を実現することを強調した上での話であるが――明治政府と民権勢との双方に対して、妥協と決断（国会開設の）を促す目的で書かれた高度に政治的な、苦心のないしは悪あがきの一編であった。文明開化期にともに開国進取を目指して協力し合っていた官と民が、国権論と民権論との離婚に向かいかけた時の妥協工作である。福沢は一方で内安外競を警告し民権派に「駄民権」ときつい言葉を投げかけ、他方で政府に向かっては国会開設をしても心配は起こらないと決断を促し、さもなければ人心はどう荒れるかもしれぬと恫喝してみせたのであった。こんな時の発言は老獪をきわめるのが常である。『国会論』を読んで感奮していた民権勢にとっては大きな失望の書であった（伊藤前掲、一二八）。

以上『文明論之概略』から「政変」までの主要作品には、一貫して秩序建設あるいは調和の主張が見られることを論じた。次にここでこの時期の明治政府要人と福沢諭吉の交流について触れておく。かつて上野の山で繰り広げられる幕軍・官軍の戦を慶応義塾の学窓から傍観していた福沢諭吉が、新政府に対する評価をあらためたのは廃藩置県の挙を目撃した時であった。明治維新が薩長雄藩による天下取りの活劇ではなく、下級士族集団による体制変革の革命であることを福沢はこの時認識した。そして本腰でこの新政府を支援する意志をかため、ペンの力を揮ったのであった。その第一段は、旧制旧習を破壊する文明開化の流行を始造する使命であった。その事業を在野の学者として担う、「社会のステイツマン」（藤田省三、一九六七、二二以下）という立場がその時福沢諭吉が強く固執したスタンスであった。

ところで二段目の時期、つまり破壊の主義から秩序創出の主義に世論始造の活動目標を転換した後の福沢は、政府要人との接触を深め、交流を濃くしていった。福沢は、自ら身体を張り血を流して政権を勝ち取った薩長人からそれをやすやすと手放させるように願うのは虫がよすぎる、と民権勢をたしなめるのが常であった。あくまでも薩長政権を維新革命の推進集団として認知し、彼らの主導権の下で彼らと協力しながら「大本願」としていた国民国家を実現させようとしていた。この点では「福沢は明治政府に対立する立場に立ったことは一度もなかった」（遠山前掲、二四九）といえよう。他方政府側としても、啓蒙開化運動の落とし子の民権運動が、次第しだいに反政府色を強め政権基盤を揺るがせる恐れが出てくると、福沢諭吉への接近を図った。当時の政府を開明専制型と呼ぶならば、福沢には専制型政治家の大物大久保利通・岩倉具視とも、開明型政治家の典型田中不二麿とも、そして大久保なき後の政界第一人者大隈重信とも人的交流の跡が認められる。

かなりの記憶違いと事後意識による遡及的脚色は見られるものの「福澤全集諸言」に残された大久保利通との交流の様子は意味深長である。晩年、会見の時期を実際よりも早かったように事後意識をもったこともさることながら、富田正文の調査で明らかになったのは、一八七五（明治八）年六月一三日、森有礼宅にて大久保利通、寺島宗則、箕作との五者会食、および一八七六（明治九）年二月二七日、鮫島尚信邸にて大久保利通と一緒の三者会合の事実であった。

後者の会合の後大久保利通日記には福沢について「種々談話有之、面白ク流石《さすが》有名ニ恥《はじ》ズ」と記されているという（富田正文、一九九二、下、四四九）。福沢の方はこの時の様子をこういう。大久保利通は「暗に余を目して民権論者の首魁と認めたるもの、如」く、人民が民権で権利を争うのであれば同時に義務も伴わねばならぬと議論を仕掛けてきた。これに対して「余は之に答え、権利義務の高説よく了解せり、……自分の争う所は唯人権の一方のみなれども、今後歳月を経るに従ひ世に政権論も持上りて遂には蜂の巣を突き毀したるが如き有様になるやも計られず、其時こそ御覧あれ、福澤は決して其蜂の仲間に這入て飛揚を共にせざるのみか、今日君が民権家と鑑定を附けられたる福澤が却て着実なる人物となりて、君等の為めに却て頼母しく思はる、場合もある可し、幾重《いくえ》にも安心あれと、恰も約束したることあり」（全集①六四）とある。官民のバランスを心得てこの国の国家社会秩序をソフト・ランディングさせる「着実なる人物」として自分の役目を説明し、大久保に「流石」といわせたのである。なお岩倉具視との交流は、明治十四年の政変後も続いた。井上毅が強い警戒心を示していたものである（伊藤前掲、一五八）。

「文部省は竹橋に在り、文部卿は三田に在り」とうわさされたほど濃厚な福沢諭吉と田中不二麿の関係についてはあらためて喋々する必要はなかろう（鈴木栄樹、一九九四）。学制期、教育令期の教育には福沢諭吉の思想が田中不二麿を通じて影響していた。そしてこの両人を媒介する位置に慶応出身の文部官僚九鬼隆一がいた。田中は政府と市民社会の区別、政治と非政治の区別を西洋から学習していた稀な政治家であった。それで教育、学問を政治権力から独立させ市民社会に位置づけようと努力した。また非政治的社会権力として学士院を設立するなどした。これは国民国家の創設を目論んでいた福沢諭吉と深く共鳴し合ったからであった。

大隈重信は開明派官僚であるとともに、大久保利通暗殺後は政府の実力第一人者であった。大隈と福沢は書簡交換数も多く交流が頻繁であった。渡辺幾治郎の『文書より観たる大隈重信侯』には「議論家や学者などの集会の席上で初めて〔福沢は〕大隈重信と面談し懇意になり、大隈の紹介で伊藤博文、井上馨とも知り合い、大隈の幕下に矢野文雄、小泉信吉等を推薦し、やがて尾崎行雄、犬養等も推薦」した旨が載っているという（全集㉑五四〇）。これで見ると福沢諭吉は大隈重信のパイプで当時の明治政府との関係を深めたことがわかる。富田正文の調査によると大隈のってによって有力な福沢門下生が数十人、政府大蔵省、特に統計局に登用されたのであった（富田前掲、下、五六九―五七〇）。中でもその中心は矢野文雄であった。「やがて矢野は太政官大書記官となって大隈の帷幕《いばく》に参じ、伊藤博文幕下の井上毅と並んで太政官書記官の竜虎と称せられ」（同書、五七一）た事実は、間もなく発生する明治十四年の政変劇を考えれば、何とも感慨深い。

このような政府要人との接近の延長線上に起こったのが、政府系機関紙発行の一件であった（有山輝雄、一九八五）。一八八〇（明治一三）年一二月二四、二五日頃、大隈邸にて大隈重信、伊藤博文、井上馨、福沢諭吉の四者会談が行われた。政府は国会を開設する、それに備えて世論を誘導する新聞（『公布日誌』）を発行し、その責任者に福沢諭吉が就任するという話であった。福沢の記述によるその後の経過は次の通りである。翌年の二、三月までは、四者間でこの件を強化する方向で話は進んだ。福沢が危ぶんだのは大隈、伊藤、井上三参議の協調体制であった。そこで「権を争うと申すは人類に免かれざるの常情、……誰れか首相の位に昇りたるとき……随分掛念なり、其辺に就て三君の御間柄如何と」（八一・一〇・一四、井上馨・伊藤博文宛書簡、全集⑰四七四）と問いかけ、慎重に保証を得てから引き受けたのであった。自分は「此一発を以て天下の駄民権論を圧倒し」（全集⑰四七五）という気構えで政府に協力しながらペンの力で世論を誘導しようと新聞発行用の「人員をも集め」て待機した（これが後日、あの『時事小言』刊行事業に変わる）。ところが四月頃から政府側の態度が冷淡になっていった。そして一〇月一二日、伊藤・井上によって寝耳に水の「明治十四年の政変」が仕組まれ大隈ならびに同系の官僚たちとともに福沢も切り捨てられたのであった。しかも「大隈が国会の奏議も諭吉の手に成りしものデアロウ」式の「デアロウの四字」の「憶測の流行」（八一・一二・二五、井上馨宛書簡、全集⑰四九一）である。まことしやかなデマを流され、自分を民権派を煽る危険人物にされてしまった。漸進主義の伊藤・井上と同道と信じていた福沢には不本意きわまる成り行きであった。この裏切り行為に対して理路整然とした詰問の長い書簡を両人宛に送ったけれども、返事をはぐらかされてしまう。一杯喰らわされたのである。ここに福沢は井上・伊藤との交際を絶った。なおこの政変の裏に井上毅の綿密な策謀が働いていたことに福沢が気付くことはなかった。こうして伊藤博文と幕下の大書記官井上毅が勝利し、大隈重信と帷幕の大書記官矢野文雄は追放され、天皇制国家路線が定まったのであった。

　さて次に明治十四年の政変以後の福沢の言論活動を概観しよう。国民国家の秩序を始造するという、言論活動の「大本願」は政変によってもいささかも変わることはなかった。政変後福沢が使用したメディアは『時事新報』である。これは政府系新聞発行に備えて用意した人員と機材を用いて福沢が独自に発行した新聞であって、一八八二（明治一五）年三月一日に始まったものである。創刊から一五年後、「時事新報第五千号」と題した回顧の中で「初号以来丁寧反覆、既に五千回の筆を労しながら、苟《かりそ》めにも其趣旨を変じこることなし」（九七・九・一、全集⑯八六）と自らが語る『時事新報』は、一貫して官民調和論を主張し続けた新聞であった（参照「時事新報の官民調和論」全集⑬六五〇）。

　ここでは新聞創刊後、約一年ほどの文章を対象にして福沢の発言に耳を貸すことにしよう。二重カッコのものは

後に単行本になった作品を指すが、『時事新報』掲載時の日付で表示しておく。『時事大勢論』（八二・四・五〜四・一六）、『帝室論』（八二・四・二六〜五・一二）、「藩閥寡人政府論」（八二・五・一七〜六・一七）、「時勢問答」（八二・六・二三〜七・八）、「局外窺見」（八二・七・一九〜七・二九）、『兵論』（八二・九・九〜一〇・一八）、「極端主義」（八二・九・二九〜九・三〇）、『徳育如何』（八二・一〇・二一〜一〇・二五）、「天下自省す可きものあり」（八二・一一・二五〜一一・二九）、「急変論」（八二・一二・一九）、「徳育余論」（八二・一二・二〇〜一二・二二）、「明治十六年前途之望」（八三・一・四〜一・一六）、『学問之独立』（八三・一・二〇〜二・五）、「時事新報の一周年日」（八三・三・一）等々。

まず政変後の福沢の発言でいえることは、あたかも政変によって何も影響を受けなかったごとく国民国家という秩序構成原理を説き続けたことである。また私人と公人とを峻別して私人としての伊藤博文、井上馨とは絶交したが、公人としての存在を認め、薩長閥が実権を握る明治政府を容認した上で、官民調和の国民国家の秩序原理を喧伝し続けたことである。例えば曰く、「抑も我輩の鄙見を以て政治社会の有様を察すれば、維新以来門閥を廃し旧習を破り、破壊の事は今日既に終りたるものとせざるを得ず。破壊既に終れば今後は漸く建置経営の方に向わざる可からず。而して新に文明の事物を建立設置して向後の進路を経営せんとするに、最大一要は唯社会安寧の一事あるのみにして、此安寧を求るに、一度び破壊したるものを旧に復するが如きは勢の許さざる所、且これを復せんとして却て大害を醸す可ければ、復旧の論は茲に断念して、唯今の時勢に順て、官民を問わず国人一般に向う所を共にすること緊要なり」（「時事新報発行解停」全集⑧一六二）と。こうして「此一義を唱えて十年一日」（全集⑬六五〇）官民調和論を唱え続けるのであった。

福沢は政変以前から政府と民間の妥協を主張していたし、晩年の福沢は官民調和の言葉を「明治七、八年の頃」にまで遡らせて使っていた。しかし私は「官民調和」を、政変以後『時事新報』でしきりに使用された言説として狭義に理解している（伊藤前掲、一七四、二〇六）。国会開設の勅諭を前提にして、開設される国会をいかに平安なものにするかを第一義的に配慮した「内安外競」の城内平和論である。「明治十四年以来官民の有様を見るに、其間柄とかく円滑ならずして、動《やや》もすれば反目の兆なきに非ず、……政府は当時既に国会の開設を約束して其期限は近く十年の後に在り、即ち専制の政治より立憲の政体に移る大切の時代にして、いよいよ約束の如く目出たく其開設を見んとするには、官民共に其方向を一にして進むこそ肝要なるに、然るに事の実際に於ては年を追《おう》に随て反目の状、次第に著しく、其成行甚だ掛念す可きものなきに非ず、即ち我輩が読者の倦厭を顧みず、飽迄も調和の説を反覆して止まざる所以なり」（全集⑬六五〇）。そこでは『国会論』や『時事小言』において絶対に守るべき原理として唱えていた議院内閣制への言及を、一切控えているのも政変後の「官民調和論」の特徴である。あたかも国会は政党内閣を自明の前提として認めているかのごとくであった。

次に政変後明らかに変化したのは、発言者としてのスタンスの取り方である。「局外窺見」、局外中立の姿勢を鮮明にして、自分を政府からも民権派からも離すことを宣言した。「独り記者に於ては政を談ずるも政に当らんとする者に非ず。即ち政党の人にも非ず又政府の人にも非ず」（全集⑧二一六）。政府要人に接近し裏切られるという手痛い火傷は、福沢をふたたび政治権力から距離を置く在野の自由人という原点に立ち戻らせた。そして政界の利害関係と無縁な立場だから、遠慮なく明治国家の行く末を指導しようとしたのである。

政変後の言論に見られる第三の特徴は、議院内閣制を一切いわなくなった代わりに、政治権力と教育の分離、政治と学問の区別、皇室と政治の分離、言論の自由の保障、極端主義批判と寛容の主張、徳育による圧制への警戒、復古主義批判、頑固主義に対する漸進主義、要するに非政治的市民社会の領域を確保した上で国民国家を築く主張を数多く繰り返したことである（伊藤前掲、一七九―一八四参照）。

最後に指摘しておきたいのは福沢が明治十四年の政変そのものについて言及してみせることが少なかった事実である。わずかに晩年『福翁自伝』で次のように簡単な総括を行っている。政府側からある時新聞発行事業の話を仕掛けられ、そのつもりでいたら勝手に政府側から去っていった「大笑いな珍事」があったと語る。時の明治政府の狼狽ぶりは西南戦争の時以上で、「余程騒いだものと察しられる」と他人事のように描写して、平静さを装っていた。しかし他方では、事件に関する「真面目《しんめんもく》の事実は、私が詳に記して家に蔵めてある」、もし事実を暴露したら「政府の中に随分困る奴が出来る」ともいう。この政変を機として文部省が「妙な風」になって「従前の教育法を改めて所謂儒教主義を復活せしめ」たことを指摘するのも忘れなかった（全集⑦二四四―二四六）。受けた傷は大きかったのである。

政変を軽く扱ってみせることから生まれるプラス面は、福沢の言論活動がこの事件で中断されることなく一貫性をもって活発に続けられたことである。すなわち「破壊の主義」に代わり、「建設の主義」を始造する営み、国民国家という国家社会構成原理を普及する事業を継続し、維新革命をソフト・ランディングさせようとしたことである。

政変を軽視することでもたらされるマイナス面は、福沢の明治維新論の中に、この事件の意義が対象化されることがなく終わった点である。民間歴史家としての福沢諭吉は、同時代として最も早く明治維新史論を書いた一人であり、最も秀れた史論家であった。しかし明治維新の重大なエポックとなった十四年の政変を歴史に位置づけることなく後半生を送った。今日振り返ればこの政変が転機となって、福沢が「大本願」としていた議院内閣制を前提とした国民国家構想は敗北し、代わってプロシア風憲法をもつ外見的立憲制国家、いわゆる天皇制国家の成立に道を譲ったのであった。

福沢は国民国家理念をめぐる挫折を自覚することなく、国民国家づくりのイリュージョンにしがみつく後半生を送る。それはやがて膨張主義型国家と変身して大陸に足場を築く天皇制国家および国内にあっては硬直した臣民社会の出現を現象させたのであるが、福澤の晩年はそれらを讃美し現状肯定的な認識が目立つようになった。これは彼の右のような明治十四年の政変の総括不足と無関係ではないだろう。しかしまたこの明治十四年の政変の時代画期性を歴史家が指摘したのは、半世紀も経ってからの尾佐竹猛であったことを考えれば、福沢の目を欺くほどあざやかに、「冥々の問」（井上毅の言葉）に成功した政変劇であったともいえる。

以上、福沢の言論活動の二段目、国家社会秩序建設に向けた世論の始造活動の概略の紹介を終わる。次節では、福沢が定着させようとした秩序構想の内容とその後を吟味することにしたい。

四　不ぞろいな維新体制——霧消する福沢構想

以上見てきたように福沢諭吉は自分の言論活動の質的変化を明治十四年の政変時に置かず、一八七四〜七六年頃の掃除破壊の主義から建置経営の主義に転じた時点に求めた。その第一幕では、「旧物破壊、新物輸入の大活劇」（全集①三）の演出に参画し、その存在性を自他ともに認めさせた。二幕目では、政変前も政変後も一貫して、維新の動乱後の秩序構築の台本を描き示し、世論誘導を試みた。その時、官民の妥協を促す筋書を書いていたことでも一貫していた。政変前においては、イギリスをモデルにした政体論、議院内閣制の唱導が、一本筋の通った主張として目立っていた。政変後の論調は狭義の意味における「官民調和論」である。つまり政体論に関しては沈黙し、官と民とが同じ方向に進み内安外競の秩序を実現させるように論陣を張った。いずれにせよ福沢諭吉のねらいは維新の混乱をソフトに安全着地させ、いわばレボリューション・セツルメント、維新革命体制を確立することにあったと思われる。

まずは政体論について見ておく。モデルはイギリスの政体であって、そこには「専制」と異なる国家体制が存在していることに注意を喚起する。「保守の主義」と「進取の主義」とが対抗しながらも共存するのがイギリスの政治であり、国会は守旧党派と改進党派が論争する場である。両派は世論の支持を増やす競争を行い、世論を制した方に「決然之に路を譲り席を与え」（全集⑤九三）る仕組みになっている。多数派が政権〔行政官〕に就くのである。しかしイギリス政治は「守旧必ずしも頑陋ならず、改進必ずしも粗暴ならず」（全集⑤八六）という秀れた特性を備えている。この点を強調する。日本の政治風土の中に、しなやかな保守派と成熟した進歩派の双方を育成して、「漸進主義」の政治を実現することが福沢諭吉の夢であった。『民情一新』と『国会論』では議院内閣制を理想の政体とする。それは東洋諸国の「専制」につきものの非合理性―長期政権であること、政権交代における流血の惨事、を断ち切る制度だからである。議院内閣制は利害対立や紛争を言論戦で行ういわば《喧嘩の制度化》の大発明なのであり、それの定着を策したわけである。

この福沢の『国会論』を読んだ民権派は、国会が流血を伴わずに薩長閥による有司専制支配を交代させる装置であることとあらためて発見し、大いに勇気づけられたと考えられる。ところがそれは第三節で論じたように福沢が意図していなかった展開であった。そこであわてて『時事小言』を出版して民権派を「駄民権」と批判し、国会開設運動の冷却を企て始めた。当然、民権派は福沢に対して失望と不満を抱いた。自分の足下、慶応義塾関係者の中からも批判が現れた。「又或は短気なる壮年は本塾旧生徒中にも少なからずして、諭吉の挙動を堪え難く思い、宿説を変ずるは卑怯なりなど、直言忠告する者もあり」（全集⑳二三三）との福沢の発言は、第二節で紹介した林正明を意識していたのではないだろうか。林正明の方は福沢の動静を、辛辣な戯言をもって攻撃した。多分政府部内のつてを通じてであろう、実に的確に福沢の一挙一動を把握し自分の雑誌上に取り上げた。しかも林の言葉には、直言忠告というよりも人格攻撃を含む挑発的な激しさがあった。一例を示しておく。「国会ハ自然ニ開クベシト某総代人ニ答エタル福澤先生ノ一語ハ頓智耶遁辞耶」と題された記事（八〇・八・一三、『近事評論』第二八四号）では、「先生ガ官吏社会ニ向テハ、敢テ国会ヲ好マザルガ如キ風ヲシテ、頗ル自家ノ為メニスル所アラントシ、又タ国会論者ニ向テハ何ヤラ高尚ナル定見アリ。今日拱手シテ其事ニ関セザルハ別ニ大ニ其手ヲ下スノ日アリト云ウガ如ク、言トシテ奇妙ナラザルハナク……先生ノ気力ハ又タ昔日ノ如ク勇敢ナラズ。寧ロ活眼ノ人ニ嘲サルルモ、金ヲ儲ケテ一生ヲ安楽ニ送リ危険ノ地ニ踏込マザルヲ以テ上策ノ最上策ナリトシ、乃チ昨今ノ如キ曖昧議論アルニ至リタル耶。嗚呼先生老イタリ」とやる。こんな調子で福沢を立腹させたわけである。他のタイトルを挙げると、「福澤宗ノ功徳民間ニ衰エテ官海ニ振ウノ原因如何」（八一・四・二一、『扶桑新誌』第一六一号）、「福澤諭吉先生不日重官ニ登用セラレントストハ果シテ信耶」（八一・五・二六、同誌第一六八号）、「我政府官権新聞ノ発行ヲ福澤諭吉僧正ニ托シ僧正之ヲ諾シタリトハ信耶」（八一・八・一一、同誌第一七四号）といった具合であった。

林正明は慶応出身者としては珍しく改進党系でなく自由党系の民権家であった。同じ立憲制を指向しながら福沢との相違点はどこにあったのか。この問題は、明治維新を西欧近代革命に匹敵する体制変革の一大プロジェクトと看なすとすれば、維新革命をどの段階まで進行させ、どの段階で止めるべきかの価値観の相違に原因していた。福沢諭吉の「大本願」は独立と文明開化を達成した国民国家の実現にあったが、遠山茂樹が「福沢は明治政府に対立する立場に立ったことは一度もなかった」といったように、あくまで廃藩置県の壮挙を実現した革命指導集団たる薩長藩閥政府の下で秩序を構築することを考えていた。そして今や革命の幕引き段階になったとする。「明治十五年の今日に至ては、破壊すべき旧物は既に之を壊り尽して、以て現在の秩序を作為し、水勢漸く平面に就き、復た昔日の波瀾を観ざるなり。故に今日の要は秩序の平準を保ち、故《ことさ》らに之を激して平地に風波を生ぜしめず、唯だ緩流平進せしむべきのみ」（全集⑧四五九）。

他方自由党系の民権派は変革を次の段階に進行させようとした。例えば『扶桑新誌』はいう、「今ヤ全国有志者ガ国会開設ノ願望ニ於ル、亦タ諸君〔薩長藩閥政府諸大臣のこと〕ガ維新前ノ衷情ニ於ルト何ゾ異ナランヤ」と。かつて徳川末期に「蛇蝎視」されながら「一意ニ徳川政府ヲ転覆セシメント欲シ」たのではなかったか。その時の精神とは「未ダ民権自由ノ名目ヲ称スルナシト雖モ、而カモ亦タ其実ハ圧制束縛ヲ破却シテ民権自由ヲ伸長セント欲スル者ニ非ザルナク、将タ亦タ今日我儕ガ恒ニ主唱スル所ノ民権自由ト奚ゾ択ブ所アランヤ」と。つまり維新の精神を徹底すれば民権自由論に行き着くはずではないか。すると維新革命の完成は「立憲政体」の樹立でなくてはならない。「我儕ハ天下公衆ト共ニ本年コソハ我自由政府ノ、人民ノ翼望ニ副エラレテ吾人ガ朝ニ夕ニ熱望シタル立憲政体ノ実践ヲ見ン事ヲ佇望シタリ」。つまり薩長政府の交代の可能性を含む制度としての国会開設である。ところが「何ゾ図ラン政府ノ慮《おもんぱかり》、此ニ出ヅル事ナク、今日ハ是レ寧ロ保守政策ヲ専ラトシ……」と失望を隠さなかった（八〇・三・一六、「廟堂諸大臣ニ告グ」『扶桑新誌』第九九号）。薩長明治政府の下での安定（レボリューション・セッルメント）を求める福沢と、維新革命を徹底させれば、可能性として薩長政府の退陣を含む「立憲政体」樹立をすべきであるとする見解の相違がここには横たわっていた。福沢にいわせれば、自らの命と血を代償に天下を取った者に対して、簡単に政権交代を迫ることは虫が良すぎる。それは非現実的であると見る。いわば《大人の政治観》に立って、民権派の書生論を粗暴な駄民権論なりと一蹴したのであった。

次に指摘しておきたいのは福沢が「大本願」とした国民国家の実現のためには、独立人および市民社会を前提にしたことである。福沢によれば近代の国民国家を担うものは決して政府だけではない、人民の諸力が国家を支えるのである。その人民とはいわゆる独立自治の人である。「今日自主独立の教に於ては、先づ我一身を独立せしめ、我一身を重んじて、自から其身を金玉視し、以て他の関係を維持して人事の秩序を保つ可し」（『徳育如何』全集⑤三六二）と。この自立人がつくる市民社会の存在を前提とした。これは第一幕で行った江戸時代の卑屈の習慣の打破の成果を踏まえたものである。

かくしてこの面では、政変後の官民調和論を唱導した時期にあっても、福沢は明治政府に向かって一貫して市民社会の意義を説得した。曰く「国の全面は政治のみを以て組織したるものに非ず。眼を転じて国事の全面を通覧すれば、宗旨の世界あり、学問の世界あり、商売の世界、工業の世界、其事の繁多にして其勢力の強大なること、或は政治社会に拮抗して或は之を圧倒し、よく人の栄辱を支配して其禍福を制し、人心をして熱せしめ又狂せしむるものなきに非ず。……」（「時勢問答」全集⑧一八七）と。あくまでもこの面では維新革命の擁護ないし徹底を意図したのであった。

ところが政変後、文部省教育は復古型の徳育主義に方針を一変した。「十年来の教育を変じて一蹶して天保の古に復したらば、天下の子弟は小心翼々律儀一偏の良民と化すべし、権利自由の説をして其跡を歛めしむるも此にあり、急躁狂奔の少年を退治するも此にありと観念して、教育の復古を希望するもの、如し」（「急変論」全集⑧四六二）。この症状を非常に危惧する。「斯の如きは則ち秩序の保存には非ずして、今方《ま》さに緒に就き又将《ま》さに緒に就かんとする秩序を破りて古に復る者と云ふ可し。保守の文字を復古の義に解したる者と云ふ可し」（「保守の文字は復古の義に解す可らず」全集⑨一五〇）。「守旧必ずしも頑陋ならず」を旨とする漸進主義者福沢にとって、文部省が実施し始めたイデオロギー政策は、「頑陋」への逸脱に他ならなかった。これが政変後の官民調和論の中で、執拗に「寛容」が語られた理由である。宗旨論のたぐいに見られる極端主義や復古的教育を批判し、教育の政治からの自立を唱導するのは、この市民社会を成立させるための原則であったからである。この点で福沢を怒らせたのが、軽薄にも時流に乗って右転向し復古主義道徳教育推進の旗を文部省で振る九鬼隆一の姿であった。かつての真弟子九鬼隆一は、政変の際に福沢を裏切るという個人的変節人としてのみならず、今や福沢の敷いた開化教育路線を逆転させ頑陋政策を推進する軽薄な官僚として福沢の強い怒りを買ったのであった。怒りの内実については高橋眞司の優れた先行研究に譲ることにして省略する（高橋眞司、一九八一）。

そして皇室に対しても福沢は市民社会支援の機能を持たせようとした。「帝室は人心収攬の中心と為りて国民政治論の軋轢を緩和し、海陸軍人の精神を制して其向ふ所を知らしめ、孝子節婦有功の者を賞して全国の徳風を篤くし、文を尚び士を重んずるの例を示して我日本の学問を独立せしめ、芸術を未だ廃せざるに救ふて文明の富を増進する等、其功徳の至大至重なること挙て云ふ可らず」（全集⑤二八九。なお安西敏三、一九九五、二九九—三〇〇参照）と。しかしその後の歴史が教えるように、これは、全体構造がすでに天皇制国家の方向に動き始め臣民社会がつくられようとした時代に、国民国家と市民社会のイリュージョンを求めた悲劇であった。このあたりの予測の狂いは、明治十四年の政変の歴史的意味を総括しえなかったことと無関係ではないように感じられる。

以上、政体論と市民社会論について眺めてきた。ところで、一八八〇年代中葉、約束された国会開設を何年後かに控えたこの国で福沢が目撃した光景は、かたや「改進」を逸脱して粗暴化にはしる民権派、他方「守旧」を逸脱して頑陋化に向かう政府側、の悲観的状況であった。まさに自分がイギリスをモデルに呈示した「守旧必ずしも頑陋ならず、改進必ずしも粗暴ならず」の正反対の現象である。必死で「官民調和論」を訴える必然性はここに生まれた。「此気運に際して特に我輩の憂ふる所は、今の如く官民の背馳日に甚だしくしては、数年の後に至りて官民共に双方の目的として期する所の国会をも開く可らざるの惨状を見るか、又は之を開くも又随て第二の苦情を醸すべきの一事なり」（『時事大勢論』全集⑤二四四）と。こうして当時も今も悪評高い「官民調和」のキャンペーンが『時事新報』誌面を一〇年以上忍耐強く飾ることとなった。それはまた丸山眞男が分析した福沢の「自由と専制との抵抗闘争関係そのもののうちに自由がある」（丸山真男、一九四七、一八四）とする自由観が「『漸進主義』の哲学的基礎」（同書、一八五）を与えること、その上で生まれた政治的見解でもあった。維新革命の制度化、レボリューション・セツルメントの呈示がそこにはあった。

もう一度まとめると福沢は二つの前提の下、つまり第一にあくまでも薩長藩閥のヘゲモニーの下で、しかも第二に非政治領域の存在を重視し市民社会を繁昌させながら、維新革命を国民国家体制なる秩序として安全着地させようとした。しかしこの漸進主義の試みは維新革命の徹底を求める民権派からは反発され、皇道主義を採用した政府側からも見放され、雨散霧消する運命を辿るのであった。

五　おわりに

明治維新といわれるこの幕末・明治期に起こった日本歴史上の巨大な非連続をフランス革命などと比較すると、混迷も流血も少ない、静かに進行した変革であったと以前論じたことがある（伊藤前掲、三六以下）。それは海図をもたずに船出した船のように到着地点を知らぬまま進んだ「手さぐり革命」「走りながら考える革命」の故でもあった。このような静かな革命においては、反動もまた静かであった。「明治十四年の政変」は明治維新におけるテルミドールであったといえよう。しかしそれは、ジョージ・アキタが不思議がったように、標的の大隈重信が処刑されることもなく、穏やかに実行された反動であった（アキタ、ジョージ、一九七一、九二）。それを私は「しのびよる反動」と呼ぶことにする。井上毅の気配り通り《冥々の間》に人心操作に成功したのである。

このために人心はその反動の重大さにもなかなか気が付かなかった。国会開設の約束に満足した民権家はもちろん、福沢諭吉のような知識人さえ事の深刻さを捉え切れなかったのではないだろうか。通常、革命による習慣、法律、価値体系の破壊がもたらす社会的結合機能の不十分さを補うために、ワンマンによる実力統治が必要とされ反動が生まれる。こうしてクロムウェル、ナポレオン、スターリンのような支配が行われた。それに較べると、明治維新の反動は静かであった。名目上の天皇を戴き実質的には官僚組織が支配するシステム、それに徳育というイデオロギー教導が加わって静かに実行されたのが明治国家の反動であった。かくて明治十四年の政変の時代画期性に歴史家が気付いたのは、はるかにのちの一九三〇年になってからであった。

政変後、局外中立、私的利害と無縁の立場を強調しつつ行われた福沢の言論活動をどう見るべきであろうか。井上角五郎の想い出話には「先生は常に、余は作者で、筋書を作るのみである、其筋書が舞台で演ぜらる、のを見るときは、愉快に堪えないけれども、其役者の如きは、誰でも構わず、又これがために自分の名利を望むの念などは毛頭ない……」と発言していたという（石河幹明、一九三二、三四〇）。また『福翁自伝』では自分を開業医ではなく診察医にたとえた。「私に利害はない所謂診察医の考で、政府の地位を占めて自から政権を振回はして天下の治療をしやうと云う了簡はないが、如何《どう》でもして国民一般を文明開化の門に入れて、此日本国を兵力の強い商売の繁昌する大国にして見たいと斗《ばか》り、夫れが大本願で、……」（全集⑦二四八）と語った。

確かに書くたびに飛ぶように本が売れてオピニオン・リーダーだった時期には、変革の時代のストーリー制作者たりえたであろう。しかし官民対立が激しくなるに反比例して福沢の影響力にかげりが見えたのも事実である。維新体制のあるべき秩序を始造しようとして、手を替え品を替え政府側と民権側を説得しようとした『時事小言』以後の姿は痛々しくもある。丸山眞男はかつてこの時期の福沢について、政府側にも民権側にもその他の日本人の態度の中にも現れた「偏頗」で「劇しく反対」する態度、「一方に凝る弊」の病理症状を問題として、「日本にくまなく見られる社会と精神のしこりを揉み散らす」「いわばマッサージ師の様な役割」（丸山前掲、一八七）を果たそうとしたと評した。いいえて妙ではないか。

国民国家を始造することで維新革命の安定秩序を実現しようとした福沢は、確かに対政府と対民権派に向かって自分の作曲した譜面を演奏させようとした。しかし第一バイオリンを受け持つ政府側のテンポは《祝詞《のりと》》のように遅く頑陋な音色を出し、第二バイオリン担当の民権側は勝手にテンポを速めて粗暴な音質で革命行進曲を奏で、耳をおおいたくなる不協和音を響かせていた。そして音楽プロデューサーを自認して福沢諭吉が発した『時事新報』からの指示は、ガラスで隔てられたように双方から聴き入れられなくなっていた。調和と秩序の国民国家を始造する努力は、天皇制国家に埋没していった。福沢諭吉が「大本願」とした国民国家がこの国で現実性を帯びるのは、はるか後の太平洋戦争敗戦後のことであった。

参考文献

アキタ、ジョージ著／荒井孝太郎・坂野潤治訳『明治立憲制と伊藤博文』東京大学出版会、一九七一年。

有山輝雄「福沢諭吉のジャーナリズム論」（内山秀夫編『一五〇年目の福澤諭吉』有斐閣、一九八五年、一二一―一四〇頁）。

安西敏三『福沢諭吉と西欧思想――自然法・功利主義・進化論――』名古屋大学出版会、一九九五年。

石河幹明『福澤諭吉伝』第三巻、岩波書店、一九三二年。

伊藤正雄「福沢諭吉と岡倉天心――九鬼隆一をめぐる両君の立場について」一九五九年（『福沢諭吉論考』吉川弘文館、一九六九年、三六六―四〇六頁）。

伊藤彌彦『維新と人心』東京大学出版会、一九九九年。

尾佐竹猛『日本憲政史』日本評論社、一九三〇年。

『近事評論』（『近事評論・扶桑新誌解説・総目次・索引』不二出版、一九九〇年復刻版）。

坂井達朗「肥後実学党と初期の慶応義塾（一）――林正明と岡田攝蔵を中心として――」一九八五年（『近代日本研究』第一巻、慶応義塾福澤研究センター、一九八四年、一―三一頁）。

鈴木栄樹「福沢諭吉と田中不二麿」一九九四年（『福澤手帖』第八二号、福澤諭吉協会、一九九四年、一―一五頁）。

高橋眞司「九鬼隆一（上）」一九八一年（『福澤諭吉年鑑』八、福澤諭吉協会、一九八一年、九九―一三九頁）。なお高橋眞司『九鬼隆一の研究　隆一・波津子・周造』未來社、二〇〇八年に再録。

富田正文『考証福澤諭吉』上・下、岩波書店、一九九二年。

遠山茂樹『福沢諭吉』東京大学出版会、一九七〇年。

『福澤諭吉書簡集』第一巻、第二巻、岩波書店、二〇〇一年。

『福澤諭吉全集』全二一巻（岩波書店、一九五七―一九六四年）。

『福澤諭吉全集』別巻、岩波書店、一九七一年。

『扶桑新誌』（不二出版、一九九〇年復刻版）。

藤田省三『維新の精神』一九六七年（〈藤田省三著作集〉四、（みすず書房、一九九七年、一―四三頁）。

松沢弘陽「解説」（松沢弘陽校注『文明論之概略』、岩波文庫、一九九五年）。

丸山眞男「福沢諭吉の哲学」一九四七年（『丸山眞男集』三、岩波書店、一六三―二〇四頁）。

水野公寿「林正明について」一九六九年（『近代熊本』第一〇号、熊本近代史研究会、二〇―二七頁）。

――「林正明の生涯」一九八一年（『熊本史学』第五九号、熊本史学会、三七―四九頁）。

――「解説」一九九〇年（『近事評論・扶桑新誌解説・総目次・索引』復刻版、五―二六頁）。

座談会「近代日本と福沢諭吉」一九八五年（内山秀夫編『一五〇年目の福沢諭吉』有斐閣、一八一―二一九九頁）。なお『丸山眞男座談　九』岩波書店、一九九八年に再録。

第六章　言論封じの風潮と格闘した思想家——福沢諭吉と現代

福沢諭吉と人心教導

戦後半世紀以上たった今日、「福沢を現代に問う」てみる。敗戦直後の解放され、自由がみなぎっていた時代に較べて、今日の日本には、職場でも大学でも社会の様々な場面において、ものが言いにくい空気が蔓延しているように思われる。解放から時代閉塞へ向かう同様な現象は、明治日本にも発生していた。文明開化の中でのびやかに解放された言論が、いつしかものが言いにくい閉塞社会の沈黙に転じていった。この風潮変化の微妙な兆候に反応し、その問題にいちばん真剣に取り組んだ思想家としての福沢諭吉の姿が想い浮かぶ。

明治期の場合、時勢一変の転機をかなりはっきりと指摘することができる。明治維新という史上未曾有の解放とのびやかな時代に対する反動が、「明治十四年の政変」を機にして日本を襲い、言論封じが始まったからである。福沢諭吉の作品の中で、明治一五年以降に書かれた作品、例えば「官民調和論」や「帝室論」などは当時も今日も評価が低いのであるが、実はその中に、ものの言えない時勢の到来に対する強い危機意識が表明されており、不寛容の問題に対する重要な見識を読み取ることができる。その点ではこれらの作品は、『学問のすゝめ』を著した明治初年代の福沢と一貫性があるといえる。また一三〇年後の今日でも福沢の指摘を切実な現代の問題として読むことができると考えられる。

「明治十四年の政変」は、明治国家が「天皇制国家」路線を選択した分岐点であった。それは政体をめぐっての井上毅と福沢諭吉の「人心」操作をめぐるせめぎ合いを決裁した。人心をプロシア風憲法の採用に備えて保守化し日本化しようとした井上毅と、イギリス型の政党内閣制を日本に定着させ、「多事争論」、つまり誰もが言論で紛争を解決する社会システムをつくろうとした福沢の対決の決裁であった。この時期、「人心」ということばがよく使われた。ところで人心とは何か。人間が個人としてもっている自発的な意志が外部に発せられた時、それらが他人の共感を呼び、同様な意志をもっていた人々の集団的世論になって、政治を動かすとか、一つの空気をつくるとか、そういう現象が生まれる。それが人心と呼ばれる不定型な実態である。

歴史には、人々の自発的な意志が集合的な形を取って非常に強く現れる時と、逆に抑えられる時がある。幕末から維新という時期は、それが強く出現した時であった。それをそのまま社会の仕組みに繰り込み、誰もがものを言える、自発的な言論が世の中で流通するシステムを築こうとしたのが福沢諭吉であった。だから福沢が書いたものを見ると、「人心」ということを意識した発言がなされている。例えば人心を歴史分析に当てはめて説明したいい例が、後で引用する『日本国会縁起』であった。まずその前提として福沢という思想家には、人間は誰もが自由闊達、のびのびものを言う存在だ、とする楽天的人間観があったことを挙げておきたいと思う。それを不自然に沈黙させるのが広い意味での政治権力であった。

明治初期には、福沢自身が人心を動かす中心的存在であった。だからオピニオン・リーダーの役割を果たしてきた福沢を捉える上で「人心」が重要な観点になる。

福沢はことばの使い方に工夫を凝らして人民を説得した人物である。例えばソサエティの訳語の一つとして福沢は「人間交際」という表現を採用する。柳父章の『翻訳語成立事情』によれば、交際ということばを使ってソサエティを描き出す福沢の思考方法は、概念を初めに据えておいて「そもそも近代社会は」などと天下ってくるような説明、いわゆる演繹的な分析手法ではない。むしろその逆で、わかり易い日本人の日常普通のことばに置き換えてつくる説明が中心をなしていた。そこから出発して、意味の矛盾などを引き出して、新しく意味付けを行うのだという。具体的には「交際」の後に、「君臣の交際」という組み合せをつくって、君と臣は江戸の世では交際などできなかった、上は命令して下はハイハイと従うだけだから、君臣の中にあるのは結局、権威や力のある者の前では猫のようにおとなしく振る舞い、部下に対しては虎のようにいばる「権力の偏重」という関係しかないという。このように「君臣」と「交際」を組み合せてみせることによって、江戸時代にはソサエティが成り立たなかったと、封建制を分析していく。こうして近代社会の例示を人民に行うのであった。

徳川体制と人心

ここで福沢が江戸時代の人心をどういう風に見ていたかに触れておく。天下泰平とは天下停滞、江戸時代のほとんどの時間は、人心が抑圧されていて発揮できない時代だと語る。許されている自由は初鰹をいち早く食べるとか、歌舞伎や役者染《やくしゃぞめ》が流行るといった程度で、政治社会的言動をはじめ一般的な自発的意思表明は、ほとんど抑圧されていた。福沢は「覚書」というメモの中で、「徳川時代の有様を回想すれば、社会一般、政治にても学問にても、商売も工業も、政府も家族も、宮も寺も、唯失はん事を恐れて得ることを勤めず。唯あるものに安んじて進むことなし。家を守るの子は社会上等の地位に在り。甚しきは勉めて其嫡子の愚を見て之を悦ぶ者あるに至れり」（全集⑦六八二）と評していた。つまり何より現状維持を優先する世界であって、新規を必要としない。現状に安んじて分を守るだけの社会であった。極端な場合は、自分の跡取り息子が愚鈍であることを喜ぶとさえいう。現状維持がベストの世の中ならば、才能がかえって不幸の種になるからである。

徳富蘇峰のことばを借りれば、ここに描かれている徳川時代というのは結局、「習慣ノ専制」の世界であった（『新日本之青年』）。当時の主権者は、将軍でも殿様でも天皇でもなく習慣であった、と蘇峰は指摘する。みんなが習慣に従って生活しているという状態、つまり、親父の仕事を子供も継ぐし、親の収入とほとんど同じで、子供も孫もほとんど同じ繰り返しの人生を送っていた。飽和人口三〇〇〇万くらいで飢餓すれすれの状態の均衡を保っている社会、進歩を前提としない社会、職業も収入も同じことの繰り返し、安定はしているが停止状態のままで循環する世界であった。福沢はこれを、大変退屈であるが、安定した静謐状態というものをうまく演出してつくっていた、それが徳川時代だったと、そういういい方をしていた。また丸山眞男も論文「開国」の中で、徳川体制は低い文化レベルというか原始状態に人間を陥れるのではなくて、ある高い文化水準のままで凝固させてリサイクルしている大変不思議な状態だと述べている。

福沢は『日本国会縁起』の中で、これほどまでに上手に自発性というものを抑制することに成功したこと、それが徳川体制の天下泰平実現の秘密であったと説明する。この指摘は、言論の府の制度化、つまり国会開会、に辿り着く以前の、幕末から維新期の「人心史」の特徴として読むことができる。

江戸時代の政治システムに新機軸は要らなかった。「此時に当り我封建の政治は、中央の幕府を始めとして三百の諸藩、二百六十年の太平に慣れて一切万事皆旧慣に従て治安を保ち、軍備、法律、理財等の大事より、之を私にしては子弟の教育、冠婚、葬祭の礼儀に至るまでも整然たる秩序を成し、然かも上下貴賤の分は厳重にして曾て越権を許さず、下流に甚だしき貧困なく、上流に法外なる奢侈なく、寸鉄の動くを見ず一発の砲声を聞かず、悠々歳月を消する其有様は、実に他国人の想像に及ぶ可からざる一種絶倫の楽園にして、幕府諸藩の君主又重臣等が政を為すには、単に先例を記憶して之を当日に施すのみにして、曾て新工風の要用あることなし。之を要するに当時の執政は政を為さずして政の行はる、を見る者と云ふも可なり。蓋し徳川流儀の政風、積年の習慣を養ふて国民の性質を成し、全国の安寧は恰も自動機に由て維持せられたるものならん」（全集⑫二一六）と。自動的に政治は動いている、人力の要らないシステムになっていたという。「其施政に出色の得失なかりしは、封建政治の根本、人に依らずして制度習慣に支へられたるの証として見る可き者なり」（同所）。こういう風にほとんどが自動機械化されていて、才能を要しない。だから暗君であろうと賢君であろうと、関係なく世の中が動いている。しかし、ここで犠牲にされていたのが自由意志であり、自由な言論であった。それを打破して言論の自由を勝ち取ったのが明治維新であった。どうしてその変化が起こりえたのであろうか。

習慣が支配するところでは、才能ある人間はそれを活かす場がない。仕方なくふて腐れて世渡りする平賀源内みたいな人が出る。この時代には人心というものが緘黙させられていたと福沢は捉えていた。別のことばでいうと、智徳の支配ではなく専制が風靡する世であって、人はそれに勝てなかった、そして人心は眠ってしまったのであった。

目覚める人心

この徳川社会がすべて自動機械で動くシステムであれば、その中から幕末の新しい動きが出てこなくても当然だと思われるが、実は人心が目覚めるという不思議なことが起こったのであった。その疑問については、福沢はよく観察していたと思うのであるが、こう分析している。「政治の根本、人に依らずして、政事人事に都《すべ》て新工風を要せずとあれば、世に有為の人物を生ずることあるも曾て用を見ず、生々閑却して其身を終り、名山の良材、随て成長して随て腐朽し、多年の間その人材は漸く減少して、所謂世運の澆季に至る可き筈なれども、我封建の士族は世禄にして、其中等以上の者は衣食の資に乏しからず、之に加ふるに文武教育の風は諸藩共に怠ることなくして、各藩の間互に優劣を争ふ程の次第にして、徳川治世の初めより曾て其趣を変じたることなく」（全集⑫二七）と。

つまり、段々世の中が衰えて末世になりそうなのにならなかった。実は、各藩は競って独自の文武教育をやっており、士族を堕落させないような装置が働いていたというわけである。それは、丸山眞男が「各藩が独自の武装権と行政権とを持ち、互いに鋭い警戒網をはりめぐらせながら、石高の大小にかかわらずほぼ対等の資格で相交渉し、殖産に教育に武術に自藩の名声を競う状況」（「開国」丸山眞男集⑧六二）と説明している点に当たる。堅牢を誇る徳川体制の地盤には、実はいつ地震が起きても不思議ではない無数の活断層が走っていたといえる。

人材が枯渇するどころか、実は養成されていたのである。だから、「嘉永開国の其時にも、日本士族の気風は依然として旧を存するのみならず、之を昔年に比して進むことあるも退くの勢なきは、是亦我封建の殊色として見る可きものなり。故に此士族等は、祖先遺伝の資質を抱きながら、藩々の旧慣中に束縛せられて動くを得ず、仰て幕府を望み、近く銘々の藩主又その重臣等を見れば、都て是れ旧慣古物の監主とも名《な》く可き人物にして、頼むに足らざるのみか、却て自分の運動を妨ぐる害物のみ。出でんとすれば束縛の厳なるものあり、居らんとすれば窮屈に堪へず、其状恰も野外の飛禽走獣を望みながら、鉄鎖に繋がれたる猟犬に異ならず」（全集⑫二七）という状況に置かれていたのであると分析する。

一方で藩校などの教育によって高度の能力を養成されていながら、他方で活躍できる場が与えられない。その姿は鎖に繋がれた猟犬のようであった。いわば日本各地の内部に不本意人生を嘆く人材がひそかにプールされていた。地震がくれば液状化現象のようにそれが、各地から噴出するというわけである。このマグマが、ペリー等の外国人が渡来した時に急に活躍を始めたのだという書き方を福沢はしていた。

福沢の場合、人心を支える中軸は士族、彼のいう中等社会が力になっていると見ていた。だから彼の歴史観は、私にいわせれば人民史観というよりは人心史観で、しかもその人心を左右していたのは、士族とその周辺、彼のいうミドル・クラス、幕末には浪人になったり、尊皇攘夷運動に参加していた人々であった。

また人材が蓄積していただけでなく、人心を結集するに足るイデオロギーが存在していたことも挙げる。福沢は、これが最終的には「尊皇攘夷」の四文字にまとまり、その言説で士族が統合されていったと明確に述べていた。例えば、「維新以来政界の大勢」の中で、「畢竟其然る所以は尊皇攘夷の四文字、これを解するに易くて人心に銘ずること深く、曾て其間に疑を容るゝ者なかりしが故に外ならず。実に此文字こそは撥乱反正の利刀にして、一揮能く天下を風靡せしめたるものと云ふ可し」（全集⑭二九〇―二九一）という。つまり天下を風靡し、世論を糾合し、人心を統合するのに尊皇攘夷の四文字は非常に力になったというのである。

ここで語られているのは、この尊皇攘夷運動を、あくまでも人心統合のための道具として捉える福沢の歴史観である。例えば攘夷論も単なる記号であって、日本人の本心は開国にあった、その証拠に、尊攘派は天下を取ってみたらすぐに開国したではないかと維新史を分析する。『文明論之概略』の中で、人心を集める手段として尊皇攘夷ということを唱えたまでで、倒幕を最終目的にしていたのだと説明している。それから門閥専制の打破、つまり封建的な社会関係、政治関係破壊シンボルとして尊攘ということばが使われたとしている。例えば先ほどの「維新以来革命の大勢」の中で、「我輩の最も讃美に堪へざるは、革命の端を尊皇攘夷に発して大業の成を開国進取に告げたるの一事なり」と（全集⑭二九〇）。つまり革命の発端は尊皇攘夷であるが、結果は開国であった。そこへもっていったのだと、当時の人心の叡知に舌を巻いて、こういう風に論議を立てているわけである。ここには、抑圧されていた徳川時代の人心が、旧体制を倒して新社会をつくろうとしたのだ、それが御一新の歴史の展開だったという認識を示していた。

先ほどの『日本国会縁起』に戻ると、こうもいう。慶応年間の末期になると、「誰言ふとなく天下のことは天下の輿論に決す可しと、不思議なる新案の出現したりしにぞ、衆心皆これに一致せざるはなし」と（全集⑫三〇）。これ即ち、人心が結集して、つまり天下の世論で歴史の動向が決まっていくという方向が出た、それが幕末の最後の頃であると見たわけである。

旧習の破壊に結集する人心

さて明治維新政府の下で、すぐに出されたのが「五箇条の誓文」であった。五箇条の誓文を注意して見ると、「上下心を一にして盛んに経綸を行ふべし」という。上も下も心を一つにというのは、人心の統合を促すことばであった。また「官武一途庶民に至る迄、各其志を遂げ人心をして倦まざらしめんことを要す」と。要するに人心が離散してしまわないようにしないといけないというわけで、短い中に二度も「人心」に言及していた。せっかく維新まで漕ぎ着けたが、ここでちょっと中だるみが起きた。つまり倒幕が実現した後の人心に目標喪失現象が起こっていたわけで、その時に「倦まざらしめんことを要す」と、書く。これが天下を取った新政府側の最初の一石であった。

福沢の『日本国会縁起』には、文明開化運動の政治的意味を記述する文が続く。「天下は公平の天下なり、文明開化の天下なり、即ち道理の天下なり、道理の向ふ所天下に敵あるべからず」といい、「凡そ旧事物の己が意に適せざるか又は己が思慮に及ばざる所のものあれば、これに冠するに弊の字を以てして、旧弊除かざるべからずとて、其破壊の勢力底止する所を知らず。（中略）明治の新政府は此筆法に従ふを得ず、其開基の初より一種の事情に制せられ、旧を保存せずして之を破壊し、一破一壊、以て政府の力を増すもの丶如し」、「明治の政府には特色の英雄なし、衆士族の合力に依て基礎を開き、頼む所は唯西洋文明の一主義なるが故に、文明の光を揚げて自家の地歩を堅くせんとするには、旧日本の全面を一新すること要用なればなり。宗旨の旧慣を破壊し、教育の風を新にし、……」と（全集⑫三二一―三二二）。

要するに、旧時代のものを壊すことで「政府の力を増」すことができた。破壊の自転車操業を行うことで、新政府は倒れることなく自走し続けることができたというわけである。いい換えれば、文明開化の一つの大きな意味は破壊にあったということになる。西欧の文明を紹介することを通じて、実は日本の古いものを破壊することに意味があった。すでに政治勢力としての幕府は破壊されたけれど、その後も社会習慣とか人間関係とか、旧社会は封建時代のままで残っている、それを壊すのに西洋文明をもって破壊するのが一番効果的だったのである。「一破一壊、以て政府の力を増すもの〻如し」というわけで、旧物破壊こそが権力基盤の弱い新政府にとって、人心の支持を集中させ政権を維持するリソースとなっていた、と、そういう風に文明開化を福沢は見ていたと思われる。

実際、新政府が、文明開化ブームを起こして旧習の破壊を呼びかけたところ、民衆を引きつけ大変な共感を生んだ、人心の結集が生まれたのであった。生活の上に今まで重苦しくのしかかってきた古いものをことごとく破壊することが魅力的だったのである。竹越三叉も『新日本史』の中で同じような現象を指摘していた。例えば、「妖怪を根拠とせる田舎仏教は、先づ理学によりて転覆せられたり」と。理学、サイエンスを用いて宗教的権威を壊した。それから「迷信と狂気によって維持せられたる社会上下の階級は、自主自由の文字によって打破せられたり」、自主自由ということを唱えることで、初めて身分制の人間の上下関係を打破できた、これも破壊であった。さらに「旧風旧習は凡べて文明開化の文字によって撹乱せられたり」（竹越、一五二）と。つまり、文明開化の巨大な意味は、旧習破壊にあったというわけある。しかも、民衆が嬉々としてそれについていったのである。

つまり文明開化とは、破壊に向かっての人心の結集であった。破壊が自分たちの解放の道であると意識され、歓迎された。そして、その旗振り役の中心に福沢がいた。彼は幕末に『西洋事情』を出した時、一年間で偽版を含めて一〇万部売れたと自分でいっている。幕末に『西洋事情』が一年間で一〇万部売れたというのは、凄い現象であったが、それが維新後の文明開化につながり、福沢をして人心教導のオピニオン・リーダーとして登場させたといえよう。その出発点が『西洋事情』だったのではないだろうか。

幕末時の福沢のこの挙動を『新日本史』のなかで竹越三叉は、非常に大胆だったと書いている。尊皇攘夷運動が真っ盛りで外国人を見たら皆切り殺そうとする風潮の中で、そして緒方塾の書生は身分がバレないようにして歩いたという時代に、福沢は大胆にも西洋紹介の本を公開した。「其初めて西洋事情を著はすや、『四海一家、五族兄弟、蒸気済人、電気伝信』と云へりき。一方には攘夷の精神猶ほ存じて、外人を殺傷せんとするの時、彼は斯く大胆なる標語を掲げて出でたり」と竹越はいい、そして「凡そ数百年来圧抑拘制せられたる人心を解放して、自由ならしめんには必らず先づ現在の事物を疑ひ現在の秩序を破壊せざるべからず。懐疑家が飛揚跋扈する時代は実に此にあり、而して当時の福沢は実に此破壊家なり」と述べている（竹越、一四五）。啓蒙活動というのは破壊活動であって、それが旧体制の秩序を懐疑し、破壊した。そして人心を解放したということがいえる。

このような明治初年代における福沢諭吉の言論活動は、明治新政府と歩調の合ったものであった。それは何よりも抑圧からの解放、旧体制の旧風旧習の破壊、自由意志・人心の解放、誰もがものの言える社会、「多事争論」の世を実現しようとした活動であった。

文明開化のオピニオン・リーダー

時代が明治に変わると、福沢諭吉の生涯の中で最も華々しい活躍期を迎えた。明治元年、福沢は脂の乗った満三三歳、すでに数度の欧米見聞の体験をもち、『西洋事情』の著者として洋学紹介の第一人者であり、またこの一八六八（慶応四）年には洋学塾慶応義塾を開設していた。明治新政府にとってはノドから手が出るほどに欲しい人材で何度も出仕の誘いを受けたが、福沢は断固それを断り、民間にあって啓蒙家として活動するという姿勢を貫いた。この時期は日本歴史上稀な言動の自由が実現していた時代であったが、その言論界で福沢は文明開化期における人心にいちばん影響力をもつオピニオン・リーダーとしての地位を確立した。
『福翁自伝』で「新政府から又御用召で度々呼びに来ましたけれども、始終断る許《ばか》り。……其真実の大本を云へば、前に申した通りドウしても今度の明治政府は古風一点張りの攘夷政府と思込んで仕舞たからである」（岩波文庫、一八八一―一九〇）といっているように、当初福沢は、新政府に対して用心してかかった。しかし「後に至て其政府が段々文明開化の道に進んで」（同書、一九〇）いるのを認めて評価を改めてゆく。特に廃藩置県を実行したのを見て、新政府の開化路線が半端でないことに驚き、以降この政府に協力を惜しまなくなった。「新政府の勇気は西洋事情の類《たぐい》でない、一段も二段も先きに進んで思切った事を断行……ソコデ私も亦以前の大願成就に安んじて居られない。コリャ面白い、此勢に乗じて更らに大に西洋文明の空気を吹込み、全国の人心を根底から転覆して、絶遠の東洋に一新文明国を開き」（同書、三〇〇）と彼なりに明治国家の文明化に協力する。こうして『学問のすゝめ』や『文明論之概略』のような代表作が刊行されることになった。ただしこの場合でも、あくまでも民間人の立場で仕事をしていた。

この啓蒙開化期の福沢の言論活動を衝き動かした動機づけは何であったろうか。私には、旧い人間関係の在り方を叩き潰すこと、つまり「国を挙げての古風の奴隷根性」の打破に、「肉体的な」といえるほどの、執念を燃やしていたように感じられる。つまり上司に対しては猫のようにおとなしく、部下に対しては猛虎のように不遜に振舞う、という《卑屈―尊大》で結び付いた人間関係、いわゆる「権力の偏重」を破壊しなければ新しい社会は生まれない、とする認識である。

よく知られているように『福翁自伝』の中には、大阪から有馬温泉に行く途中で、百姓に道を尋ねてみる実験話が出てくる。福沢が百姓に対して上手に出ると相手は卑屈に答えて、福沢が下手に出ると相手はきっと尊大な振舞いをする、ということで「是れは政府の圧制ではない人民の方から圧制を招くのだ。之を何《ど》うして呉れやうか」

（岩波文庫、二二一―二二二）と考える。こうして、尊大不遜でもなく卑屈従順でもなく、新しい人間類型として「独立自尊」「独立心」をもった人間の存在論を唱えたわけである。「天は人の上に人を造らず」、万人皆同等の資格をもった独立人同士が、対等に付き合う社会、つまり「交際」ソサエティが成り立つ空間がつくられなければならない。福沢は麗々しくはいわないが、今の言葉でいうところの「近代市民社会」の人間関係を打ち立てようとして、論陣を張ったのである。

そこで用いる人間関係を整理する論理は、どちらが上か下かという権力の論理ではなくして、どちらが道理に合っているかという知性の論理でなければならない。それは対等な者相互がワイワイガヤガヤ話し合って言論戦で解決する。「多事争論」の社会で決裁される。あるいは良いものには需要が集まるところの「腕前の世の中」を定着させることによる。このような「開いた社会」空間が存続するためには、何事でも本音を率直に口に出してものがいえる〝言論の自由〟が大前提にされていた。福沢自身、「扨身に叶ふ仕事は三寸の舌、一本の筆より外に何もないから、……筆を弄び、種々様々の事を書き散らし」（同書、三〇〇）と自伝で語るように、言論の力で世直しの勝負に出たのであった。

学校熱と富私強国のすすめ

この開化期の福沢の活動をどう評価すべきか。まず人心を圧倒的な力で捉えることに成功した思想家であった。福沢が亡くなった時、たぶん蘇峰の筆であろうが『国民新聞』は、彼は「奇警にして平易なる文字を以て」人民の必要とした智恵を授けたと追悼記事に記した。また『読売新聞』は「『西洋事情』以下破格平易の文字を以て文明新奇の思想を述作した」（『哀悼録』一〇七）と哀詞を送った。何しろ『西洋事情』と『学問のすゝめ』の各編を合計しただけで「三百四十万冊」は売れたと推定されたベストセラー作家であった。これは福沢がことばを徹頭徹尾コミュニケーションの道具と看なし、人民相手に〝通じることば〟で訴えた成果であった。

　言論活動の内容に関しては、先の『国民新聞』が「福沢氏の力は、最も多く我国の陋習を笑殺罵倒したる破壊的作用に著名なれども、其の建設的教訓も亦た少しとせず」（『哀悼録』一〇二）と語っていることは面白いところである。幕末期に引き続き明治になっても、第一義的に旧物を破壊したところにこの文筆家の人心を引きつける魅力があった。「文明開化」の最大の人心吸引力は、徳川政権が倒れた後も今なお残存している封建社会の旧習旧俗を破壊するところにあったことは前述したが、福沢自身『学問のすゝめ』は「掃除破壊」を目的に書いたと認めている。しかしこの『学問のすゝめ』でも破壊だけでなく、実は建設的機能も果たしていたのである。

　それは前田愛が『近代読者の成立』の中で分析していることであるが、『学問のすゝめ』初編とスマイルズの『西国立志編』が世に出ると、青年たちから熱狂的な読まれ方をして一大ブームとなった事実に現れている。世の中が激変して生活様式の定型性が失われて、離散しかけていた人心に対して、これらの著書は「勉強をすれば立身出世できる」という新たな人生の方向性を与えたからだ、と前田はいう（前田愛、一一七以下）。門地でも家柄でも身分や資産でもなく、学校におけるフェアーな能力競争によって出世が決まるというご託宣は、青年たちの野心をいやがうえにも燃え上がらせた。ここに人心は進学熱という結集核を得て高揚した。東京遊学という社会移動の誘導路を生み出した。いい換えると、攘夷熱というかつての破壊的人心を建設的方向に向けることであり、動態期における一つの政治秩序形成機能を果たしたといえる。人心結集に腐心し、文明開化ブームの自転車操業をしていた新政府にとっても、この学校熱への青年の誘導は好ましいものであった。こうして明治政府と福沢諭吉の学問観との共鳴のうちに、明治五年の「学制」という画一的公教育制度がこの国には早々に出来上がった。

　私はこの「学制」路線のイデオロギーを「富私強国」と規定したいと思う。つまり個人の欲望やエゴを肯定する——これは江戸時代の儒教倫理では想像を絶する考え方——そして自己努力によって個人も豊かになり社会も豊かになれば、やがて国家も強大になる、という民権と国権の調和した国家構想であった。ここでは市民社会の充実と国家の充実が同時に進行する、いわゆる「ネーション」の形式が想定されていた。福沢諭吉は明治国家の実体の中にこの「ネーション」の形式を実現する可能性を期待して言論活動を行っていた。しかも悲劇的なのは、それがイリュージョンと化した後も信じ続けていたように思われることである。ともかく「国会論」を発表した頃までは、天下の人心も挙げて福沢を支持しており、福沢も天下のオピニオン・リーダーとして影響力を順調に発揮していたのであった。

ペンの力にかげり――維新秩序の安定化の説教

さて、国内的には豊かな市民社会を、対外的には独立した強力な国家を建設することが福沢の念願だったが、その〈国家として人民相持ちのネーション〉を想定していたのが福沢の構想であった。専制国家を否定し、ネーションの理想を抱いていた。ただその理想を、あくまでも目前に実在する明治政府の下で実現しようとして、片想いにはまったところに福沢の悲劇の種子が潜んでいたと思われる。福沢の描いていたネーションの理想と、現実の明治政府との乖離が次第に大きくなっていったからである。明治一二年から一五年の間にゆるやかに時間幅を取りながら、しかしはっきりと、福沢は航路を中道派に転じていった。この転換は、坂野潤治の表現を借りれば、文明論という名の「一九世紀システム論」というべき「長期構想」から、「一八八〇年代政治改革論」というべき、「短期構想」への転換でもあった（坂野潤治、一九九四）。そしてそれとともに福沢諭吉の言説の影響力にもかげりが見え始め、彼に対する国民的支持にも分解が起こった。「国会論」を書いた頃までの福沢は自由民権運動を支援していたのに、急に〝駄民権〟などといい出してそれに水を差したから、民権諸家における福沢株は急落した。

ここに関連して二つの点を指摘しておきたいと思う。まず、この時の福沢の路線変更は当時も今日も悪評嘖々である。けれども福沢の意識に則して考えてみると非連続的側面と連続性との両面があったと考えられる。確かに軌道を中道寄りに転じたこと、明治政府に近づいたのは政治姿勢の変更であった。しかし日本にネーションを実現しようと考えた理想は依然として一貫していた。むしろその実現を明治政府に託し続けたところに悲劇が起こったのだと考えられる。

第二点目は、『福翁自伝』の中で、新聞紙上に国会開設のための請願運動という手法を紹介したところ、全国で国会開設運動が燎原の火のように拡がり、火付け役として恐ろしくなった、熱を冷やさなければと考え始めたといっている点である（岩波文庫、二八七）。福沢のペンの力が国会開設請願運動を点火するという福沢の意図しなかった人心教導作用を惹き起こした点を恐怖していたことは興味深い点である。この頃までは、それほど彼の筆力と世論の動向が一致していたことの現れでもあろう。それで福沢はその後も筆一本で世論を動かしてみせるという使命感みたいな気概をもって世間に臨んでいたと思われる。しかし事実は、世論も分裂してくるし福沢の影響力もかげりを見せ始めていたのであった。

中道路線の説教を続けることによって、実は自分の評判を落とすことになった。それがいちばんよく表れていると思うのは、明治一四年に発表した『時事小言』である。この小論は政府に説教していると思ったら、次の節では民権論者に「あまり跳ねあがるな」と説教している作品で、福沢がどっちに味方しているのかよくわからない。大変のらりくらりとした文章となっている。むしろそこに天下の指南番として、オピニオン・リーダーとしてネーションをまとめ上げようとする福沢の自負心があったと思われる。ちょうど政権と民権の美しくも薄命な古典的調和が破れてハネムーンから一挙に離婚に向かいかけた時であった。その時に、民権側と明治政府の双方に妥協を勧めながら、国会開設の決断を促す一書が『時事小言』であった。高度に政治的な目的で書かれた苦心の、あるいは悪あがきの一編であったといえる。

この頃の明治政府と民権派を婚姻関係にたとえれば、政府という旦那と民権派という嫁に対して、福沢という仲人が妥協と関係修復を策すわけであるから、そのような時の発言は老獪を極めるのが常である。一方では、駄民権論と批判して民権熱を冷やし、他方では国会を開いても心配はないという安全イメージを政府に売り込んで、国会開設を決断するように促す。また、もし国会を開設しなければ人心は制御不能になると、政府側を恫喝してもいる。それが『時事小言』であった。

ただし国家論の連関では、ここではまだ福沢ははっきりとイギリス型の議院内閣制導入を前提に構想していた。いずれにせよ、内閣の交代の制度化というのは今までの東洋になかった優れた制度で、それを実現すべきであると声を張る。これに対して井上毅は、福沢はイギリスの憲法論を想定しているから、中立の仲人のような顔をしているがやはり民権側である、油断ならないと警告していた。実際、福沢の頭にある理想のモデルはイギリスで、悪しきモデルはフランス、ドイツ、ロシアだった思われる。フランスでは政権が変わるたびに憲法をつくり変えて、共和制になったり王政になったりと大変不安定だから日本のモデルには相応《ふさわ》しくない。またプロシアとロシアは専制国家だからだめだという見解であった。日本の方が明治維新、つまり革命をやった近代国家なのだが、向こうはまだ革命前で専制君主がいるという見方である。

そしてイギリスをモデルにした時に、守旧党と改新党の二大政党の政治的成熟さを紹介する。「守旧必ずしも頑迷ならず」、つまり保守党は柔軟性をもって時代に対応している。「改新必ずしも粗暴ならず」、革新党は破壊活動をしているのではないといっている。そしてこのイギリス政治の論理を日本における政府側と民権側に応用してみせる。それが政府に対しては「頑迷になるな」といい、民権運動に対しては「粗暴になるな」という発言になる。この福沢の姿勢が後日の「官民調和論」にもずっと一貫して現れる。政府と人民の相持ちでつくるネーションの理想に忠実なるが故にこうなるのであった。

さらに福沢は井上馨など政府側要人に接近して、目前の民権運動を抑えるためには早く手を打てという主旨の手紙を出して、政府に協力する姿勢を見せていた。政府の方でも北海道開拓使払下げ事件が大きな政治争点に高まり、政権が不安定になってくると、場合によっては福沢を政府側に取り込んでいく作戦も考え始めた。この頃の明治政府と福沢諭吉の違いは紙一重であった。この経緯の中で政府側は、有名な官報新聞を福沢の下で発行するという話をもち出したのであった。そしての福沢と伊藤博文と井上馨との大隈邸会談で政府が国会開設を決断していることを内示され、福沢はすっかりその気になって明治政府に協力するつもりになったのであった。その場で井上馨などは、一段と声をひそめて、国会を開くからには政党内閣制を取る、というものだから福沢の方も「是れまでの御決心とは露知らざりし、斯くては明治政府の幸福、我日本も万々歳なり」とすっかり乗せられてしまった。念願のネーション形成の理想が、明治政権の現実の下に実行されると思ったからである。

ところが、あに図らんや、明治十四年の政変のクーデターが実行された。すると政府側から見れば福沢はもう利用の必要のない人物であった。井上毅の下でプロシア憲法をつくる路線が選択されたのである。しかし福沢には、政変の本当の原因、筋書きというのは――自分なりに推測もして書き残しているが――何が何だかわからないままであった。それで福沢は、政変後でもまだ明治政府に期待を寄せて、何とか協力しながらイギリス型ネーションづくりの理想の実現を追っていた。だが、夫婦関係にたとえれば、この福沢はすでに離婚を決断した亭主に対して追いすがる女房のような、非常に気の毒な立場で行動していたのであった。

明治十四年の政変は、明治国家の転機であるとともに、福沢の人生においても一大転機であった。この政変によって結局、イギリス型国家モデルに代わって、いわゆる天皇制国家の方向が決まってしまった。北海道開拓使払下げ事件の方は世論に応えて中止した。国会開設も約束した。ただし、国会開設を約束するという形で民権論に妥協しながら、その根本になる憲法には密かにプロシア風の欽定憲法を準備して、そこで国会という立法機関の中身を形骸化した。名目的参政権を許し名は民権運動に与えてながら、実の方は明治政府が取って実質的参政権を制限してしまうという巧妙な井上毅のワナに、民権派はかかってしまったのであった。かくして、岩倉具視、伊藤博文、井上毅のいわゆる憲法政策トリオが秘密裡に明治憲法製作に取り掛かったのであった。

福沢の方は、政府に協力して官報新聞の発行を引き受け、世論を誘導しようと待機し、わざわざ何人かの人員まで用意して今や遅しと待っていた時、突然十四年の政変が仕組まれ、福沢悪人説の噂を流されたり、福沢の影響を受けている官僚たちが皆政府から追い出されるという青天の霹靂の事態に巻き込まれたのであった。すぐ伊藤博文・井上馨に書簡を出して実情を問い合わせているが（全集⑰四七一以下）、井上からの返事ははぐらかされている。明治政府の方はさっさと福沢を切り捨てて、プロシア憲法で国家体制をつくるという方向に歩み始めたわけである。

『時事新報』の発行

このために福沢は待機していた官報新聞の予定を変更して、自力で新聞を発行するハメになった。政変が起きたのが明治一四年の一〇月であったが、翌一五年三月一日から刊行した『時事新報』がそれに当たる。後から見ると、この時期に福沢のオピニオン・リーダーからの確実な没落が始まっていた。『福翁自伝』などを見ると、明治十四年の政変以降の記事が非常に少なくて簡単になっている。それまでは彼はかなり饒舌に色々得意気にしゃべっているのであるが、明治十四年の政変以後はたった数頁しかない。自分の自伝で余り書き残していないということは、挫折の深さを示しているのではないだろうか。

しかし明治十四年の政変以降も、福沢が言論人としての影響力を維持しようとして取った姿勢が「局外中立」宣言であった。つまり、民権側にも政府側にもつかず、第三の立場にあって、天下のご意見番として、影響力を与えようとした。自ら政治に手を染めないけれども、政治意見を表明し世論を誘導しようとした。その道具に使ったのは新たに始めた『時事新報』事業であり、その『時事新報』で繰り返し唱えたテーマが「官民調和」論であった。実際は、民権家からは失望され、政府に見捨てられながら中道派としてむなしく世論誘導活動に従事することとなった。福沢がオピニオン・リーダーである時代はすでに去っていた。

この時期の福沢の「人心」に対する洞察の中身は、井上毅のそれとほとんど変わらないように思われる。例えば、明治一五年に伊藤博文が憲法調査のためにヨーロッパに出かける時に、福沢は『時事新報』に社説を書いて伊藤にアドバイスする。個人としては許しがたい裏切りの張本人伊藤であったが、その伊藤――政治家としては影響力のいちばんある人物――に対して、明治国家を安泰にするための「人心」対策を忠告する。これが、明治一五年三月二日付『時事新報』の社説「伊藤参議を餞す」で、「我輩が特に参議に求る所は、唯独逸にある憲法律令の死文を見ることなくして、其憲法が該国民に向て如何の影響をなすか」(全集⑧一二)を調べてきてほしい、と述べる。つまり、実際にどういう風に国民に「生きた憲法」として受け入れられるかを問題にしている。これは井上毅などもまったく同様の心配をしていた点で、憲法の条文だけつくったとしても、国民に受け入れられない内容ならば、そんなのは紙切れにすぎないということをよく知っていて、心配していたのであった。

その同じ社説の中で、「法は名にして勢は実なり」(全集⑧一一)とも書く。法令というのは単なる名目であって、世の勢いこそが実だというわけである。何が勢いかというと、「一世の人の是視し又非視する所のもの」(同所)、世の人が是とするか非とするか、つまり、世論、人心が受け入れるかどうかである。それを欠いた法律などは名にすぎないという。実態をヨーロッパで観察してこないといけないと、福沢は伊藤博文に忠告する。人心対策に関する限り、福沢と井上毅と同じ見通し、憲法の定着に関しての人心の支持の大事さを認識していた。そしてそのためにも、彼が必死で唱えたのが「官民調和」の必要性であった。

ところで、『時事新報』であるが、明治一五年三月一日に刊行が始まり、その翌日に先ほどの「伊藤参議を餞す」を掲載した。以降．大きな著述として四月五日から一四日までの連載で「時事大勢論」、ついで四月二六日から五月一二日までが「帝室論」、また五月一七日から一カ月かけて「藩閥寡人政府論」を執筆、その途中で発行停止にあったりしている。初めのこの三編は大変力を入れて書かれたもので、どれも単行本として出せる内容のものであった。ただし、発行停止が挟まった「藩閥寡人政府論」だけは出版に至らなかった。その後は九月になってから「兵論」を一八回連載、一〇月になって「学校教育」を執筆したが、この「学校教育」は、後に『徳育如何』と改題されて単行本化された。つまり、短い社説の他に、やがて単行本になる連載ものをどんどんと書いていたわけである。

なぜ「官民調和」か

あまり注目されていない作品であるが、『時事新報』発刊直後の明治一五年四月五日から長期連載された「時事大勢論」には、明治十四年の政変以後の福沢諭吉の世論指導の原則が表れていて重要な論稿であると思われる。ここに「官民調和」の基本姿勢が表明されていた。「官民調和」論が始まったのはこの時からだと私は考えてる。この点について私の前に『私学公論』に登場した坂野潤治は、「民情一新」の頃から官民調和論者だったという説を書いてる（坂野潤治、一九九五）。しかし私は明治十四年の政変の後、特に『時事新報』紙を舞台にして展開された独特の時論として時期を限定して捉えたいと思う。

明治十四年の政変以後の議論がそれ以前とどこがいちばん違うかというと、内閣交替制の議論が全然出てこなくなった点がいちばん大きいと思われる。憲法の内容に関わるその種の議論から一歩退いて、そして「官民調和」を唱えるのが政変以後の福沢であった。「時事大勢論」で彼は自分を「局外窺見」という中立的立場に置いて、政府にもアドバイスし、民権派に対してもアドバイスを試みる。そして憲法論議の主張を後退させてまで、必死に努力した世論喚起のテーマが「官民調和」であった。『時事新報』紙上で福沢はこれを根気よく一〇年ほどいい続けた。そして一〇年後に、結局、空しかった、という感想を残している。

福沢が議院内閣制の議論を持ち出さなかったのには色々な理由が考えられる。一つは自分の立場を民権派という党派性から距離を置いて、中道派ジャーナリストとして天下を教導しようとしたからであった。また、議院内閣制の採用を既定のことと看なし、国会を開けば当然そうなると前提にしていたから、あえて議論しなかったとも考えられる。結局、それも一つのイリュージョンだったのであるが。

それよりも福沢は、一〇年後の議会政治に、目下のような官と民との対立が雪崩れ込んだら、混乱し制度マヒが起こることを心配していた。あくまでも対立点を言論戦で、議論の土俵で決する習慣を築かなければならない、そのためには、官民不信、官民猜疑の空気を取り除く必要があると感じたのであった。福沢の「官民調和」は、ネーションをつくろうとする理想主義に立っていたからこそ強調された議論であった。国会がいよいよ開かれるのだから、互いに協調するように、国民を誘導し、政府を誘導しようとして唱えられたものであった。

福沢は、「我輩が明治十六年の前途に於て望む所のもの甚だ少なからざれども、其前途中の目下に急なるは官民の調和と兵備の拡張と此の二者なり」（「明治十六年前途之望」全集⑧四九三）と論じた。つまり、対内的な官民の調和と対外的なナショナリズムの二つの柱を掲げ、さらに「左れば官民調和は実に今日の急にして」（「世態論時事新報に呈す」全集⑨一〇八）と、かなり強い危機感をもって調和論を唱えている。

この論説はしかし、官民対立が激化する時期に官民調和を提言したものであったから、客観的に見ると時勢に逆流した実現性に欠ける発言、ある意味では時代錯誤の発言であった。民党側にすれば、国会開設が決まったのを歓迎して自由党・改進党を結成し、いよいよ政党活動に踏み出そうとする矢先、その高揚を抑えて「官民で調和しろ」といわれたのであるから、失望と嘲笑を呼んでしまう。他方、明治政府側にしてみれば、すでに見捨てている福沢からアドバイスされ民党との調和の説教を聞かされても、余計なお節介、と冷やかに無視するのであった。

ただ、福沢は「官民調和」論の中で、民間人による市民社会活動の価値を常に重視していたことの意義は指摘しておきたい。例えば、「就ては日本国は独り政府の日本にあらず、亦独り人民の日本にあらず、相共に其利益を謀ることなれば、政府は人民を疎外す可らず、人民も亦政府を怨望す可からず」（「官民調和論」全集⑪四一四）と述べる。これは明治初年代の『学問のすゝめ』の頃とまったく同じ論理展開である。つまり、国家（ネーション）を構成するのには政府と人民との二つの要素が確実に要ることを繰り返し説明し、そして「政治も人事の一部分にして至極大切なることなれば、之を好んで巧なる者に任じて可なり。政治の外は都て人民の事なれば、政府は之に干渉し妨げを為す可らず」（同所）とする。政府外のことは市民社会なのだから政治権力は干渉を遠慮すべきであるというわけである。

福沢のいわんとする真髄は、「官民相互に敬して各その本分を盡す可し。即ち今の開国の時代に処して国光を維持するの大本なり」（同所）の一句にあった。それでこそネーションというのは栄えるのだとする。つまり「官民調和」の論陣を張る時でも、あくまでも市民社会の存在が前提にあって、これで近代国家や立憲政治は可能になると考えていたのである。例えば、「時事新報は政府に向て何事を論じ何事を勧告したるや、人生苟も記憶の能力あらば、新報紙上幾十百回か論じ尽して殆んど読者を倦ましめたる官民調和の説論をば忘れざることならん。本来我輩が特に調和論を唱へたるは、立憲政治を以て開国進取の事と認めたるが故なり」（「維新以来政界の大勢」全集⑭三〇六）と。立憲政治を実現しようとしたからこそ調和論を唱えるというのが、福沢の見識であった。

この点に関しては、戦後まもなく丸山眞男が「福沢諭吉の哲学」において、「彼の時務論としての官民調和論」が「彼の『原則』としての独立自尊主義」と「内面的に結びついている」ことを指摘していたし、最近でも田中浩が『近代日本と自由主義』の中でこの点に注目している（田中浩、第三章）。しかし一般的には「官民調和論」はそうは理解されず、福沢の転向と看なされることが多い。この点、福沢の内面に即していえば大変気の毒に思われる。彼の中では立憲政体をつくる理想に期待したからこそ、こういう発想をしたのであった。

言論封じの風潮への警鐘

第二に、この明治十四年の政変以降の福沢の言説を追っていると、言論の自由の問題、不寛容に対する警告がはっきりと出てきていることに注目したい。それは福沢の市民意識を示すものとしては大事な論点である。あの新聞事業開始直後の連載「時事大勢論」（全集⑤）の中にすでにこの議論は書かれており、その後も「官民調和」と並んで執拗に繰り返されたテーマである「徳育」批判の中に、「言論の自由」論は登場した。なぜそれにこだわり続けたか、実は、後から説明するようにこの徳育批判は、世の中に不寛容が蔓延することを恐れたが故に語られたものであった。その根本姿勢はまず「時事大勢論」に現れていた。これは、言論封じの風潮の兆候に対する肉体的ともいえる警鐘であった。

古くは『学問のすゝめ』の最後のところに書かれているが、何でもものが言える社会が日本には絶対に必要だと福沢は語っている。抑圧された人心を解放して自分が自分の主人公である社会をつくろうとする時、そのような「開かれた社会」の指標になるのは「言論の自由」である。人々が自分の能力、腕前によって世の中をつくっていくという時代には、多事争論、色々議論を交わしながら、言論による合理的な決裁をしていかなければならない。そのためには、前述のごとく人間関係においても、上に立つ者は空しい虚位から解放され、下になっている者も卑屈さから解放されていることが必要となる。

『学問のすゝめ』の末尾で、「人類多しと雖ども鬼にも非ず蛇にも非ず、殊更に我を害せんとする悪敵はなきものなり。恐れ憚る所なく、心事を丸出にして颯々と応接す可し。故に交《まじわり》を広くするの要は此心事を成る丈け沢山にして、多芸多能一色に偏せず、様々の方向に由て人に接するに在り」（岩波文庫、一八〇）といっている。自分の意見を憚ることなく丸出しにして、さっさと表明する。そのように表明できる空気の存在、誰もがものが言えるし、また言い合う風通しのよい社会を新日本に実現しようとした。ここに福沢のイメージした市民社会の要訣があると思われる。

ところがどうも明治十四年の政変以後、これとは反対の空気、颯々とものがいえない状況が生まれている。それを福沢が指摘したのが「時事大勢論」次の部分に指摘されている。「凡そ天下の乱階多しと雖ども、人心の猜疑より恐る可きはなし。彼の犬を見よ。吾人が平気にして其傍を過ぐれば、犬も亦平気にして、人と犬と相知らざるが如く誠に無事なれども、若しも此方に少しく猜疑の念を抱くか、又は他人の言を聞き、彼の犬は動《やや》もすれば人に咬付くとの事を信じて、少しく恐怖の顔色を示して走て之を過ぐれば、犬も亦驚て自ら警しむるが如し」（全集⑤二五〇）と。

福沢は、こういう風潮を非常に心配して発言を強めた。そして原因を二つ挙げていた。一つは「今の政府は其施政の理由を詳に語らざる者なり。之を語らざれば之を知る由なし。今の人民は政府の主義を知らざるものと云ふべし」（全集⑤二四四）。つまり、政府の密室的体質が権力の恣意的使用を許している。どういう時に処罰するのか基準がはっきりしないから、何が違法で何が合法かわからない、それで皆怯えて口をつぐむという状況が生まれるのだという。当時はまさに集会条例改正とか政府側が厳しい取り締りを始めた時期、ルール・オブ・ローでなく、専制者によるルール・バイ・ローの時代であった。

それ故に、「人民も亦言はんと欲して或は法に触れんことを恐るゝが故に、其言常に婉曲にして然も十分の怨を含むが如くに見へ、新聞にも演説にも所謂口蜜腹剣の毒気を免かれずして、政府も亦人民の真意を知るに由なし」（同所）という事態になっている。つまり、ものが言えなくなる原因の一つは、政府側の秘密主義、情報非公開に由来する。情報公開をしないことによって、権力を持っている者が恣意的に権力を行使できるわけで、ある時は処罰し、ある時は処罰しない。これで自由にものが言えなくなると見ていた。

そして、もう一つの原因として挙げたのが皇室の政治利用の弊害であった、「帝室の保護尊崇を主義として容易に帝室の名義を用ひ、我党に反対する者は帝室に反対する者なりなど、之を公言するに至らば……」（全集⑤二五〇）と。つまり天皇の権威を用いて言論封じをやる風潮が出てきたとして、特に福沢が批判していたのが、当時の『東京日々新聞』であった。同紙は、主権論争の時に「皇室に対して不敬ではないか」と民権派を論難したわけであるが、そのやり方をすると何ものが言えなくなる。この種の不寛容社会の到来を福沢は声を大にして防ごうとしていた。「然るに日報記者は如何なる情況に当りたるにや、今日の民権論者を大害物なりとして、……此輩はついには皇統をも傷け奉り、遂には金甌無欠の皇国をも危くせんとまでに論及するとは、余り極端に失するの議論ならずや。……民権論は畢竟政治社会の事のみにして、皇室の尊厳神聖には縁なきものなり」（「天下自制す可きものあり」全集⑧四〇八―四〇九）とその語調は悲痛な音色を帯びていた。

宮中・府中の別という言葉があるが、これは伊藤博文が政府中枢レベルにおいて皇室が内閣政治に干渉しないように分離させたものであった。それに類してここで福沢が言おうとしていたのは、市民社会レベルにおける宮中・府中の別の必要性であった。つまり、民間レベルでの政治論議にも皇室をもち出してはいけないという論理である。政治問題をめぐる論争は、市民社会、民間で議論をする問題であって、そこに皇室の権威をもち込んではいけない。皇室はもっと文化的価値の領域に止まるべきである、とする。この関連で書かれたのが、「時事大勢論」のすぐ後で、明治一五年四月二六日から『時事新報』に掲載された「帝室論」に他ならない。

『帝室論』の冒頭にあるのが「帝室は政治社外のものなり」。つまり、『帝室論』を書いたことの大きな目的は、皇室を政治社会から分離して位置づけることにあった。主権論争をめぐって「帝室に失礼だ」という責め方をされている民権派に同情して、何とかこのロジックを打破して言論の自由を守ろうとして書かれていた。市民社会においても宮中・府中の別を確立しようとした、それが市民社会の言論の自由を守ろうとする一つの提案であった。

それでは帝室とは何か、福沢にいわせれば、「新に偏せず古に党せず」つまり、民権派にも守旧派にも傾かないで、「蕩々平々、恰も天下人心の柄を執て之と共に運動するものなり。既に政治党派の外に在り。焉《いずくん》ぞ復た人心の党派を作らんや。謹て其実際を仰ぎ奉る可きものなり」と、あくまで政治外に存在するべきものとされた。

不寛容社会との闘い

このように「言論の自由」を保護するという意味での寛容論を唱えるというのは、当時の日本もその後の日本にも、余りなかったように思われる。日本での「寛容」の実際の使われ方は、必ずしもこういう使われ方でない。例えば丸谷才一の『女ざかり』の中に、寛容のことを議論している場面があるが、日本での寛容というのは、悪くいえばいい加減にして緻密に詰めないこと、相手との人間関係を壊さないようにできるだけ対立を避けること、同一共同体の中では自分は少なくともそのつもりでいる、と語らせている。このように、対立があっても玉虫色にぼかして、余り角を立てないように言葉を控えて、まあまあと自己抑制する例が多い。

福沢の場合はこれとは違って、言いたいことをいえる状況を確保するために提言した。言論の幅を狭めないことが寛容論の原則である。私は、それを現代の日本の中で大切な問題だと考えている。言いたいことをいって、言論戦で決裁して、言い負けたにせよ言い勝ったにせよ、すっきりさせる。あるいは言論戦の最後に多数決、数をはっきりさせて納得させる方法である。けれどもすべて言わせないで全会一致で決裁するというのが、この国の共同体では一般的であるからである。

逆にもう一言いうと、日本でもよく論争史と銘打った本が出版されるが、中身はどうも論争史でないケースが多い。けしからんとか不敬だと双方が言い合うばかりでかみ合った議論になっていない。そしてある段階になったら、疲れ諦めてものを言わなくなる。あるいは口を開く前から悲観していることもある。例えば、長崎市長が天皇に戦争責任があるといった時に、言論戦に訴えないで剃刀が郵送されてくる現象とか、また差別用語や差別発言があったという時に、言論戦で腹を割って話し合う以前に自主規制し口をつぐむ光景が見られる。日本論争史というのはむしろ日本非論争史で、ものを言えなくなる歴史ではなかったか。その点では、寛容の論理でこの問題を扱おうとした福沢は、むしろ今日においても十分意味がある。だんだん無難な道を選んで、放送禁止用語を神経質に増やす方向は、言路を狭めているからである。

そういう観点から『帝室論』を読み直すと、決して天皇制云々を賛美した作品ではなく、その当時において許される範囲で言論の自由を守ろうとして書かれたものであることがわかる。しかしその後の日本は福沢が期待した方向に進まなかった。逆に「極端主義」が強まり、不敬とか非国民といった言い方が世の中に定着していった。それを促したのが徳育教育であった。福沢もこの点を繰り返し指摘しており、特に『徳育如何』では、教育の弊害に言及していた。この徳育が、結局、天皇制国家における不寛容の起源をなしたのではないだろうか。

例えば、明治二五年に福沢が、「教育の方針変化の結果」という論説を出しているが、そこで「明治十四年来政府の失策は一にして足らずと雖ども、我輩の所見を以てすれば、教育の方針を誤りたるの一事こそ失策中の大なるものと認めざるを得ず」（全集⑬五七五）と論じる。明治二五年に早くも教育の失敗を挙げていた。そして、「抑も十四年以来、政府の当局者は何の見る所ありてか遽《にわか》に教育の方針を一変し、維新以来多少の艱難を経て漸く社会に跡を収めんとしたる古学主義を復活せしめ、所謂鴻儒碩学の古老先生を学校の教師に聘し、或は新たに修身書を編輯撰定して生徒の読本に充て、甚だしきは外国語の教授を止むる等、専ら古流の道徳を奨励して、満天下の教育を忠孝愛国の範囲内に跼蹐《きょくせき》せしめんと試みたる尚ほ其上に、学校の教育のみにては未だ充分ならずと心得たることならん、窃かに資金を投じて其流に不似合なる新聞紙演説等の事を奨励し、以て文明進歩の大勢を留めんとして余念なかりし」（同書、五七五—五七六）と摘発した。

この結果として世の中には、由々しい不寛容の風潮が広がり始めた。「試に明治十四、五年を界にし、前後の新聞紙を把りて其紙面に注意するときは、前年の紙面にも随分危激の文字あれども、尚ほ未だ極端に至らずして耳に逆ふもの少なき其反対に、後年の諸新聞紙上には乱臣賊子夷狄禽獣等の文字甚だ多くして、所謂病なきに呻吟するの句調盛なるを発見す可し。即ち前後の相違は社会の気風一変したるの兆と認めざるを得ず」（同書、五七七）と。つまり正統・異端を決めつけて論敵を裁く、オーソドクシーの問題が出てきたのであった。「乱臣賊子だ、けしからん」、後のことばで言えば「非国民呼ばわり」、これが出現するのが明治一四、一五年を境にしてであった。

そして、ここで社会の気風が一変したと見ていた。つまり人心が沈黙してものを言わない時代、不寛容社会の到来である。まずそれは学校教育において変わったが、その背後には天皇制国家の成立があったのである。「忠孝愛国の説、決して不可なるに非ず。……国を愛せざるものは即ち国を害するものなり云々とて、極端より極端に走りて是非黒白を争ふときは、其弊害却て大ならざるを得ず」というように、極端な決め付け、忠孝愛国を語らなければ不忠者だ、とラベルを貼られることで民権論者は苦労するのであった。

例えば、『自由党史』にも「加ふるに政府は左手に君権論を擁して其機関誌を駆り、天下に号令するのみならず、右手に警察権、刑罰権を揮ひ、苟くも事の忌諱に触るものは、仮借なく、新聞を禁停し、演説を解散し、忌克なる手段を以て之を圧服せんとしたり」（板垣退助監修『自由党史』中、九三—九四）と。つまり、君権論とゲバルト、天皇制と警察力の二つにやられたというわけである。この時民権家たちは、必死で防戦にまわって「我国民の怨みを構ふる所のものは、藩閥に在りて、決して皇室に在らず」、皇室に不敬だというが、そうではなく自分たちは藩閥を攻撃しているのであると主張した。福沢はこのような言論状況を出現させるべきではないと考え、そこで政治論説から皇室を切り離すために市民版宮中・府中の別を説いた『帝室論』を出したのであった。

ネーションの幻を現実化しようとして論陣を張っていた福沢としては市民社会の存在が大前提に置かれていた。それで言論封じの風潮、不寛容社会の風潮と格闘して、多事争論の市民社会を根づかせることが、明治十四年の政変後、官民調和と並ぶもう一つの課題であった。その際、言論の自由は「時事大勢論」に始まり、一貫して世論に問うたテーマであった。

超然主義の国会に失望

その後の福沢はどうなったのか。政府の不寛容政策にもかかわらず福沢が官民調和を唱え続けたのは、国会開設を実現すれば日本にもネーションが成立する、という彼なりの期待があったからである。しかし、国会が開かれてみると政府は「超然主義」を採用したから、福沢の失望は大きかった。論説「超然主義は政府に利あらず」（全集⑬二五一―二五四）を書く。そこでは「双方の意見相投ぜざるときは、人民は之を新聞紙に記し演説に説き、憚る所なく政府の所為を攻撃すると同時に、政府も亦力を尽して自ら弁護し、社会の秩序安寧を害せざる限りは言論を自由にして相互に争ふ中には、自ら是非曲直も明白となり、何れの方にても国民多数の意に叶ふたる者の勝利に帰し、其結果としては或は政府の変革を見ることも珍しからず。即ち口舌筆端の争を以て政権の授受を決するものにして、立憲政治の演説、新聞紙は、専制政治の兵馬銃剣と効力を同じふする者と謂ふも可なり」（全集⑬二五二）と述べて、言論による立憲政治の原則を説明していた。

ところが、現実の帝国議会の進め方はその逆であった。「区々たる民間の反対者を相手取り互に言論を争ふが如きは却て無益なり、寧ろ之を度外に置て以て政府の威厳を全ふするに如かずとの説もあらんなれ共、元来政府の威厳とは専制時代の執政者が威権を専にして下民を嚇す其勢力を評したる言葉にして、立憲政体の今日には既に痕跡なき者なり」」（同書、二五三）と嘆く。ものを言わせない戦略を取ることは、立憲政治にあってはならない、これは許し難いということで、この頃になって福沢はかなり自分の立場を民権側寄りに戻した。しかし手遅れであった。「官民調和論」で民権派を抑えすぎ、そこに気付いた時にはすでに遅すぎた。それに関しては福沢にもいく分かの責任があるのではないか。

最後に、明治政府に対する福沢の認識の甘さがなぜ起こったかといえば、やはり明治十四年の政変以前に伊藤博文とかなり付き合いがあり、伊藤の中に開明的な姿勢を発見したがゆえに、明治国家をもっと開明的な方へ引っ張って行けると見る自信があったからではないか。甘いといわれれば確かに甘かったが、「一身独立して一国独立する」ことに、ある種の人心革命に、自分なりに入れ込んで、それなりに実現した福沢ゆえに、それに相応しい国家を明治政府に賭けて造ろうという夢を追い続けたことに原因があったように思われる。それはイリュージョンだったといわれるが、夢が高かったからこそ、政府と妥協しながらも、あくまでも夢を実現させようとしたのが政変後の福沢であった。「官民調和論」というと、いかにも鵺《ぬえ》的なイメージであるが、むしろ福沢が理想の市民国家、ネーションを造ろうと思い入れすぎた結果としていい続けていた、と私には感じられる。ネーションの実現を夢に見て現実が見えなくなった。そういう意味では、福沢も理想主義者だったのである。

参照文献

慶應義塾編纂〈福澤諭吉全集〉岩波書店。ここからの引用にあたっては「全集⑤二四」のように表記し、〈福澤諭吉全集〉第五巻二四頁からの引用であることを指す。

福澤諭吉『福翁自伝』岩波文庫、第一七刷、昭和四一年。

『福澤先生哀悼録』復刻版、みすず書房、一九八七年。

坂野潤治「政治的自由主義の挫折」（岩波講座〈日本通史〉一七、一九九四年）。

坂野潤治「今でも福沢諭吉から学べるだろうか？(2)」（『私学公論』第二八巻第二号、平成七年二月）。

板垣退助監修／遠山茂樹・佐藤誠朗校訂『自由党史』中、岩波文庫、第四刷、昭和四二年。

伊藤彌彦『維新と人心』東京大学出版会、一九九九年。

前田愛『近代読者の成立』〈同時代ライブラリー〉一五一、岩波書店、一九九三年。

丸山眞男「福澤諭吉の哲学」（『丸山眞男集』三、岩波書店、一九九五年）。

丸山眞男「開国」（『丸山眞男集』八、岩波書店、一九九六年）。

竹越與三郎『新日本史』（松島栄一編『明治史論集㈠』〈明治文学全集〉七七、筑摩書房、昭和四〇年）。

田中浩『近代日本と自由主義』岩波書店、一九九三年。

柳父章『翻訳語成立事情』岩波新書、一九八二年。

第七章　政治宗教の国・日本

一　政教一致の伝統の下で

日本人が西欧の宗教社会との大きな落差に気が付いたのは、鎖国を解いて異文化接触を体験した時、文明開化の時代であった。渡辺浩は論文「『教』と陰謀」の中でこう書く。

明治維新という大きな革命が起きた。新政府は、西洋諸国の「文明」を学び、日本にも「文明開化」をもたらすことによって、西洋に対抗するという路線をとった。「富国強兵」のために様々な学術を学び取る必要については、疑いはなかった。そのために大学を設け、教育を振興する必要についても、一致があった。さらにいずれは民選議院を設置すべきことについても、大体の合意はあった。それらは西洋化というより、文明化であって、人類として当然になすべきことと理解されたのである。

しかし、極めて扱いにくい厄介な問題が有った。それは「宗教」、である。

（中略）

文明化するにつれて、社会は世俗化し、非宗教化するという考え方がある。しかし、この時、日本人たちが、遭遇した事態は逆だった。彼等は、「文明国」の人々が、「文明」の遅れているはずの自分たちがこれまで「愚民」用のものとして馬鹿にしていた「宗教」を信じているらしいことに、困惑したのである。言い換えれば、「半開」の日本の方が、非宗教化という意味では、「世俗化」が進行中だったはずの西洋の「文明国」よりも「進んで」いたのである（渡辺浩、二〇〇五、三九〇―三九二）。

確かに脱宗教化・世俗化は西洋より日本の方が進んでいた。しかしこの「世俗化」の意味する所は、政治は信仰の自由を尊重し個人の内面性に干渉しない、ということではない。反対にこの国は政治が思うがままに宗教を操ることのできる国、「強力政治と弱貧宗教」の国であったことを意味する。日本における政治権力と宗教権力との闘争は、石山本願寺の合戦で織田信長側が勝利した時に終わっていた。政治勢力側が宗教勢力側を圧倒し、以来、統治者たちは赤裸々な、あるいは巧妙な権力行使によって宗教勢力を押さえ込むのに成功した。宗教、道徳は統治の一部門になり下がった。

しかしそのことにより、かえって日本では政治と宗教が友好的関係を保持することにもなった。「愚民」統治の道具として宗教を利用する伝統が築かれ、日本は政治宗教国家になったからである。徳川家康は、古来神道と仏教との習合が日常化していたこの国に、意図的に儒教を採用して統治の補完とした。政治価値が優位する世界で「道」と「教」が説かれ、「徳治政治」が標榜された。統治者たちが教育によって人民を徳化することを政治の理想として信じていたにせよ、「愚民」を御する技術として道徳や宗教を利用したにすぎないにせよ、政治と道徳、政治と宗教は同一次元に共存し親和的関係にあった。政教分離ならぬ政教一致による徳治政治こそこの国の政治の理想とされた。そのことは「教」や「宗教」が、政治体制存続を至上目的に、支配の合理化・正当化・強化のための道具として利用されることを意味した、といえる。具体的には、徳川政府は儒教的徳目と神道的慣習を尊重しつつ、寺社勢力を行政支配のしもべとして活用する統治を行い、他方キリシタンを禁止する方針の下で、数世紀にわたる天下泰平を維持してきたのであった。

　明治政府の宗教政策もこの徳川体制の伝統を継承して始められた。筆頭官庁に神祇官をすえ、新政府は「祭政一致、億兆同心、治教上《かみ》に明にして、風俗下《しも》に美なり。而《しか》るに中世以降、時に汚隆有り、道に顕晦《けんかい》有り。今や天運循環し、百度維《こ》れ新《あらた》なり、宜しく治教を明らかにして、以て惟神《かみながら》の大道を宣揚すべし」（原漢文「大教宣布の詔」旧暦明治三年一月三日、「宗教関係法令一覧」一九八八、四三一）と宣布した。稲田正次はいう「明治新政府は当初から信教の自由に対して全く逆の方向をとった。キリスト教禁制の幕府の方針は新政府によって継承され固守された。明治元年（一八六八）三月十五日改めて禁制の高札を設けた。……他方において神道国教的制度確立を目指して新政府の異常な努力がつづけられた。神祇官の再興・神仏分離・宣教使の設置・大教宣布・皇道中心の学制等々」（稲田正次、一九六〇上、一七四―一七五）と。ここでは仏教に代えて神道を中心に据える変革はあったものの、祭政一致という政教一致主義、道徳を人心統御の道具として動員する発想が受け継がれていた。またこの「大教宣布」の中では「宗教」でなく「治教」という用語が使用されていたことに注目しておこう。宗教や祭祀の有する秩序保持機能に着目した表現として興味深い。戦前の日本政府は宗教と治教の別を判然ならしめた。これによって「神道は宗教に非ず」の公式見解を成立させ、「信教の自由」との折り合いをつけていたのである。そもそも「宗教」という文字が法律の中に初めて使われたのはかなり遅く、一八九一年七月二四日の勅令八十八号においてであったという（山中恒、二〇〇二、九八）。

　信教の自由・政教分離・中性国家といった言説は、近代国民国家の原則とされており、憲法上に成文化されている国も多い。しかしその歴史を辿れば、西洋における教会権力と世俗権力との幾世紀にわたる文化闘争の結果、聖俗共存の英知として生まれた観念であった。そもそもヨーロッパにはキリスト教勢力全盛の歴史があった。この「中世においては教会こそが国家であった。国家あるいは世俗権力とは教会のたんなる警察部門にすぎなかった」（J・フィギス）といわれる。世俗権力はこの強力な宗教権力の実態に抗しながら、近代国民国家を確立していった。しかしこれは西欧キリスト教文化圏で起こった話である。そこではぐくまれた宗教と政治権力の関係概念を、即、アジアやイスラム文化圏に適用しうるものであろうか。

長らく政教一致を伝統としてきた東アジア儒教文化圏の国に西洋産の「信教の自由」を移植して、うまく定着するものだろうか。一九三〇、四〇年代の宗教状況から吟味すると、日本では無残にも失敗したといわねばならない。宗教と祭祀と教育と政治が一体化した時に出現したものは全体主義国家体制であり、国家神道が隆盛を極める政治宗教国家であった。戦前日本を貫いていたのは神道国教体制であった。黒住真はいう「『教育勅語』（一八九〇）は、道徳の核心を天皇の神道的伝統に求め、しかもそれを儒教的道徳で補強しようとしている。つまり、近代日本の『国家』『国民』は、国家神道を中心にしてこれを儒教が支えるというイデオロギー的図式によって構築されたのである」と（黒住真、二〇〇六、二六五）。宗教学者阿部美哉は、「古くから日本民族、日本の国家と深く結びついていた神道を土台に国家神道という一種の宗教的ナショナリズムを形成した我が国」と語り、戦前日本で支配的なナショナリズムは世俗的ナショナリズムであるよりも宗教的ナショナリズムであったと論じている（阿部美哉、一九九五、二三二）。先ほどのフィギスの言葉はこの国では逆立ちする、「戦前日本においては国家こそ教会であった。宗教団体あるいは宗教権力とは国家のたんなる人心統合部門にすぎなかった」と。世俗国家であったが故に、かえって宗教を存分に政治的に利用し、宗教的ナショナリズムを仕立てることができたのであった。日本は宗教政治の国ではなく、政治宗教の国であった。

なぜそうなったのか。政府側の作戦が巧妙だったからか。それもあろう。しかし宗教側にも原因があろう。また時代状況という要因や伝統文化の有していた政教一致政治の根強さも考慮すべきであろう。本章は宗教に関する政府側の態度を吟味することを目的とする。

二　大日本帝国憲法二八条

帝国憲法二八条は「日本臣民ハ安寧秩序ヲ妨ケス及臣民タルノ義務ニ背カサル限ニ於テ信教ノ自由ヲ有ス」と定めて、制限付きながら「信教の自由」を布告した。これで形式的にはこの国の宗教行政も近代国民国家並みになったかに見える。しかし、そもそも宗教集団そのものが弱体で、独立性のない国における「信教の自由」とは何であろうか。この条文は決して国民や宗教界の声に押されて制定されたものではない。キリスト教禁制をきつく非難する西欧諸国に対する応答、あるいは条約改正のための近代国家の体裁づくりの措置であった意味合いが強かった。したがってこの条文に関しては、(1)どれくらい政府側が本気なのか、見せかけなのか、(2)宗教界側にどれくらいこの機会を生かそうとする独立性、主体性があったのか、という問題がある。後者に関するキリスト教各派の姿勢については富坂キリスト教センター編『十五年戦争期の天皇制とキリスト教』第三章以下で分析されている。

(1)の点についていえば、この明治憲法作成の中心人物でもあった井上毅は以前に、「法律上宗旨ノ自由ヲ公布ストモ行政上認可教ト不認可教トノ別ナカルヘカラズ」（「宗教の自由につき意見書」安丸良雄・宮地正人校注、一九八八、七三―七四）と進言していたことが想起される。今日振り返ると、法律上信教の自由を掲げながら、行政上宗教を管理するこの発想は、意味深長である。戦前日本の宗教政策は、この井上毅の提言を忠実に実行していたのではないか。

この進言自体は一八八四年の教導職廃止をめぐって内務卿山県有朋宛に行われたものであるから、直接、井上毅が「行政上認可教ト不認可教トノ別」として想定していたものは、「認可教」として仏教、教派神道そして消極的ながら黙認せざるをえないキリスト教を指し、「不認可教」として神社神道、後の国家神道を指していたと考えられる。これに先立つ一八八二（明治一五）年一月二四日には内務省達「神官ハ教導職ノ兼補ヲ廃シ葬儀ニ関係セサルモノトス」（『宗教関係法令一覧』前掲書、四八〇）を出し、神社神道の機能を祭祀のみに制限し、宗教から分離したことにもそれは示されている。

しかし巨視的に戦前日本の宗教を取り巻く環境を眺めれば、この「法律上宗旨ノ自由ヲ公布ストモ行政上認可教ト不認可教トノ別ナカルヘカラズ」の一句は、広く天皇制国家の宗教観を象徴した言葉として響いてくる。

戦前日本では行政官僚が宗教・治教を管理した。彼らがこの国で全国民を対象にして画一的に強制したのは名目上「非宗教」とされた国家神道（すなわちたてまえ上は不認可教だが、実質的には国家宗教）であり、反対に不寛容の対象としたのは「国体」に馴染まないと看なされた外来種のキリスト教および類似宗教（つまり、もう一つの意味における「不認可教」）であった。先ほどの山県有朋宛井上毅進言は、「宗教之事は政略上実に第一之問題にして」（同書、七二）と書き、古今東西の有力政治家の宗教政策の実例を紹介した後、政略の秘訣は「他なし。一国に盛に行はれ、国民ノ多数に居る所の宗教を牢絡敬重するに過ぎざるのみ」（同書、七二）と説明している。この見解こそ非宗教的国家において秀才官僚が宗教を操縦する時に考える典型的な宗教観であろう。つまり、宗教のもつ内面性・信条体系に対する過小関心と、宗教の有する統治秩序保持機能に対する過大関心があからさまに示されている（伊藤彌彦、一九九九、第五章）。天皇制国家の宗教政策は、この種の宗教認識の下で形成され運用された。それは天皇崇拝を軸とする国家神道、『教育勅語』という教典、祝祭日儀式という儀礼を通じ創出された「国家宗教」であり、文部省の管理する学校組織を通じて全国津々浦々に布教されたシステムであった。

政教一致の伝統をもつ国が、このように「信仰の自由」のたてまえを標榜しつつ、宗教行政を行うこととなった時、帝国日本は形式上宗教の自由を認めながら、実質的には国家神道のみを優遇しそれ以外の宗教を行政的に制限・禁止する政策を実行した。神社行政、宗教行政を管轄する官庁は内務省や文部省であった。このたてまえと実態の乖離のために、神社神道は宗教に非ずを主張し続けねばならず、そのことが日本の宗教行政問題に不自然さを付きまとわせることになった。

維新当初の祭政一致政策は後退したが、寺社行政は内務省寺社局の管轄となった後、一九〇〇年には寺社局は内務省神社局および宗教局に分割され、さらに一九一三年にその宗教局は文部省に移管され、宗教行政と治教行政（国家神道）は分離された。もっとも、この「信教の自由」を一方で掲げつつ、行政上で認可教・不認可教を区別する政策に揺らぎがないわけではない。「非宗教」の烙印を押された神社神道側から、神社は宗教なり、と訴える声が持続していたからである。やがて一九四〇年一一月九日、皇紀二六〇〇年を機に、神祇院官制の勅令が公布され、内務省神社局は神祇院に格上げされた。一八七一年の神祇官格下げ以来六九年ぶりの地位回復であった。

⑵の点、宗教界側にどれくらいこの機会を生かそうとする独立性、主体性があったのかという問題にひとこと言及しておこう。そもそも信仰・宗教の一般的性格は、生まれた国や所属集団の法律、慣習、伝統とは無関係に、人間をそれ自体として捕らえるものである。だから各個人に自分の宗教を選択する自由を認めるのが近代国家の原則であり、憲法でそれが保証されるようになった。明治憲法二八条の「信教の自由」条項はキリスト教徒に存在根拠を与え、少規模ながら、また遅ればせながら政教分離を実現する可能性を与えた。事実内村鑑三不敬事件とそれに続く「宗教と教育の衝突」は、この国にも「文化闘争」を引き起こした。しかしそれは花火大会の打ち上げ花火ように余りにも儚く消え去ったのも事実であった。

三　文部省訓令一二号とその変容

戦前日本の教育と宗教の関係を定めた法規は、一八九九年八月三日発令の文部省訓令一二号であった。全文は「一般ノ教育ヲシテ宗教ノ外ニ特立セシムルハ学政上最必要トス。依テ官立公立学校及学科課程ニ関シ法令ノ規定アル学校ニ於テハ課程外タリトモ宗教上ノ教育ヲ施シ又ハ宗教上ノ儀式ヲ行フコトヲ許サザルヘシ」と短い。これは八月二日布告の私立学校令（勅令三五九号）、翌日の私立学校令施行規則（文部省令三八号）を前提に出された訓令である。一見公教育の世俗化を規定し、個人の信仰を尊重するための措置、つまり日本版「公教育と宗教の分離」のように見える。しかし、ここでも政府は本気なのか見せかけなのかが問題である。実際、この訓令が布告されてみると、私立キリスト教系学校に大打撃となり、多くがキリスト教教育の方針を貫くために学校の種類を「各種学校」に落とす道を選んだ。私立学校といえども小学校・中学校・高等女学校は「学科課程ニ関シ法令ノ規定アル学校」に該当しなかったからであった。

当時、条約改正に伴い外国人による私立学校経営が予想された。そこで私立学校の監督強化とキリスト教教育の私立学校からの排除、そして政府の唱導する「国民道徳」の例外なき普及が政府の課題となっていた。これが、訓令一二号布告の背後の事情である。こうして「主にキリスト教を対象として、天皇制国民教育理念に収束しえない宗教教育を、一般学校教育から制度的に除外するシステム」（鈴木美南子、一九八六、二二〇―二二一）が打ち立てられた。もしフランスのように本当に学校の世俗化を実現しようとすれば、(1)公立学校から聖職者を追放し、カリキュラムから神を排除すること、(2)公教育は信教の自由を尊重すること、(3)宗教に代わり理性に道徳を依拠させること、等の措置がなされるべきであろう（小山勉、一九九八）。しかし日本では非宗教の名目の下、国家神道の教と儀式が学校現場に持ち込まれた。非宗教化・世俗化というよりも非論理化、反理性化が進行していった。このように訓令一二号には、宗教一般を学校現場から排除する消極的意味の他、学校現場を「国民道徳」を注入する場に相応しい無菌状態の純粋培養器とする積極的意味があった。

ところで戦前日本にも、国家が宗教に関して比較的寛容な時代があった。日露戦争後、青年の関心が国家よりも自我に向かい、煩悶青年が登場した頃、一高校長になった新渡戸稲造は校内の空気を人格主義に一変させた。また新渡戸が世間に対してもわかり易い言葉で「修養論」を説いた時それは、学校の修身教育、「国民道徳」で満たされなかった民心を捕らえた。大正デモクラシーと呼ばれ、人道主義、自由主義の風潮が時代を支配し、宗教のもつ普遍性・人類性が広く社会に市民権を認められたかに見えた。さらにこの大正デモクラシーが飛翔するかに見えた時に、ロシアで革命が起こり共産主義思想が支配層を脅かすこととなった。その時政府は威力を失った「国民道徳」を補完し、唯物論思想を撃退する手段とすべく宗教に着目し始めた。ここに公教育の宗教政策に微妙な修正が施された。一九一九年一月の臨時教育会議の建議は「彼の宗教諸家をして各其の宗風を宣揚し大に布教伝道に努め人心を教化し国家の治教に貢献する所あらしむか如き亦最も必要なる方策の一たり」（「教育の効果を完からしむるべき一般施設に関する建議」海後宗臣編、一九六〇、九六四―九六五）と論じた。学校からの宗教排除の方針を修正し政教協力に導く苗床が敷かれたのである。

実は宗教人の方にも、教育現場で生徒一般に宗教的影響力を及ぼそうとする願いが当然ながらあった。そしてやがて神仏基代表と文部省との懇談がなされ、両者の協調関係の中から、出現を見たのが一九三五年の、文部省訓令一二号緩和の通達であった。つまり治安維持、特に唯物論・共産主義思想の防止を目的に宗教の利用を企てる政府の思惑と、その政府に妥協して教育参加を図る宗教界の歩み寄りの成果であった。その際宗教側は教理・信条といった原理色を薄め、国民道徳に適合する「宗教的情操」をもって学校教育に接近したのであった。

その経緯を、鈴木美南子の論文「天皇制下の国民教育と宗教」（高木、一九八六）によって要約すれば、宗教界と教育界との接近は、関東大震災で混乱した人心収集をめぐって一段と進行する。清浦奎吾首相は国民精神作興・思想善導のために神仏基三教教化団体代表と懇談する（一九二四年二月一九日）。以降沢柳政太郎帝国教育会会長をまとめ役に、教育家と宗教家の提携による「民間的教化運動」が実現し、行政の支援の下で公立学校で宗教講話（キリスト教を含む）が行われた。真宗大谷派の僧侶から政治家になった安藤正純が文部省参与官（一九二七年五月―二九年四月）や文部政務次官の立場で宗教教育導入の熱心な推進活動を行った。かくして、一九三五年、文部次官通牒「宗教的情操ノ涵養ニ関スル留意事項」が発せられるに至った。これはすでに教育現場で実現されていた文部省訓令一二号の緩和状態を法令上で追認した布告である、「学校ニ於テ宗派的教育ヲ施スコトハ絶対ニ之ヲ許サザルモ、人格ノ陶冶ニ資スル為学校教育ヲ通ジテ宗教的情操ノ涵養ヲ図ルハ極メテ必要ナリ。但シ学校教育ハ固ヨリ教育勅語ヲ中心トシテ行ハルベキモノナルガ故ニ之ト矛盾スルガ如キ内容及方法ヲ以テ宗教的情操ヲ涵養スルガ如キコトアルベカラズ」と。こうしてあくまでも教育勅語と矛盾しないことを前提に、「宗教的情操涵養」の名目で学校教育の現場に宗教が導入された。公教育の宗教的中立性の原則が形式的にも放棄され、在来宗教は宗教色を漂白し「国民道徳」の素材として組み込まれる国家宗教システムが制度化された。鈴木美南子はこれを指して「宗教教育の『宗教的情操涵養』へのすり替えは、『教育勅語の宗教化』に他ならなかったといえよう」と分析している（同書、二四九）。

この国は本質的に政治家、官僚が管轄支配する世俗国家であり、政治宗教の国であった。つまり統治秩序の維持を至上目的として運営される政治国家であって、宗教国家ではない。したがって秩序維持のためには宗教も利用される資源なのであった。ロシア革命、関東大震災といった天皇制体制崩壊の危機に遭遇するたびに、政治家、官僚は宗教を秩序治安維持の道具として、「治教」として利用した。そしてこの動きに合わせて、宗教人側も「治教」

に接近し社会的影響力を高める動きを見せた。この「国民道徳」との融合の動きの中に、わが国における政教一致文化の伝統的根強さが感じられる。

四　十五年戦争期と宗教

一九三〇年代から敗戦までのいわゆる十五年戦争期における政府は、体制瓦解の危機感に苛まれていた。「非常時」、「準戦時体制」の言説は宣伝もされたが事実でもあった。それは一般宗教にとっては弾圧と不寛容の受難時代であり、「非宗教」とされた神社神道、神道国教体制、宗教的ナショナリズムの絶頂期であった。日本精神、皇国、国体、国民道徳などのことばが飛び交い、日本全体がそれ一色に染まった。国民生活には不自由と貧困、猜疑と不審と異分子排除の不寛容の空気が、戦争末期に近づくにしたがって強まっていった。特に「非国民」という、日本人であることに破門宣告することばが非情な威力を発揮していた。神道国教体制、宗教的ナショナリズムの時代とは、世俗的権力が国教の衣装をまとって国民を支配したという意味であって、日本人が信心深くなったということではない。宗教・道徳が政治の大道具・小道具として利用された。ただし、警察官向け指導書『思想警察通論』で見ると、一九三六年一月増補改定版に初めて「宗教団体も最近特高警察上重要性を帯び来りたるを以て、之が注意事項を増補をなし参考に供したり」（重松鴻衛、一九三六、序）の文言が追加された程度であるから、支配層のいちばんの関心は革命を模索する共産主義者と国家改造に走る右翼国家主義者たちにあり、宗教団体が注目の焦点だったわけではない。

このような神道国教体制、宗教的ナショナリズムが高揚する背景には、第一次世界大戦後の「総力戦」思想の浸透があった。今や戦争は、前線で戦う兵士だけの問題でない、外交、経済政策、社会政策、資源、技術、通信、情報、宣伝、教育などの総合力を国防中心に編成して戦われる時代になったとされる。このことをいち早く認識していたのは軍部であった。そこに昭和金融恐慌、満州事変、泥沼化する日中戦争の不安な現実が重なった時、軍人たちは『軍人勅諭』の戒めをはみ出して政治化し、国民向けに情報宣伝を始めた。政治化した軍部によって意図的に「非常時」は語られた。一九三二年、荒木貞夫陸相は陸軍省の宣伝映画『非常時日本』をつくり、翌年には陸軍省新聞班による陸軍パンフレット『国防の本義と其強化の提唱』を全国に一六万部も頒布した。この通称「陸パン」は政党、議会、軍の上層部の革新を訴える内容を含み、「広義国防」による総力戦体制、国家総動員体制を国民に意識させるものであった。また軍部は政府内の様々な発言の機会を捉えて積極的に思想誘導、時局刷新を試みたのであった。やがて国民精神総動員、国家総動員体制を産み出す。ここでは道徳、思想、宗教もこの総力戦体制に組み込まれるファクターであった。国民に対しては、今日本は危ない、国難、非常時局であるから、挙国一致、日本人たるものですべてに優先して国を護ること、私を捨てて国家に奉仕することが求められた。文化も思想も宗教も情報も経済もすべては国家生存のために協力するのが当然である、と説かれた。

この時代には次々と深刻な事件が起き、その度に時代が全体主義の色彩を強めていった。特に共産党一斉検挙、満州事変、天皇機関説事件、国体明徴運動などは社会の空気を大きく動かし、神道国教体制、宗教的ナショナリズムを人心に浸透させた。それは政教一致という文化的伝統抜きには考えられない現象であろう。浸透には一つのパターンがある。国家権力はまず特高や憲兵による峻厳な弾圧を例示的に行う。その後で、内閣の有識者懇談会や文部省等によるソフトな思想誘導、思想管理を実行するというパターンである。一九二八年の日本共産党一斉検挙（三・一五事件）、一九三五年の天皇機関説事件がそうであった。そしてその度にキリスト教などの宗教勢力は「国民道徳」の中に組み込まれていった。

一九二八年三月、田中義一内閣は日本共産党に対して、改正したばかりの「治安維持法」を用いて一斉検挙を行った。その一カ月後には文部省は左翼思想防止のために「思想善導」を始めた。さらに文相は、神仏基三教代表に思想善導への協力を要請し、六月には神道、仏教、キリスト教の参加する日本宗教懇話会主催「日本宗教大会」が開かれた。かくして文相の許可の下、学校教育の中に「宗教上の情操の涵養」が採用されたのであった。文部省は思想誘導の装置として、思想善導教授制度、学生部設置、国民精神文化研究所などを発足させた。やがて日本共産党の取り締りは確実に効果を挙げ始め、一九三三年頃に「転向」政策が軌道に乗ると、内務官僚、特高、文部官僚の目は「アカの温床」の自由主義の方面に移っていった。

一九三二―三三年にかけての司法官赤化事件、あるいは警察によってフレームアップされた長野県教員赤化事件、および五・一五事件の後では、政友会、民生党の共同提案で内閣に「思想対策協議委員会」が設置された（一九三三年四月一一日）。軍人武藤章に仕切られたこの会議の答申は、時代を先取りするかのように治安対策法規の必要性を挙げていた（『マス・メディア統制1』〈現代史資料四〇〉所収）。

このように警察、特高、憲兵による力の弾圧と文部省、内務省などによるソフトな思想誘導や検閲の組合せ、という一つのパターンが検証できる。この脅しと誘導が有効に機能して人心を順導していったのである。教育も宗教も国家秩序保全の道具として動員される回路がつくられていたのである。

次に時勢大転換の契機となったのは一九三五年に起こった美濃部達吉天皇機関説事件であった。結局この事件では、学説の正邪が裁判の中心問題になったのではない、検察側の処分の根拠としたものは、秩序紊乱、世間を騒がせたことに対する責任であった。戦後行われた座談会でこう発言している、「〔中村敬之進・当時内務省図書課長〕原則はわれわれは学問上の争いは学者にまかせるという考えだもんですから、機関説には何ら触れないのです。……美濃部さんと田畑忍さんの二つの書物が批議が書いてある。……この二つだけなんです。われわれの検討の目に入ったのは。たまたま警保局で詔勅批議が問題になっており、しかも戸沢さんの報告で、美濃部博士もその点は自分の間違いであったことを認められたわけであるから、この問題に関係ある著書を主にして行政処分を行なうことになった。だから理由は機関説じゃないんですよ」（宮沢俊義、一九七〇、六五〇）。美濃部達吉と田畑忍の著作にだけは教育勅語を批判しうると解釈できる「勅語批義」の記述があったことが立件の鍵となった。当時取り調べに当たった戸沢重雄検事も、「つまり不敬罪は成り立たぬ、それから出版法の安寧秩序妨害はある、この説〔天皇機関説〕は三十年来の説には相違ないけれども今の時勢においては安寧秩序を妨害するものだ、その限りにおいて安寧秩序妨害説を認めざるを得ない、……」と語る（同書、六五六）。つまりこの国における「正統性」の争いは、教理・思想の内容の正統性を争うのではなく、現存する統治秩序の存続にプラスかマイナスか、秩序紊乱をめぐって問題となるのであった。統治秩序の存続側が正統とされ、否定・紊乱側が異端とされる。またこの機関説論争が引き起こした社会的成果を一言でいえば、天皇制国家の中心原理が帝国憲法から教育勅語に移ったことであった。こうして日本は非論理の時代に突入していった。そして直後に始まったのが国民各層を巻き込んだ「国体明徴運動」の嵐であった。

この機関説事件の後、文部省は国体明徴のために教学刷新評議会を編成して対応した。そして教学刷新評議会から出された答申は「我ガ国ニ於テハ祭祀ト政治ト教学トハ、ソノ根本ニ於テ一体不可分ニシテ三者相離レザルヲ以テ本旨トス」（『思想統制』〈現代史資料四二〉一九七六、一一六）と宣言した。つまりここでは明治憲法二八条に規定した「信教の自由」、政教分離の原則はあとかたもなく消え、それと一八〇度反対の「祭祀ト政治ト教学」の一致、「根本ニ於テ一体不可分」が挙げられていた。これが大日本帝国政府文部省が出した結論である。わが国の「政教一致」文化の伝統が、国体明徴運動の中でみごとに復活したことが検証できる。

ところで国体明徴運動についていえば、そもそも明らかにすべき「国体」の定義自体が不明であった。曖昧模糊とした中空の箱・ブラックボックスのようなもので、いかに文部省が『国体の本義』を解説し『臣民の道』で行動の指針を教示しても空漠を埋められなかった。それにもかかわらず「国体」という言説だけは遍く国内にそして海外植民地にまでも広まり、遵守を求められた。それは「国体に反する」と相手にラベルを貼ることで生まれるネガティブ権威として猛威をふるう存在であった。

例えば神道学者加藤玄智は、「爰《ここ》に人ありて我が国家的神道を信奉せず、また神社参拝を拒絶すと公言せば如何《なん》と処置すべきや、かかる者を強制的に神社に参拝せしむれば憲法違犯に陥らざるやといふが如き疑問が起こる」と祭祀拒否者対策をめぐり問題提起した上で、「日本臣民として神皇統治の日本てふことを信奉しないものあらば如何《いかん》。それ等は当然日本の安寧秩序を妨害し臣民たるの義務に背くものであるから、大に警告を発し、且つ教育をも施して正路に立ち還へるやう力むべきである」と教育による解決を図る。祭祀を日本人としての自明の義務と看なし、それを無視するものは「当然日本の安寧秩序を妨害」しているから、「斯る国家的神道を奉じない者は日本臣民に非ずして、そは安寧秩序を紊乱するもので、憲法の第二十八条はかかる者に迄無条件に『信教の自由』を許す事を意味しない」と決めつけるのである。さらに「〔国家的神道は〕神皇統治てふ日本の国民的信念の基調を成し、日本に於ける諸有制度文物成立の基礎を形生して居る。この〔国家的神道という〕国民的信念は、日本人はその頭髪の黒く、その皮膚の黄色なるが如く、日本人の精神的血液、精神的骨格である」とする（以上、加藤玄智『神道要義』第五章）。日本人は髪が黒く、皮膚が黄色であるように、国家神道を自明の前提としていると説く。そして「国家的神道を奉じない者は日本臣民に非ず」と宣告するのであった。この国家神道は「国体」を護持するための装置であった。

このように国体明徴を迫る趨勢の中におけるキリスト者たちの態度については、宮田光雄の興味深い研究『権威と服従――近代日本におけるローマ書十三章――』（宮田光雄、二〇〇三）がある。そこに紹介されている極端な一例は、あるキリスト教法学者の場合である。彼は「国体は絶対である。国体が基督教に依って変更を受くべきものではない。国家は宗教の上に在る。……故に問題は基督教の教理及教義は、果して日本の国体に反するか何うかという一点のみ」（大谷美隆『国体と基督教』一九三九年、宮田光雄前掲書、一四〇、再引）と言い切っていた。ここにおけるキリスト教とは何だろうか。国体に対する忠誠とは、何を意味すると理解すべきだろうか。日本という政治体に対する忠誠か、非国民呼ばわりされ「日本人」を破門されることへの恐怖心からであろうか。それとも所属する教会集団の生き残りを優先させるべく教理信条を曲げたのであろうか。

軍部の手による宗教弾圧の一例として上智大学靖国神社事件がある。これは配属将校北原一視が教練の時間に上智大学予科学生を連れて靖国神社参拝の行軍をした時、数名のカトリック信者の学生が学長に相談の上参加しなかったことに端を発する。配属将校はこれをすぐさま陸軍省に伝え、陸軍省は文部省に通報した。新聞報道を介して問題が大きくなり、配属将校引き上げ、入学志願者激減を招き、動揺した大学側の屈服に終わった。軍部と大学の間に立つ文部省は、神社参拝は「教育上ノ理由ニ基ツクモノ」であって宗教行為ではなく、その際行われる敬礼は「愛国心ト忠誠心トヲ現ハスモノ」であるという説明をして大学側に参拝誘導の回路を示し、それに大学も従ったのであった。その後この文部省の説明が、神社参拝をめぐる日本基督教連盟の判断基準として受容され、教会側は順応したのであった。ここにもタカ派の軍部の圧力とその後を始末する文部省のソフトな路線誘導の組み合せよって、キリスト教系諸学校が神社問題に妥協していくパターンが見て取れる。

またこの例は権力側の効率的な統制技術のパターンを示しているといえよう。峻厳な、あるいは蛇のように執拗な弾圧を実行して、見せしめとし、一つの弾圧モデルを例示することで、一罰百戒、一例百従、絶望感を抱きながら自主規制しておとなしく従う集団の群れが続いたからである。しかしこの時キリスト教徒が保守しえたのは教会集団であって教義・信条ではなかった。

内務省の手による宗教弾圧も頻発した。世情不安を反映するかのように一九三〇、三一年頃をピークに新興宗教諸教派が出現して人心を捕らえ始めていた。従来、宗教行政は文部省の管轄、神社行政は内務省の管轄事項であったが、一九三五年六月に内務省改組が行われ、特高部特高課第二係の所管事務に「国家主義運動に関わること」の他に「宗教警察に関わること」が付け書き加えられた。早速第二係は宗教警察としての取り締りの仕事を創出していった。文部省に遠慮して、最初に手をつけたのは類似宗教団体の弾圧であった。一九三五年の第二次大本教事件、この時は一九二八年改正の治安維持法の「目的遂行罪」を適用した団体規制を目論んだが、治安警察法による結社禁止処分で終わった。三六年には神政竜神会、天津教、ひとのみち教団の取り締り。ひとのみち教団に対しては文部省による教会設立許可取消を待って結社禁止処分、教祖は不敬罪。三八年の天理本道教団→管長を文部省が呼び出し、ついで特高が彼を監禁して転向声明を出させる。三九年の宗教団体法成立および四一年の治安維持法改正以降、弾圧の対象は弱小キリスト教派のホーリネス、プリマス・ブレズレンを含み、御国教、創価教育学会などなど多数に及んだ。

これらの弾圧の目的について渡辺治は「国家関係に組み込まれることなく、強固な一体性と自律性を有した集団が、社会内で急増するという事態は、取締当局の恐怖を引き起こしたのである」（渡辺治、一九七九、一一九）と分析している。非政治的社会集団といえども自主性を有すること自体が危険視された。これが全体主義社会の特徴である。また渡辺治は取り締りが先行して、後からそれを追認する法律が立法されたと分析する、「一九三五年以降、治安維持法そして補完的に不敬罪の発動を以て展開された諸事件を通じて転換された宗教団体統制政策は、一九三九年の宗教団体法、並びに四一年後の治安維持法によって『法的』に追認されることとなった」（同書、一五九）と。宗教団体法もこうして生まれ、その法規の下、キリスト教も文部大臣の監督下に置かれる事態となった。戦後書かれた文部省史では、宗教団体法の立法の意図を、第一は現行法規の整理、第二は宗教法規の確立、第三は宗教団体の保護と監督の強化であったと要約している（文部省編『学制八十年史』一九五四、四三二）。しかし官僚の行政指導は宗教の内面にも及んでいた。一例を挙げれば、一九四三（昭和一八）年のわが国のイースターの日付に口を挟んだのは内務省であったと思われる。このために万国のイースターと「日本のイースター」とはひと月ほどズレる珍事も生まれた（富坂キリスト教センター編、二〇〇七、四〇五—四〇七）。このように内務官僚、文部官僚らの手による硬軟取り交ぜた「治教」政策が宗教界をおおっていった。

煎んじ詰めればこの時期、国家側が問題にしたキリスト教の問題点はただ一つ、日本国家が上か、教理・信仰が上かという一点である。国家が上であるよう、手を替え品を替え脅迫し、誘導するのが政府の政略戦術であった。キリスト教側は妥協を重ね後退しながら陣地を保守しようとした。しかし、今日振り返れば宗教界側の問題点はただ一つ、保守したのは教団組織なのか教理・信仰なのかという一点である。

五　閉じた社会の再来

開国と異文化体験の中から、西洋の文物制度を採用し、文明開化の道を選んだ明治日本が、歴史の歯車を逆転させ「閉じた社会」を再来させたのが一九三〇年代から敗戦までの十五年戦争期であった。「閉じた社会」の原型が「呪術とタブーによって行動様式が隅々まで規制される部族社会」だとすれば、これは決して原始社会だけのものではなく「すぐれて現代的な課題として考えられる」（「開国」『丸山眞男集』八、一九九六、四六）という言葉が真に迫ってくる。

政治的権威が道徳的ないし宗教的価値と合一するのが「閉じた社会」の基本的傾向性であるが、十五年戦争期、この国は神道国教体制、宗教的ナショナリズムが最盛期を迎えていた。「祭祀ト政治ト教学トハ、ソノ根本ニ於テ一体不可分」であると文部省教学刷新評議会が答申を出していたことを想起されたい。この時代の統治秩序では、政治状況と道徳・宗教状況がいわば同一次元に存在した。政治体制の危機は、即、道徳的危機を呼び起こした。したがってそこには論理を逆転させて、政治的危機を克服すべく「国民道徳」の強化を試みるという社会構造が存在した（伊藤彌彦、一九九九、二四四）。全国民を標準化し、非国民を排除することで画一化を進め、国民統合が図られた。祭祀と政治と教育とが一体化して、最終的に護ろうとしたのは天皇制国家という国民共同体の存続であった。これはつまり政治的正統性が信条的正統性を上回る国であること示していた。

第二に「閉じた社会」では、外来文化の排除が顕著である。「現下我ガ国ニ於ケル学問、教育ノ実情ヲ見ルニ、明治以来輸入セラレタル西洋ノ思想、文化ニシテ未ダ十分咀嚼セラレザルモノヲ含ミ、之ガタメニ日本精神ノ透徹全カラザルモノアリ」（「教学刷新評議会ノ趣旨及要綱」『思想統制』〈現代史資料四二〉一九七六、一〇五）と分析した当時の有識者会議は、「国体・日本精神ノ真義ノ闡明ハ、現下ノ問題トシテハ、明治以来我ガ国民特ニ知識階級ノ思想・学問ノ中ニ浸透セル西洋近代思想ノ基本タル個人主義・自由主義・権力主義・主知主義・観念論及ビ唯物論等ノ本質ヲ明瞭ニシ、ソノ影響ヲ受ケタル諸方面ノ実情ヲ批判シ、単ナル形式的国体思想ノ唱道ニ陥ルコトヲ避ケザルベカラズ」（「教学刷新評議会教学刷新ニ関スル答申（案）」同書、一二六）という答申を出している。例外は軍事科学技術であったが、文化的精神的には鎖国社会が再来していた。

第三に「閉じた社会」では、あらゆる組織が同じ組織原理によって支配されるのが特徴である。自発的結社のような多様性の存在は権威の一元性に対する脅威であり、上からの排除、統制の対象となった。下からの能動性は上位者に対する奉仕、翼賛という形式を取る。

第四に「閉じた社会」では、内的理性的権威に代わり呪術などの外的権威による支配が行われる。詰まるところ「国体護持」の実質的中身は天皇制体制の存続のことであり、その象徴が皇室であったともいえようが、それを内面から納得させるのではなく、かたち、外面的形式によって管理した。そのために多くの外面的儀式や行事が設営され、実行された。天皇制体制の維持存続のためには、国民全体が一糸乱れぬ団結を示していないと安心できなかった。それを儀式で表明させた。教育勅語捧読、御真影奉戴、神社参拝、宮城遥拝、錬成会、みそぎ、服装点検等の煩瑣な制度が日々歳々強まり、国民全体がそれに染まり相互監視する社会となった。やがてパーマネント髪も非国民的とされる。国民を拘束し自主規制させる構造の点では、神社参拝もパーマネント禁止も同じであった。その世論動向を左右したものに新聞、宣伝文書などの情報機関が果たした役割は大きい。

第五にジャーナリズム、報道機関の統制が行われ、言論の自由が制限される。例えば記事差し止め権限は、内務大臣のほか検事、陸海軍大臣、外務大臣、そして一九四一年の「新聞紙等掲載制限令」からは総理大臣にまで拡大された。そして第六に「非国民」の言説に象徴される、異分子を規定し、社会から破門するためのタブーを設定する。また規格はずれを監視し取り締まる精緻な治安立法をつくった。こうして息の詰まる「閉じた社会」が再来したのであった。

その上戦時体制という危機意識から社会全般に対する水ももらさぬ監視網がつくられた。猜疑心やスパイに対する過剰な警戒に由来する詳細、大量の管理取締法規がつくられた。以下はその一覧である。その多くは、この十五年戦争期に制定された。またそれ以前からのものがこの時期に改正、強化された。そしてそのすべてが敗戦後間もなく廃棄された。

（1）新聞紙法〔条例〕（一八七五・六・二八新聞紙条例・讒謗律、何度も改正、一九〇九・五・六新聞紙法に変更）
（2）出版法（一八九三・四・一四、一九三四改正）
（3）軍機保護法（一八九九・七・一五、一九三七・八・一七、一九四一改正）
（4）軍機保護法施行規則（一九三九・一二・一二改正、高所からの撮影禁止、一九四一改正）

(5) 治安警察法（一九〇〇・三・一〇、一九二二改正、一九二六改正）
(6) 治安維持法（一九二五・四・二二、一九二八・六・二九改正、一九四一・三・一〇改正）
(7) 思想犯保護観察法（一九三六・五・二九公布）
(8) 思想犯保護観察法施行令（一九三六・一一・一四頃）
(9) 保護観察所官制（一九三六・一一・一四）
(10) 不穏文章等臨時取締法（一九三六・六・一五）
(11) 国家総動員法（一九三八・四・一、一九四一・三・三改正、政府権限拡張）
(12) 国民精神総動員委員会官制（一九三九・三・二八）
(13) 宗教団体法（一九三九・四・八）
(14) 軍用資源秘密保護法（一九三九・三・二五）
(15) 軍用資源秘密保護法施行令（一九三九・六・二四）
(16) 軍用資源秘密保護法施行規則（一九三九・六・二六）
(17) 新聞紙等掲載制限令（一九四一・一・一一）
(18) 国防保安法（一九四一・三・七）
(19) 国防保安法同施行令（一九四一・五・七）
(20) 弁護士指定規定（一九四一・五・九）
(21) 予防拘禁手続令（一九四一・五・一四）
(22) 予防拘禁処遇令（一九四一・五・一四）
(23) 重要産業団体令および同施行規則（一九四一・八・三〇）

(24) 新聞事業令（一九四一・一二・一三）
(25) 言論集会結社臨時取締法および同施行規則（一九四一・一二・二一）
(26) 戦時刑事特別法（一九四二・二・二三、一九四三・三・一三改正、宣伝罪を新設、罰則強化）

法案だけでなく行政当局による効果的な取り締りが民心を萎縮させた。例えば、内務大臣の記事差し止めは、重要性に応じて、示達、警告、懇談の三種を巧妙に使い分け、強権発動だけでなく自主規制を誘導するなどしたたかであったという（『マス・メディア統制1』〈現代史資料四〇〉一九七三、xlviii–xlix）。

こうして十五年戦争末期になると、自由は消え、十重《とえ》二十重《はたえ》の法規によって国民生活はがんじがらめにされていた。この「閉じた社会」の中にあって宗教団体法の下、宗教界もまた窒息しようとしていた。

引用文献

阿部美哉編『世界の宗教』放送大学教育振興会、一九九五年。

稲田正次『明治憲法成立史』上、有斐閣、一九六〇年。

伊藤彌彦『維新と人心』東京大学出版会、一九九九年。

加藤玄智『神道要義』（ガリ版刷、出版元・出版年未詳）同志社大学人文科学研究所所蔵。

黒住真『複数性の日本思想』ぺりかん社、二〇〇六年。

「教学刷新評議会教学刷新ニ関スル答申（案）」一九三六年一〇月二九日（『思想統制』〈現代史資料四二〉みすず書房、一九七六年）。

「教育の効果を完からしむべき一般施設に関する建議」（海後宗臣編『臨時教育会議の研究』東京大学出版会、一九六〇年）。

『マス・メディア統制1』〈現代史資料四〇〉みすず書房、一九七三年。

丸山眞男「開国」『丸山眞男集』八、岩波書店、一九九六年。

宮田光雄『権威と服従　近代日本におけるローマ書十三章』新教出版社、二〇〇三年。

宮沢俊義『天皇機関説事件（下）』有斐閣、一九七〇年。

文部省編『学制八十年史』一九五四年。

小山勉『教育闘争と知のヘゲモニー――フランス革命後の学校・教会・国家――』御茶の水書房、一九九八年。

重松鴻衛『思想警察通論』増補訂正版、日本警察社、一九三六年。

「宗教関係法令一覧」（安丸良雄・宮地正人校注『宗教と国家』〈日本近代思想大系〉五、岩波書店、一九八八年）。

鈴木美南子「天皇制下の国民教育と宗教」（伊藤彌彦編『日本近代教育史再考』昭和堂、一九八六年）。

富坂キリスト教センター編『十五年戦争期の天皇制とキリスト教』新教出版社、二〇〇七年。

山中恒『すっきりわかる「靖国神社」問題』小学館、二〇〇三年。

山県有朋宛井上毅書簡「宗教の自由につき意見書」一八八四年四月（安丸良雄・宮地正人校注、前掲『宗教と国家』）。

渡辺治「ファシズム期の宗教政策」（東京大学社会科学研究所編『戦時日本の法体制』東京大学出版会、一九七九年）。

渡辺浩「『教』と陰謀」（渡辺浩・朴忠錫編『韓国・日本・「西洋」』〈日韓共同研究叢書〉慶応大学出版会、二〇〇五年）。

参照文献

石田雄『丸山真男との対話』みすず書房、二〇〇五年。

丸山眞男『自由について』SURE、二〇〇五年。

村上重良『天皇制国家と宗教』日本評論社、一九八六年。

日本基督教団史編纂委員会『日本基督教団史』日本基督教団出版部、一九六七年。

立花隆『東大と天皇』上・下、文藝春秋社、二〇〇五年。

戸村政博『神社問題とキリスト教』新教出版社、一九七六年。

あとがき

本書は近代日本学校史および政治思想史関連の旧稿を収録したものである。それら制作の次第ならびに初出書誌は次の通りである。

第Ⅰ部　学　校

第一章「『学制』再考」。一九八二年度日本政治学会（於：近畿大学）で発表した報告に基づいている。その後、伊藤彌彦編『日本近代教育史再考』昭和堂、一九八六年の第二章に収録。この本は同社の編集者津久井輝夫氏の下、教育学者三名（岡田典夫、高木美南子、故尾崎ムゲン）と政治学者二名（高橋眞司、出原政雄、伊藤彌彦）のユニークな組み合わせで戦前教育を検討した企画であった。

第二章「留守政府・『学制』・田中不二麿」。国立音楽大学創立七〇周年記念事業として行われた「異文化交流と近代化」京都国際セミナー1996のために提出したペーパー。後に松下鈞編『異文化交流と近代化――京都国際セミナー1996――』大空社、一九九八年に収録された。

第三章「中等学校の形成と展開」。一九八六年から、当時同志社大学文学部教授であった望田幸男教授を座長に歴史学および教育学の各国専門家が集まってエリート中等教育の国際比較を行う研究会を三年余り行った。日本関係では旧制高校を杉井六郎教授、旧制中学レベル諸学校を伊藤が担当。研究会の成果は、望田幸男編『国際比較近代中等教育の構造と機能』名古屋大学出版会、一九九〇年として刊行された。そこに、「日本近代中等前期教育の形成と展開」のタイトルで掲載した論文である。

第Ⅱ部　社会・宗教

第四章「田口卯吉と開化社会の理論」。初出は「田口卯吉の政治思想」のタイトルで『同志社法学』第一三三号（一九七四年九月）および第一三六号（一九七六年六月）に上、下二回に分けて掲載。本論の元になったのは東京大学大学院法学研究科に提出した修士論文「政治思想史からみた鼎軒田口卯吉――その理論と政治活動――」（論文指導教授は丸山眞男先生）の前半部の「その理論」部分で、それを拡充したものである（ちなみに修士論文後半部分では田口の政治観、政策観、国際観を扱っている）。

第五章「明治十四年の政変と福沢諭吉」。安西敏三・岩谷十郎・森征一編著『福澤諭吉の法思想』慶應義塾大学出版会、二〇〇二年、第二章所収の同名の論文。言論活動の軸足を、維新革命体制（レボリューション・セツルメント）の建設に移していく福沢の姿に一石を投じたつもりである。

第六章「言論封じの風潮と格闘した思想家――福沢諭吉と現代」。福沢の人心教導を概観したものであるが、後半で、明治十四年の政変以降の福沢の「官民調和論」を「言論の自由」の観点から再評価している。

初出は雑誌『月刊　私学公論』が企画した「福澤諭吉を現代に問う」シリーズに掲載したもの。ちなみにこのシリーズでは最初飯田泰三氏が「福沢諭吉の日本近代化構想と西欧観・アジア観」をテーマに一九九五年一月号、二月号、三月号に登場し、次に坂野潤治氏が「今でも福沢諭吉から学べるだろうか？」を五月号、六月号に書き、最後に私が「言論封じの風潮と格闘した思想家」のタイトルで九月号、十月号、十一月号に載せたものである。もともとはインタビューに答えての口語文であったが、今回「～である」体に改めた。

第七章「政治宗教の国・日本」。富坂キリスト教センターでは故土肥昭夫同志社大学名誉教授を座長に一九八二年以来「天皇制とキリスト教」研究会を行ってきたが、二〇〇二年五月から、第五期研究会「十五年戦争期の天皇制とキリスト教」が行われた。この研究会はカトリックおよびプロテスタント各派教の十数名が各自が所属する教派の戦前・戦中期を検証したもので、そこに憲法学（奥平康弘）、教育学（駒込武）、政治思想史（伊藤彌彦）が加わっていた。研究成果は、富坂キリスト教センター編『十五年戦争期の天皇制とキリスト教』新教出版社、二〇〇七年として刊行されたが、そこの第二章に同名のタイトルで収録されたものである。

去年の夏の暑い日々に原稿づくりを行った。初稿の入稿を終えた十月末、たまたま大学時代のサークル「歴史研究会」の仲間の松岡佑子さんが、ハリー・ポッター翻訳の苦労ばなしの講演に同志社大学英文学会に現れたので、四十数年ぶりに再会した。昔と変わらない松岡さんであったが、何しろハリー・ポッター七巻で二四〇〇万部以上売れたそうで、講演当日もサインを求める長蛇の列ができていた。それはそれでよかったと思う。他方わが学術書はトホホ……、世界が違う。一〇〇〇部刊行するのも冒険なら、完売するのに一〇年はかかる今日この頃である。しかしこのような出版を引き受けて下さる出版社もある。

今回の白石徳浩氏は、同志社大学文学部英文学科を卒業後、出版事業に熱い情熱を持ち続けて二十数年、いまや萌書房《きざすしょぼう》を立ち上げ、奈良市内から車で二〇分の田園地帯、柳生の里にほど近い場所にて一人で奮闘しておられる。その心意気に感じつつ感謝申し上げたい。

本書の刊行には、同志社法学会からの「法学会出版助成（B）」の交付を受けた。記して関係者に謝意を表する次第である。

二〇一一年二月　幻の記録・日本一暑い日が観測された京田辺の里にて

伊藤彌彦

■著者略歴
伊藤彌彦（いとう　やひこ）
1941年　東京都生まれ
1965年　国際基督教大学教養部卒業
1973年　東京学大学院法学政治学研究科博士課程修了
現　在　同志社大学法学部教授

主要業績
『日本近代教育史再考』（編著：昭和堂，1986年）
『維新と人心』（単著：東京大学出版会，1999年）
『のびやかにかたる新島襄と明治の書生』（単著：晃洋書房，1999年）
『新島襄の手紙』（編集：岩波文庫，2005年）
『明治思想史の一断面——新島襄・徳富蘆花そして蘇峰』（単著：晃洋書房，2010年）
『新島襄　教育宗教論集』（編集：岩波文庫，2010年）ほか多数。

未完成の維新革命——学校・社会・宗教——
2011年3月31日　初版第1刷発行

著　者　伊藤彌彦
発行者　白石徳浩
発行所　有限会社　萌《きざす》書房
〒630-1242　奈良市大柳生町3619-1
TEL（0742）93-2234 / FAX 93-2235
［URL］http://www3.kcn.ne.jp/~kizasu-s
振替　00940-7-53629
印刷·製本　共同印刷工業・藤沢製本

ISBN978-4-86065-057-5